英文解体新書

2

シャーロック・ホームズから始める英文解釈

AN ESSENTIAL GUIDE TO
ADVANCED READING IN ENGLISH 2

北村 一真 著

研究社

はじめに

シャーロック・ホームズと言えば、その名を知らない人はまずいない探偵キャラクターの代表格です。ホームズ関連の書籍も多種多様で、導入書から大部の図鑑にいたるまで枚挙にいとまがありません。その中には英語学習を意識した対訳本の類も数多く存在しますが、原典の英語の文章を語句や構文のレベルからしっかりと解説したものは意外にも少なく、よい英文解釈の素材になるのに惜しいなあ、という気持ちを常々抱いていました。

私にとってホームズとの本格的な出会いのきっかけは語学でした。学生時代に英語で何か物語を読もうと思い、手に取った洋書の中の一冊がコナン・ドイルの短編集だったのです。誰もが知る作品を読むことで自分の力が実用に足るものかどうか確認したいという気持ちもあったのかもしれません。いずれにせよ、英語を通じてホームズと触れ合う中であることに気がつきました。それは、ホームズ作品が大学受験レベルをクリアした人にとって一歩上を目指して取り組むのに丁度よい英文で書かれているということです。受験単語をしっかりマスターしていれば何とか挑戦できる語彙の難度である一方、重要な表現がこれでもかと散りばめられているので、文法や構文の理解を確認しつつ精読していくのに極めて効果的な素材になっているのです。

本書はその素材を活かしたいという思いで執筆したものであり、いわゆる対訳本の形は採っていません。むしろ、ホームズ作品を用いた英文解釈の参考書と言ったほうがしっくりきます。想定している読者も必ずしもホームズのファンの方だけでなく、大学受験レベルより上の英文解釈力を身につけたいという方、近代後期の英語の文章をしっかりと読んでみたい方一般が対象です。

構成に関して言うと、1〜3章でホームズの登場する長編、短編作品を、4章でドイルによるチャレンジャー教授のSFシリーズを、そして、最終章でエドガー・アラン・ポーやH. G. ウェルズなど知名度の高い他の英米作家の

冒険小説を扱うというものになっています。前半のホームズ作品について
は、長編 (1 章) と短編 (2〜3 章) という大きな区分はあるものの、それ以外
は知名度や難度など、主に英文解釈の素材としての取り組みやすさを意識
して配置しました。後半でホームズ以外の作品を採用しているのも、前半
で鍛えた力を活かしてさらに多彩かつ難度の高い英文に取り組んでいける
ような構成を意図したためです。やはり中上級者が対象の本ですので、こ
うでなければならないという決まった読み方はありませんが、英文は後の
章になるにつれて少しずつ難しくなる傾向があり、また、後半には前半の
復習を意図した箇所も含まれているので、前から順番に取り組んでいくの
がスムーズではないかと思います。

　本書の執筆に際しては数多くの方々にサポートして頂きました。中でも、
前著同様、企画から完成まで面倒を見て下さった研究社の津田正さん、ま
た、英文学研究者の視点から原稿を細かく読み、的確な助言やコメントを
くれた慶應義塾大学助教の石川大智くんにはこの場を借りて心より御礼申
し上げたく思います。加えて、5.5 節のマロリーの引用に関わる箇所につい
ては勤務校の同僚である高木眞佐子先生に、コラムなどでドイツ語に言及
した箇所については上智大学名誉教授の髙橋明彦先生にそれぞれ目を通し
て頂きました。深く感謝いたします。

　2021 年 2 月 28 日

北 村 一 真

略語一覧

C ＝補語	
O ＝目的語	
S ＝主語	
V ＝動詞	

目　　次

はじめに iii

Chapter 1 **長　　編** ─────────────── I

1.1 『緋色の研究』 2
1.2 『恐怖の谷』 16
1.3 『四人の署名』 32
1.4 『バスカヴィル家の犬』 44

文法・語法コラム

（1）so...that 構文の倒置について 14
（2）the ＋比較級の形について 28
　　　従属接続詞の but について 29
　　　副詞節以外の節を作る lest について 30
　　　古風な機能語について 30
（3）仮定法現在 54

Chapter 2 **短　　編 (1)** ─────────────── 57

2.1 「まだらの紐」 58
2.2 「ボヘミアの醜聞」 66
2.3 「入院患者」 80
2.4 「海軍条約文書事件」 91
2.5 「最後の事件」 100

文法・語法コラム

（4）距離を用いた比喩 77
　　　rather than 節の should 79
（5）神話や伝説由来の言い回し 89

(6)　特殊な命令文を用いた譲歩構文 98
(7)　様々なタイプの if 節 108

Chapter 3　**短　編 (2)** ——————————————— III

3.1　「空き家の冒険」..................................... II2
3.2　「ノーウッドの建築業者」..................................... II8
3.3　「第二の汚点」..................................... I26
3.4　「瀕死の探偵」..................................... I40

文法・語法コラム

(8)　文アクセントの位置と文の意味 I25
(9)　名詞句の解釈 I38
(10) use と mention I47

Chapter 4　**チャレンジャー教授** ——————— I49

4.1　『失われた世界』(1) I50
4.2　『失われた世界』(2) I60
4.3　『毒ガス帯』..................................... I67
4.4　『霧の国』..................................... I76
4.5　「分解機」..................................... I86

文法・語法コラム

(11)　たとえを用いた否定のレトリックについて I59
(12)　what を用いて前から名詞句を限定する方法 I75

Chapter 5　**19 世紀の冒険小説** ——————— I9I

5.1　ポー「モルグ街の殺人」..................................... I92
5.2　スティーヴンソン『ジキル博士とハイド氏』............. 20I
5.3　ハガード『ソロモン王の洞窟』..................................... 2I2
5.4　H. G. ウェルズ『月世界最初の人間』..................... 226

5.5　トウェイン『アーサー王宮廷のヤンキー』 234

文法・語法コラム

（13）クジラの構文の特殊なパターン 210
（14）thou という人称代名詞について 224
　　　破格的な構造について 225
（15）notwithstanding という前置詞について 248
　　　what…that の呼応について 249

主要参考文献 251
引用文献 253
索　　引 258

Chapter 1

長　編

1.1 『緋色の研究』

1.2 『恐怖の谷』

1.3 『四人の署名』

1.4 『バスカヴィル家の犬』

...when you have eliminated the impossible, whatever remains, however improbable, must be the truth.
—The Sign of Four

　　シャーロック・ホームズの登場する作品の基本的な設定は非常に多くの方がご存知かと思いますが、作品そのものをしっかりと読んだことがある人はもう少し限られるでしょうし、原文の英語、という条件を付けると、その数はさらに減るでしょう。ここでは、長編と呼ばれる 4 つの作品の抜粋を通して、ホームズとワトソンの有名なやりとりやホームズの突飛な言動などを描いたシーンを英語で実際に読む体験をしてもらいたいと思います。これまでに原作を読んだことがない人はもちろん、邦訳で原作をじっくり読んだことはあるが原文は見たことがないという人も、なるほど、あのシーンは英語ではこのように表現されているのか、といったような楽しみ方ができるかと思います。

1.1　『緋色の研究』

　『緋色の研究』(*A Study in Scarlet*) は、ホームズとワトソンの出会いのきっかけから説明されている作品です。出会って日が浅いため、ホームズの独特な性格や極端な考え方に驚きを感じるワトソンの姿がたっぷりと描かれていて、新鮮な気持ちで楽しむことができます。本節ではこの作品から、二人の出会いにまつわるシーンやワトソンがホームズの奇抜さを描写しているシーンを中心に 5 つほどの抜粋を読んでみましょう。学生時代に学んだ文法表現のおさらいをするつもりで取り組んでみて下さい。

　まずはワトソンが知人のスタンフォードから同居人を探しているホームズという人物の存在を聞き出すシーンです。スタンフォードのホームズに対する評価に注目しましょう。

例題 1　[★★★☆☆]

1"Holmes is a little too scientific for my tastes—it approaches to cold-bloodedness. 2I could imagine his giving a friend a little pinch of the latest vegetable alkaloid, not out of malevolence, you understand, but simply out of a spirit of inquiry in order to

have an accurate idea of the effects. ₃To do him justice, I think
that he would take it himself with the same readiness. ₄He
appears to have a passion for definite and exact knowledge."

(Arthur Conan Doyle (1887): *A Study in Scarlet*)

[文　脈]　ホームズを紹介してもよいが責任は負いませんよ、と言うスタンフォード。彼はホームズをどう見ているのでしょう。

[語法・構文]
- **scientific**：「科学志向の」
- **for my tastes** の for は基準を表すためのもので、「私の好みから見れば」という感じ。
- **cold-bloodedness**：「冷血さ、冷徹さ」
- **the latest vegetable alkaloid** は「最新の植物性アルカロイド」という意味。アルカロイドとは塩基性化合物の総称で、ニコチン、コカイン、カフェインなどもアルカロイドの一種。毒性があり、感覚に異常をもたらします。
- **malevolence** は「悪意」。「悪い、悪」を表す接頭辞 mal- に注意しましょう。malignant「悪性の」、malnutrition「栄養失調」など使用される頻度も高く、覚えておくと有益です。
- **have an accurate idea of...**：「...を正確に知る」
- **to do him justice**：「公平に言えば、彼の名誉のために言うと」
- **with the same readiness** では、with readiness を readily「容易に」と置き換えて考えてみましょう。「with＋抽象名詞」の類似表現に、with ease (＝easily)、with care (＝carefully) があります。

（ポイント）

［第 1 文］
- ダッシュ（—）の後ろが、前半を補強する内容になっています。it はホームズの「scientific であるという性質」を受けた言葉。

［第 2 文］
- 第 2 文の could imagine を「想像できた」と単なる過去の意味で考えると少し変ではないかという違和感が大切。この could は仮定法過去の用法で、仮定そのものは表現されてはいませんが、「やろうと思えばできる」といったニュアンスを出しています。「If 節がなくても仮定法は用いられる」「助動詞の過去形には注意」というのは受験英語でもよく指摘される事柄ですね。

- さらに imagine の目的語の部分では、his giving...が「意味上の主語＋動名詞」の形になり、「彼が友人に ... を与えること」という意味になっている点に注意しましょう。代名詞の所有格を動名詞の意味上の主語として使用するのは、Would you mind my opening the window?「窓をあけてもよろしいでしょうか」のように口語でも使われる形ですが、動名詞句が動詞や前置詞の目的語になっている場合は目的格のほうを好む人もいます。
- not out of malevolence を「悪意からではなく」と正しく把握すれば、ではどういった動機からそんなことをするのかということが気になって、少し離れた but simply out of...に目が向かい、not A but B の形を把握できるはず。

［第 3 文］
- would はやはり仮定法過去の用法。ホームズのイメージを伝えるためにあくまで仮定の話をしていることを見落とさないように、「（いざとなったら）自分自身でもやるだろう」というニュアンスをつかみましょう。

(訳　例)
　「ホームズは私の趣味からするとやや科学的すぎるんです。ほとんど冷血と言ってもいい。新たに発見された植物性アルカロイドを友人に一服盛る姿だって想像できる。もちろん悪意からではなく、単にどういう効果があるかを正確に知るため、探求心からです。公平を期すために言っておくと、彼は自分でそれを口にすることも同じように平気だと思います。明確かつ正確な知識に対するすごい情熱があるようなんです」

　さて、次はホームズとワトソンが出会った後、同居することを前提にベイカー街の部屋を見に行く場面です。冒頭の We はホームズとワトソンを、as 節の he はホームズを指しています。

例題 2 [★★★☆☆]

₁We met next day as he had arranged, and inspected the rooms at No. 221B, Baker Street, of which he had spoken at our meeting. ₂They consisted of a couple of comfortable bedrooms and a single large airy sitting-room, cheerfully furnished, and illuminated by two broad windows. ₃So desirable in every way were the apartments, and so moderate did the terms seem when divided between us, that the bargain was concluded upon the spot, and we at once entered into possession.

(Arthur Conan Doyle (1887): *A Study in Scarlet*)

[文　脈]　知人を通してホームズと出会ったワトソン。二人の条件もある程度一致し、ホームズが目をつけていた部屋に翌日一緒に見学に行くことを約束しました。これはその内容に続く場面です。

[語法・構文]
- **inspect**:「（部屋などを）内見する」
- **sitting-room**:「居間」
- **furnished**:「家具が備え付けられた」
- **in every way**:「あらゆる点で」
- **the terms**:「家賃」
- **when divided between us** は when *the terms were* divided between us と考える。
- **upon the spot**:「その場で」
- **at once**:「すぐに」

ポイント

[第 1 文]
- had arranged と had spoken という 2 つの過去完了形は、両方ともこの場面よりも前の、前日のホームズの行為を表現するために用いられています。

[第 2 文]
- 第 2 文も特別は難しくないですが、cheerfully furnished と illuminated…

5

がともに、a single large airy sitting-room「1 つの広くて風通しのよい居間」を後置修飾している過去分詞句だという点には注意したいところ。

［第 3 文］

- 倒置の理解が試されます。So desirable のような「so ＋形容詞 / 副詞」の形から文が始まって、その後に疑問文と同種の倒置形が来ていたら、so …that 構文の so…が前に出て文法的な倒置が起きているパターンを予測できるようにしましょう（⇨『英文解体新書』2.5 節、6.3 節）。
- この文では、すぐに that 節にたどり着かず、so moderate did they seem と、もう 1 つ別の節が続きますが、「so ＋形容詞」の後が疑問文のような形になっているのは前と同じです。when divided between us の後に続く that を見て、最初の予想が正しかったことを確認しましょう。

（訳　例）

　私たちはホームズの手筈通りに翌日に会って、彼が先の会見で言っていたベイカー街 221B の部屋を内見した。快適な 2 つの寝室と大きくて風通しのよい 1 つの居間からなる部屋で、居間にはにぎやかな感じの家具が備わり 2 つの大きな窓のおかげで中も明るかった。その部屋はあらゆる点で理想的で、家賃も二人で折半すれば手頃なものに思われたので、契約はその場で決まり、私たちはすぐに借主となった。

　ホームズとの共同生活を進める中で、ワトソンはこの謎めいた人物の奇抜な振る舞いや性格を描写していきます。以下の【例題 3】はホームズの知識に対するワトソンの評価の一部です。

（例題 3）［★★★☆☆］

1His ignorance was as remarkable as his knowledge. 2Of contemporary literature, philosophy and politics he appeared to know next to nothing. 3Upon my quoting Thomas Carlyle, he inquired in the naivest way who he might be and what he had done. ₄My surprise reached a climax, however, when I found incidentally that he was ignorant of the Copernican Theory and of the composition of the Solar System. ₅That any civilised human being in this nineteenth century should not be aware that the earth travelled round the sun appeared to be to me such an extraordinary fact that I could hardly realise it.

(Arthur Conan Doyle (1887): *A Study in Scarlet*)

［文　脈］ ここは特定の領域における彼の知識が膨大なものであることを説明した後に、逆に極端に無知なところもあるという指摘をしている場面です。

［語法・構文］
- **next to nothing** は almost nothing とほぼ同義。
- **Thomas Carlyle**:「トマス・カーライル」（『衣服哲学』などで知られる 19 世紀のイギリス哲学者）
- **incidentally**:「何かのついでに、ふとした拍子に」
- **the Copernican Theory**:「地動説」（提唱者のコペルニクスの名前が由来）

ポイント

［第 2 文］

- 前置詞 of から始まっています。of から始まる文で一番よくあるのは、Of all the...「全ての ... のうちで」というパターンですが、ここの of は後ろに複数形の名詞があるわけではないので、その解釈は成り立ちません。「 ...に関して、...について」という意味ではないかと考えて読み進めましょう。引用した部分の直前に「特定分野の知識は膨大」という文脈があるので、それとのコントラストを表すために of...の前置詞句が前に出た形。

［第 3 文］

- Upon my quoting...のところでは upon ...ing「 ... すると（すぐに）」という表現を確認するとともに、my quoting...が【例題 1】でも登場した「意味上の主語＋動名詞」になっていることにも注意しましょう。
- he **(S)** inquired **(V)** という SV を把握するのはもちろん、inquired とい

う動詞の意味から何を尋ねるのかと考えて、inquired **(V)** (in …) who …
and what … **(O)** という関係をつかむのがポイントです。

［第 4 文］

- 直訳をすれば、「when...の時に、私の驚きは頂点に達した」となりそう
  ですが、ホームズの無知が驚くべきものであることは既出の情報である
  ため、この文においてより重要となるのはその無知の度合いをさらに証
  明する新しい具体例、すなわち英文の最後に置かれている when 節の内容
  です。日本語においてもその流れを訳文に反映させるなら、「私の驚きが
  頂点に達したのは ... 時だった」としたいところ。

［第 5 文］

- 最終文は、That any...ときた時点で That が接続詞である可能性を疑い、
  文全体の S もしくは O となる名詞節を作っているのではないかと予想し
  ながら読んでいくことが大切。この予想があれば、the sun の後に直接に
  はつながらない appeared が出てきたところで、That … the sun **(S)**
  appeared **(V)** という構造がすんなりと見えるはず。
- that 節内の should はこの that 節の命題に対するワトソンの驚き（「そんな
  人がいるなんて！」）のニュアンスを表しています。It is surprising that you
  should find this problematic.「あなたがこれを問題だと考えるのは驚きだ」
  のような形で受験英語でも頻出の表現。専門用語では「推定の should」
  (putative *should*) などと呼ばれます。should＝「べき」ではありません。
- appeared to be 以下のところでは、such an extraordinary fact that…の関
  係をつかみ、that 節が結果の副詞節であることを把握するのが前提。
- could hardly realise it の it は前半の that 節を指しますが、「それをほとん
  ど理解できなかった」としても少し分かりにくいですね。「え、それ、ど
  ういうこと」という感じになった状態をイメージしましょう。訳例もヒ
  ントにしてみて下さい。
- なお、ここではホームズが文学や哲学、天体のことを全く知らないかの
  ように描写されていますが、他の場面や作品ではシェイクスピアやゲー
  テ、ダーウィンに言及するなどかなり知識や教養がある様子で、ここは

ワトソンをからかってあえてこのように振る舞っていると考えられています。

訳　例

　彼の無知さ加減も、知識同様に度を越していた。現代文学や哲学、政治についてはほとんど何も知らないようだった。トマス・カーライルを引用した際に、何の臆面もなくそれは誰で何をした人かと聞いてきた。しかし、驚きが頂点に達したのはふとした拍子に彼が地動説や太陽系の成り立ちについて知らないと分かった時だった。この 19 世紀の文明社会に住まう人間の中に地球が太陽の周りをまわっていることを知らない人がいるなんて、私にはあまりにも異常なことに思えて、ちょっと受け入れがたかった。

　以上、二人の出会いにまつわる 3 つの文章を読んできました。共同生活を始めた後も、しばらくホームズが何をやっているのかは不明のままでしたが、やがて彼が自ら身分を打ち明ける時がやってきます。その中でホームズは観察力があればいかに多くのことが学べるかを説き、ワトソンと最初に出会った時、アフガニスタン帰りであることをどう見抜いたかを説明します。

例題 4　[★★★☆☆]

1"It is simple enough as you explain it," I said, smiling. 2"You remind me of Edgar Allan Poe's Dupin. 3I had no idea that such individuals did exist outside of stories."

4Sherlock Holmes rose and lit his pipe. 5"No doubt you think that you are complimenting me in comparing me to Dupin," he observed. 6"Now, in my opinion, Dupin was a very inferior fellow. 7That trick of his of breaking in on his friends' thoughts with an apropos remark after a quarter of an hour's silence is really very showy and superficial. 8He had some analytical genius, no doubt; but he was by no means such a phenomenon as Poe appeared to imagine."

(Arthur Conan Doyle (1887): A Study in Scarlet)

[文　脈]　説明を聞いて、驚きつつも納得するワトソン。まるでポーの作品に出てくるデュパンのようだ、とホームズのことを形容すると . . .。

[語法・構文]
- **Edgar Allan Poe's Dupin** は 19 世紀のアメリカ作家、エドガー・アラン・ポーの作品に出てくる探偵オーギュスト・デュパンのこと。デュパンが登場する作品は 5.1 節で扱います。
- **had no idea that...**：「 . . . だとは思わなかった」
- **compare A to B** は「A を B にたとえる」という意味で、compare A with B「A と B を比較する」とは区別して用いられます。
- **observe**：「言う、述べる」
- **break in on...**：「 . . . に割って入る」
- **apropos** は「適切な、丁度合っている」を意味するフランス語由来の単語。
- **a phenomenon**：「奇才、驚異的な人物」

（ポイント）

[第 2 文]
- remind A of B「A に B を思い出させる」は基本的な表現ですが、訳出は少し工夫して、「君と話していると、 . . . を思い出す」くらいにしてもよいでしょう。

[第 7 文]
- That trick of his の That は「例の」という意味。ここまで読んで「例の彼のトリック」と解釈したら、「どのようなトリックか?」と説明を期待することが重要です。そうすれば、後ろの of breaking in on...が trick の中身を説明していることにもスムーズに気がつくはず。
- such a phenomenon as Poe appeared to imagine は、such と呼応して as が関係代名詞のように機能している形で「ポーが想像したようだった天才」とでも訳せるところ。
- なお、ここで言及されているデュパンのトリックの内容は正しく訳しても少し分かりにくいと思いますが、5.1 節の【例題 1–2】を読めば「なる

ほど」と思ってもらえるかもしれません。

訳 例

「説明を聞いていると本当に単純そのものだな」と私は笑顔で言った。「君と話しているとエドガー・アラン・ポーのデュパンを思い出すよ。そんな人物がお話の世界の外にも実在するとはね」

ホームズは立ち上がり、パイプに火をつけた。「おそらく、僕をデュパンにたとえることで君はほめているつもりなんだろう」と彼は言った。「実のところ、僕の意見ではデュパンは全然大したやつじゃない。15分ほど黙り込んだ後に友人が考えていることにちょうどピッタリの言葉を使って割って入る彼の例のトリックは実際はかなり見掛け倒しで浅いものだ。もちろん、一定の分析の才能はあっただろう。けれど、ポーが思い描いていたような天才じゃない」

そうこうしているうちに、空き家で男性の変死体が見つかるという怪事件が起き、スコットランドヤードのグレグソンから意見を聞きたいという手紙を受け取ったホームズはワトソンとともに現場に出向きます。現場に残された指輪を犯人が取り戻しにくるとにらんだホームズは、新聞に持ち主を探しているという広告を出して犯人を誘い出そうとしますが、広告を見てやってきたのは想像していた厳つい男ではなく、弱弱しい老婆でした。

例題5 [★★★★☆]

1The old crone drew out an evening paper, and pointed at our advertisement. 2"It's this as has brought me, good gentlemen," she said, dropping another curtsey; "a gold wedding ring in the Brixton Road. 3It belongs to my girl Sally, as was married only this time twelvemonth, which her husband is steward aboard a Union boat, and what he'd say if he come 'ome and found her without her ring is more than I can think, he being short enough at the best o' times, but more especially when he has the drink."

(Arthur Conan Doyle (1887): A Study in Scarlet)

[文　脈]　老婆はそれが娘のものであると語ります。やや特殊な文体に注意しましょう。

[語法・構文]
- **crone**：「シワシワの老婆」
- **curtsey**：「(婦人の) 会釈」。drop a curtsey で「会釈をする」。
- **only this time twelvemonth**：「ほんの 1 年前の今頃」
- **steward**：「船室係」
- **aboard**：「(船などに) 乗っている」
- **come 'ome** は come home', **best o' times** は best of times.
- **short**：「気が短い」

（ポイント）

[第 2 文]
- 俗っぽい話し方という設定でしょうか。少し特殊な用法が見られます。この第 2 文では as has brought me という表現に戸惑う人がいるかもしれませんが、It's dogged as does it.「頑張ってこそ事はなる (dogged は the dogged「努力している人々」を指す)」という諺を知っていれば、as が which や that のように用いられているということを見抜けるでしょう。ここは諺と同じ分裂文 (学校文法で言うところの It is...that...の強調構文) になっています。焦点部に this という直前の文脈と結びつきの強い言葉が来ているため、前から訳し下したほうがよいですね (⇨『英文解体新書』3.3 節)。

[第 3 文]
- 第 2 文の as の見当がつけば、as was married も who に近い関係代名詞のようなものとして用いているのだろうと推測できるはず。
- 続く which は標準的な英語の文法から見ると完全に破格であり、面食らった人もいるかもしれません。古い時代の英語では、関係代名詞の本来の位置に当たる箇所で冗語的な人称代名詞を改めて用いる形が一般的でした。大塚高信編『新英文法辞典』(三省堂) は、この「関係代名詞＋人称代

名詞」の構文が現代英語でも俗語や方言に残っていることを指摘し、その中でも特に which his, which her など「which＋人称代名詞の所有格」のパターンが顕著だとして、まさに今回のドイルの英文を例に引いています。したがって、この which は続く her と結びついて、現代英語のwhose のような役割を担っていると考えることができます。

- なお、その場合の which her（＝whose）の先行詞は my girl Sally ということになりますが、これも人を先行詞とする古い時代の which の名残だと考えてよいでしょう。

- , and 以下の後半には特殊な言い回しはないのですが、しっかりと構造を把握することが重要です。頭に what he'd say という名詞節があることから、これが主語だろうと当たりをつけて述語動詞を探しましょう。そうすると、her ring の後にそこにはつながらない形で is が登場するため、what...her ring (S) is (V) という構造の核が把握できます。

- what he'd say の 'd は would の省略形。つまり、if 以下を条件節とする仮定法になっています。

- さらに、補語 (C) に当たる more than I can think の後に続く部分は、he being... の形からすぐ主語を伴った分詞構文（独立分詞構文）をイメージできるのが大切。直前に「指輪をなくしたのを娘の夫が知ったら」と恐れている文脈があることを考慮して、その理由を説明していると考えるのが最も自然ですね。

訳 例

その老婆は夕刊を取り出すと、私たちの広告を指さした。「これを見てまいりました、だんな様方」と彼女は言い、改めて会釈をした。「このブリクストン通りの金の結婚指輪というのは娘のサリーのもので、1年前の丁度今頃に結婚したばかりで、夫はユニオン船に乗っている船室係ですが、この男が帰ってきて彼女が指輪をなくしたと知ったら何と言うか、想像もつきません。なにせ気分のよい時だって十分短気ですが、酔っぱらったらもっとそうですから」

以上、「ホームズ物」の導入として、5つほど文章を読んできましたが、いかがでしたでしょうか。学校で習う英文法の知識がしっかりあれば、適宜知らない単語を辞書で引いていくことでかなりの部分まで読めるのがホームズの英語です。Elementary, my dear fellow?

文法・語法コラム (1)

so...that 構文の倒置について

本節に登場した so...that 構文の倒置のパターンは、『英文解体新書』でも2章と6章で扱っています。以下は『英文解体新書』からの例文の引用です。

(1) *So* important was this discovery *that* they received the Science Award that year.
[訳] この発見は非常に重要だったので彼らはその年、科学賞を受賞した。

(2) *So* rapidly did she talk *that* we had a lot of difficulty following her words.
[訳] 彼女はとても早口で話したので、私たちは彼女の言葉についていくのに苦労した。

(3) We had a lot of difficulty following her words, *so* rapidly did she talk.
[訳] 私たちは彼女の言葉についていくのに苦労した。それほど、彼女は早口だったのだ。
(応用: that 節で表現される結果の内容が主節になり、so...で表現される原因の部分が後ろから追加説明を加える形)

これらの so ...that の特殊な形はドイルの作品 (や 19 世紀、20 世紀初頭の文学作品一般) に非常によく登場する構造で、本書で扱った『緋色の研究』の中にも何度も出てきます。この構造では、基本的に「so＋形容詞」から始まる場合は文の補語となるものが前置された be 動詞の文 ((1) のタイプ) であることが多く、逆に「so＋副詞」が前に出ている時は一般動詞の文 ((2) のタイプ) であることが多いのが特徴です。ここから、「so＋形容詞」なら後ろは be 動詞、逆に「so＋副詞」なら後ろは do (does/did) とパターン化して考えている人もいるかもしれません。このパターン化は大枠としては問

題ありませんが、【例題 2】の so moderate did the terms seem の箇所のように、be 動詞以外の SVC の文型を取る動詞の場合は、C（補語）が前に出ても、後ろに do (does/did) が続くといったこともあり、例外には注意が必要です。同様に上のパターンに当てはまらない例を同じ『緋色の研究』の中からいくつか見てみましょう。

(4) So alarming did the state of my finances become, that I soon realised that I must either leave the metropolis and rusticate somewhere in the country, or that…
［訳］私の財政状況は非常にまずいものとなり、都市を離れどこか田舎でつつましく過ごさねばならないか、さもなくば、...かのいずれかであるとすぐに悟った。
→so alarming という形容詞句から始まっていますが、動詞が be ではなく become のため、do＋S という形が続いています。

(5) So swiftly was the examination made, that one would hardly have guessed the minuteness with which it was conducted.
［訳］その調査は非常に素早く行われたので、それがいかに微に入り細を穿つものだったか、傍からはまず想像もつかなかったろう。
→今度は逆に so swiftly という副詞から始まっていますが、受動態の文であるため、後ろには be＋S という形が続いています。

さらに、ドイルの作品の中では上の (3) のタイプに当たる応用形も登場します。やはり、『緋色の研究』からの例です。

(6) In the blue vault of heaven there had appeared three little specks which increased in size every moment, so rapidly did they approach.
［訳］青空には小さな 3 つの点が現れていて、それらがみるみるうちに大きくなっていった。ものすごいスピードで近づいてきたためだ。

ドイルは 19 世紀から 20 世紀初頭にかけて活躍した作家であるため、現代の基準からは少し硬い、難しいと思える表現もこのように頻繁に用いる傾向があります。シャーロック・ホームズなどの傑作を原文で読みたいと思うなら、こういった表現もサラッと捌けるようにしておく必要があると言えるでしょう。大学受験の際に学ぶ構文解析の技術は大変に有益だということです。

1.2　『恐怖の谷』

　『恐怖の谷』(*The Valley of Fear*) は、4 つの長編の中で最後に書かれたもの
で、ホームズのライバルであるモリアーティが登場する唯一の長編作品で
もあります。『緋色の研究』や『四人の署名』同様、2 部構成を採っており、
1 部も 2 部も独立した推理小説として楽しむことができる形になっていま
す。1 部はダグラスという人物の死を予言する暗号文を受け取ったホームズ
がスコットランドヤードのアレック・マクドナルド警部とともに事件解明
に挑むストーリーで、2 部は 1 部の背景にある事件として、アメリカのペン
シルベニア州ヴァーミッサ峡谷でならず者集団「スコウラーズ」に仲間入
りしたマクマードの冒険を描いています。2 部にはホームズはほとんど登場
しませんが、歴史作家を志望していたドイルが史実をモデルに書いている
こともあり、1 部以上に読み応えのある内容です。
　では、例題に進みましょう。【例題 1】は前半の冒頭近くから。暗号文を
受け取ったホームズのところへ、スコットランドヤードのマクドナルド警
部が訪ねてきた場面で、ワトソンがマクドナルドとホームズの関係性を説
明している箇所。1 文目の helped him の him はマクドナルド警部のことで
す。

例題 1　[★★★☆☆]

[1]Twice already in his career had Holmes helped him to attain
success, his own sole reward being the intellectual joy of the
problem. [2]For this reason the affection and respect of the
Scotchman for his amateur colleague were profound, and he
showed them by the frankness with which he consulted Holmes
in every difficulty. [3]Mediocrity knows nothing higher than itself;
but talent instantly recognizes genius, and MacDonald had talent
enough for his profession to enable him to perceive that there
was no humiliation in seeking the assistance of one who already

stood alone in Europe, both in his gifts and in his experience.

(Arthur Conan Doyle (1915): *The Valley of Fear*)

[文　脈]　ホームズとワトソンが暗号文を解読しているところにスコットランドヤードのマクドナルド警部が訪ねてきたシーン。ワトソンは警部とホームズの関係性を説明します。

[語法・構文]
- **had Holmes helped…** は前置された副詞句である Twice already in his career の影響で助動詞 had と主語 Holmes の倒置が生じたもの。
- **his own sole reward being the intellectual joy** の部分は、独立分詞構文で付帯状況を表しています。
- 第 2 文の **Scotchman** はマクドナルドのこと。Mac- はスコットランド系、アイルランド系の人物の名前によく見られます。一方、**his amateur colleague**「アマチュアの仲間」というのはもちろん、ホームズのこと。
- **showed them** の them は、直前に出てくるホームズに対する慕いや尊敬の念のことを指しています。
- 第 3 文の前半では **mediocrity**（凡庸、平凡）**, talent, genius** という性質を表す名詞が 3 つ登場しますが、ここではかなり具体的に、こういった性質を持つ人間のことまで含めて言っていると解釈すると分かりやすいでしょう。
- **humiliation**:「屈辱、恥」
- **stand alone**:「他に類を見ない、比類のない」

(ポイント)

[第 2 文]

- 前半、後半ともに名詞句の解析がポイントになります。前半では文字通りに訳せば「このスコットランド人のホームズを慕う気持ち、尊敬は深かった」となりますが、むしろ、The Scotchman felt affection for and respected his amateur colleague という節の形に読み替えて、「慕い、尊敬していた」としたほうが日本語としては通りがよくなりますね。
- さらに、後半の the frankness with which he consulted Holmes…の部分がまさに the 性質を表す名詞 with which SV…の形（⇨『英文解体新書』6.1節）になっています。He frankly consulted Holmes in every difficulty という節が基本にあると判断して「難題が出てくるたびに素直にホームズに相談したこと」くらいに解釈できたかどうか。

［第 3 文］

- and 以下のところ、had talent enough「十分に才能があった」という表現から何を基準に「十分」と言っているのかと考え、to 以下に目を向けます。to enable him to perceive...は「彼に ... を認識することを可能にするくらいに（十分）」というのが直訳ですが、これをそのまま訳にしてしまうとくどい表現になるので「...だと分かるくらいに」と単純化してしまってよいでしょう。
- 最後の that 節の内部も、humiliation「恥」という名詞から、恥を感じる主体や恥を感じる対象を思い描けば、「... することに恥はない」→「... しても恥じる必要はない」というくらいの訳はすんなりと出てくるのではないでしょうか。

【訳　例】

　ホームズはこの時点ですでに二度、マクドナルドの手助けをして仕事の手柄を挙げさせていたが、その際も、彼の求めた報酬は謎の解決に伴う知的な喜びだけだった。だからこのスコットランド生まれの警部はアマチュアのホームズを深く慕い敬っていたし、難題に出くわすたびに素直にホームズに相談を仰ぐ姿勢からもそのことは見て取れた。凡人は自分のレベル以上のものを理解できないが、才能のある人は天才にすぐ気づくもので、マクドナルドは警部としての才能があったために、すでにヨーロッパで素質でも経験でも随一の存在になっていたホームズに助けを求めても全く恥じる必要はないと分かっていたのだ。

　次の【例題 2】はダグラスの殺人に関わる場面から。ダグラスの妻の冷たいとも思える態度をホームズが分析します。

【例題 2】　［★★★☆☆］

₁I am not a whole-souled admirer of womankind, as you are aware, Watson, but my experience of life has taught me that there are few wives having any regard for their husbands who would let any man's spoken word stand between them and that husband's dead body. ₂Should I ever marry, Watson, I should hope to inspire my wife with some feeling which would prevent her from being walked off by a housekeeper when my corpse was lying within a few yards of her.

(Arthur Conan Doyle (1915): *The Valley of Fear*)

［文　脈］　夫であるダグラスが殺人に巻き込まれたことが発覚した際、「見るな」と止められて夫の遺体すら確認しなかったと言うダグラス夫人。この点が奇妙であるということを指摘する流れで、ホームズは自身の女性観を披露します。

［語法・構文］
- **whole-souled**：「根っからの、心からの」
- **as you are aware**：「君も知っている通り」
- **let any man's spoken word stand between...** は「誰かの話した言葉を...の間に割り込ませてしまう」が直訳ですが、stand between A and B とは「A と B の間に立ちはだかる、A と B の間の障害になる」ということで、もちろんここでは「話した言葉を聞いて、夫の遺体を見に行くのを止める」ということをほのめかしています。あえて spoken という形容があることを意識し、「口で言われただけで」というニュアンスを読み取りましょう。
- **inspire 人 with 感情**：「人に感情を抱かせる」
- **be walked off** は少し訳しづらいところ。「分離」を表す off を意識して「促されて現場から離れる」というニュアンスを捉えること。

ポイント

［第 1 文］
- 後半、there are few wives having...who〜の部分について、ひょっとすると who〜の部分を直前の their husbands を修飾するものと解釈してしまった人がいるかもしれません。しかし、先を予測しながら英文の流れを追うことができていれば、そもそもその可能性が頭をよぎることはないはずです。なぜか。そのカラクリを少し説明してみたいと思います。
- まず、there are few wives まで読んだ時点で、「ほとんど妻はいない」では明らかに現実世界と矛盾するので後ろに「どんな妻か」を説明する内容が続くはずだと予想します。そうすると、having any regard for their

husbands「夫のことを少しでも気にかけている」という「妻」を説明する分詞句が登場しますが、ここまで読んでも「夫を気にかける妻はまずいない」ではやはり現実や文脈にそぐわないので、もう1つ条件が付くはずだ、という考えに到ります。

- このような読み方をしていれば、who〜という関係代名詞節が出てきた時点で、これも wives の説明だろうと判断することができます。もちろん、仮にwho〜を their husbands を修飾するものではないかと解釈してしまっても、意味が通らないので誤りには気づくと思いますが、そもそも、そういう解釈が出てこないのが理想的な読み方です。

[第2文]

- Should I ever marry は疑問文と同じ語順で仮定法の条件節を代用している形（⇨『英文解体新書』2.5節）です。should だけでも「万が一」と実現の可能性が低いニュアンスが出ますが、さらに ever「仮に」があることで可能性の低さが強調されていることが読み取れます。

- I should hope の should は would と同義。一人称が主語の際には、shall は will に近い意味で、should は would に近い意味で用いられます。

- some feelings which would prevent her from being walked off by a house-keeper が少し訳しづらいところ。「...することを妨げるような感情」というのを「...しないような感情」と読み替えたほうが分かりやすいかもしれません。

- 最後の when 節は「...時に」でも明らかにおかしいということはないものの、やはり、ここは「...のに」というニュアンスが込められていることを意識したいところ。

[訳 例]

　ワトソン、君も知っている通り、僕は根っからの女性賛美主義者というわけじゃない。でも、人生経験から、多少なりとも夫のことを気にかけている妻であれば、誰かから口で言われただけで夫の遺体を確認しようともしないような人はまずいないということくらいは分かってる。もし仮に僕が結婚するとすれば、妻には僕の死体が数ヤード先のところに転がってい

るのに家政婦に促されて現場から離れてしまうなんてあり得ないというくらいの気持ちを持っていてもらいたいものだね。

　さて、ここから先の2つの例題はマクマードを主人公とした第2部から採用しています。シカゴからヴァーミッサ峡谷にやってきたマクマードの冒険談です。陰鬱で汚らしい街を歩いて下宿先にたどり着いたマクマードが、男性が出るとばかり思っていた玄関口で美しい女性に出迎えられて驚いているシーンです。

例題3　[★★★★☆]

₁Framed in the bright light of the open doorway, it seemed to McMurdo that he had never seen a more beautiful picture; the more attractive for its contrast with the sordid and gloomy surroundings. ₂A lovely violet growing upon one of those black slag-heaps of the mines would not have seemed more surprising. ₃So entranced was he that he stood staring without a word, and it was she who broke the silence.

(Arthur Conan Doyle (1915): *The Valley of Fear*)

[文　脈]　ここは彼の目にその女性がいかに美しく映ったかを描写している場面です。

[語法・構文]
- **Framed...** は開いた戸口が明るい光に照らされてそれが四角い額縁のようになっていることを表しています。なお、この Framed を Being framed... という分詞構文の Being の省略として考えるなら、その意味上の主語は a more beautiful picture ということになるため、これは主節の主語と分詞構文の主語が一致しない懸垂分詞構文の一種ということになります。
- **sordid and gloomy**：「汚らしく、陰気な」
- **slag-heaps**：「ぼた山」
- 第3文は、**So entranced was he** という形から so...が前に出た倒置形を疑うとともに、「それほどうっとりとして」の「それほど」は「どれほどか?」と考えて、後ろの that 節に目を向けましょう。

• 第３文の後半では **it was...who～**の分裂文に注意です。

(ポイント)

［第１文］

• he had never seen a more beautiful picture では a more beautiful picture「より美しい絵」という比較級表現を含む語句に注目し、何と比較してそう言っているのかと考え、than the sight he was seeing then「彼がその時見ていた光景より」というのを補って考えることがポイント。冒頭で Framed in...「額に縁取られて」と言っていることから、「絵画」の比喩が効いていることを理解しましょう。

• the more attractive「それだけいっそう魅力的な」の the は副詞の the で by so much「その分だけ」という意味を持ち、後ろの for its contrast...と呼応しています。「the＋比較級」の形が理由を表す副詞的表現と呼応する形で用いられ、「...ゆえにそれだけいっそう」という意味になることは受験文法でも必ず習うもので、その代表格が I like him all the better because he is kind.「彼は優しいからそれだけいっそう、私は彼のことが好きだ」のような例文ですね。

［第２文］

• A lovely violet「美しいすみれ」から文が始まっていますが、この名詞句を見た時点である種の違和感を覚えられるかどうかがポイント。特定のもの (この場合、マクマードが見た女性の姿) の説明が続いている文脈で、不定冠詞の a を伴う名詞句が文頭で用いられるのは、既知のものから未知のものへと文を進める情報の流れの原則から言うとやや特殊なケースです。しかも violet「すみれ」というのは花の名前でありこの文脈とは直接何の関係もありません。こういう場合、文頭の名詞句は文脈で話題になっているものを説明するためのたとえとして用いられていることが多く、文が進む中で比較構文などの形を用いて、文脈との関係が明らかになっていきます。

• 今回の場合は、would not have seemed more surprising というのがこの名詞句に続きますが、more surprising「より意外である」というのが何と

比較して「より意外」と言っているのかと考え、than this woman in this place（文脈上の話題）というのを補って解釈しましょう。つまり、「ボタ山に一輪咲いたスミレであっても今見ているこの光景ほどは意外ではないだろう」と、「ボタ山に咲くスミレ」という意外な組み合わせをたとえにして、話題にしている状況の意外性を説明しているのです。

- なお、would not have seemed は仮定法過去完了の形になっていますが、これは、A lovely violet...というのがここでの描写のために仮定したものであって現実に存在するものではないからです。そのことも踏まえ、A lovely violet growing upon one of those black slag-heaps of the mines は「たとえ炭鉱のボタ山に美しいスミレの花が一輪、咲いていたとしても」というくらいに仮定の意味を込めて訳したいところです。

（訳 例）

　明るい光に照らされた開いた戸口が額縁のように見え、マクマードにはこれまで見たことがないほどに美しい絵のように思えた。周辺の汚らしい暗鬱な光景と対照的であるがゆえによけいにいっそう魅力的だった。炭鉱の黒いボタ山から美しいスミレの花が一輪咲き出ていたとしても、これほどは場違いには思えなかっただろう。あまりにうっとりして彼は一言も発さないまま、ただただ見つめて立っているだけだった。沈黙を破ったのは彼女のほうだった。

　初めてスコウラーズの支部長マギンティに挨拶に行くマクマード。酒場で小部屋に通され、銃を突きつけられるもマクマードは全くひるまずに質問に答えます。最初のセリフはマギンティの、続くセリフがマクマードのものです。

例題4 [★★★☆☆]

₁"You seem to have a good nerve. ₂You didn't flinch when I put this pistol on you."

₃"It was not me that was in danger."

₄"Who then?"

₅"It was you, Councillor." ₆McMurdo drew a cocked pistol from the side-pocket of his pea-jacket. ₇"I was covering you all the time. ₈I guess my shot would have been as quick as yours."

₉McGinty flushed an angry red and then burst into a roar of laughter.

₁₀"By gosh!" said he. ₁₁"Say, we've had no such holy terror come to hand this many a year. ₁₂I reckon the lodge will learn to be proud of you. ₁₃Well, what the deuce do you want? ₁₄And can't I speak alone with a gentleman for five minutes but you must butt in on us?"　(Arthur Conan Doyle (1915): *The Valley of Fear*)

[文　脈]　ここは二人のやりとりが続く中で、外から邪魔が入るシーン。マギンティのセリフの Well（第 13 文）以下は外から呼びにきたバーテンダーに向けられたものとして読んでみて下さい。

[語法・構文]
- 第 3 文の **It was not me that was in danger.** は分裂文。前文で「危険な目に遭わせたのに ...」とマギンティが言っているのを受けて発せられた言葉なので、前提かつ既出情報である that 以下の「危険な目に遭っていたのは」から訳し上げるのがよいでしょう。
- **cocked**：「撃鉄を起こした」
- **cover**：「（銃など）を突きつける、で狙う」
- **my shot would have been...** の部分、仮定法過去完了の形になっているところから、「もし互いに撃っていたら」と仮定を補って考えるのがポイント。
- **by gosh** は「なんてこった」という意味ですが、この gosh は God のこと。神様の名前を直接言うのを憚って gosh を使っています。Oh, my god! の代わりに Oh, my gosh! と言ったり、Oh, my goodness! と言ったりするのと同様です。
- **say** は間投詞的なもので「いやあ」といったくらいの意味。
- **holy terror**：「とんでもないやつ」
- **come to hand**：「現れる、見つかる」
- **this many a year** は少し注意が必要。「many a＋単数名詞」は古い言い方で「数々の ...」という意味になり、また、this は副詞で many を修飾しています。直訳すれば「こんなに数年も」となるところ。
- **the lodge**：「支団」

- **what the deuce** の the deuce は疑問詞を強調するフレーズです。版によっては、ここが the deuce ではなく the hell になっているものもありますが、こちらは現代英語でもおなじみですね。映画のセリフなどでも、Who the hell are you?「一体、お前は誰だ」とか What the hell is going on?「一体、何が起こっているんだ」といったフレーズがよく出てきます。
- **butt in on...**:「...の邪魔をする」

(ポイント)

[第 2 文]

- when 節は「...の時」でも明らかにおかしいわけではないですが、「...したのに」というニュアンスで訳したほうが自然ですね。

[第 11 文]

- had (**V**) no such holy terror (**O**) come (動詞の原形) の形をつかむのと同時に、such holy terror「それほどとんでもないやつ」とは「どれほどか?」と考えて、as you を補って「おまえみたいなとんでもないやつ」と解釈するのが大切。なお、この「have＋O＋動詞の原形」は「O が...するということが起こる」という「経験」の意味。

[第 14 文]

- この文は少し古い言い回しに慣れていないと難しく感じるかもしれません。but を普通に「しかし」という意味で捉えても意味が通らないことから、この but が It never rains *but* it pours.「降ればどしゃぶり」の but, つまり、「...することなしには」を意味する従属接続詞の but ではないかと気づくことができたかどうかが大きなポイントになります。
- この用法で but を解釈すると、「私はあなたが邪魔をしなければならない状態にならずに、5 分間、客人と話すこともできないのか」というのが直訳ということになります。このままではぎこちないので、すぐに邪魔が入ったことへの苛立ちを表現した言葉であることを踏まえ訳例では少し工夫しました。

（訳　例）

「胆も座っているみたいだな。この銃を突きつけたのに少しもたじろがなかった」

「危なかったのは俺のほうじゃないですよ」

「じゃあ、誰だって言うんだ」

「あなたですよ、支部長」マクマードはそう言ってジャケットの脇のポケットから撃鉄を起こした銃を取り出した。「ずっとあなたに狙いを定めてました。撃ち合いになっていたらあなたと同じくらい速く撃っていたと思いますよ」

マギンティは怒りで顔を紅潮させたが、それから声を上げて笑い出した。

「何てこったい」と彼は言った。「いやあ、お前みたいなとんでもない奴は久しぶりだ。支団もきっとお前を自慢に思うようになるだろう。...ああ、一体何だ？　5分間すら客と二人だけで邪魔されずに話をさせてもらえないのか」

スコウラーズの支部長、マギンティはメンバーたちに『ヘラルド』紙のジェイムズ・スタンガーが一味を糾弾する記事を書いていることを伝え、どうしてやろうかと意見を求めます。スタンガーを「殺せ」という声が上がる中、穏健派のモリスが異議を唱えますが、マギンティに皆の士気を下げるなと恫喝され、謝罪する場面です。

（例題5）　［★★★☆☆］

₁"I apologize, Worshipful Master, to you and to every brother in this lodge if I have said more than I should. ₂I am a faithful member—you all know that—and it is my fear lest evil come to the lodge which makes me speak in anxious words. ₃But I have greater trust in your judgment than in my own, Worshipful Master, and I promise you that I will not offend again."

(Arthur Conan Doyle (1915): *The Valley of Fear*)

[文　脈]　モリスの恐怖におびえた弁解です。

[語法・構文]
- **Worshipful Master**：「支部長どの」
- **lodge**：「支団」
- **I have said more than I should** は **should** の後に say を補って考えましょう。
- **my own** は my own judgment のことを指します。
- **offend**：「. . . を怒らせる、. . . 気分を害させる」

(ポイント)
［第 2 文］
- 後半に注意しましょう。it is my fear lest のところで、my fear という名詞句に同格の lest 節が続いている形であることを捉える必要があります。『英文解体新書』4.2 節でも言及しましたが、少し古い文章では lest を不安や懸念の内容を表す名詞節を作る接続詞として用いている例によく出くわします。come は現代英語の lest のルールと同じく、節内で仮定法現在が用いられた形ですね。
- この lest が fear の内容を説明する同格節だとすると、冒頭の it is はどう説明がつくのだろうかと考え、it is を the lodge の後に続く which と結びつけられたかどうかがポイント。ここは、My fear lest … makes me speak …という文の主語名詞句 my fear lest…lodge を焦点部に置いた分裂文になっています。この分裂文の場合、条件を表現する which 以下のほうがここまでの文脈を踏まえた内容になっているため、後ろから訳し上げるほうが自然な響きになるでしょう。

［第 2 文の後半の構造］
| it is |

　　my fear lest evil come to the lodge

| which |

　　makes me speak…

(訳　例)
「言いすぎたのであれば謝罪します、支部長どの。あなたにも同志の皆さ

んにもです。私は忠実な団員です。皆さんもそれはお分かりかと思います。私が不安めいた言葉で話しているのはよからぬことが支団に起こってはいけないという懸念があるからこそです。しかし、支部長どの、自分よりもあなたの判断のほうを信頼します。二度とお気に障るようなことは申しません」

文法・語法コラム (2)

the＋比較級の形について

　本節にも登場した、「the＋比較級」の形ですが、なぜ定冠詞の the が「その分だけ」という副詞としても使えるのか、ということを不思議に思った方もいるかもしれません。そもそも the は古い英語の指示代名詞である þe に由来する言葉ですが、副詞の the は中でもその変化形の 1 つである þy（＝with that「それによって」）の意味を受け継いだものになっています。

　この the は実は、接続副詞の nevertheless (nonetheless) の一部としても使われています。nevertheless という語については、なんかごちゃごちゃ単語がくっついているなあ、と思いながら、特に理屈を考えることもなく「それにもかかわらず」という辞書的な訳語を覚えたという人も多いかと思いますが、本節で登場した the の知識を応用すれば、なぜこういう意味になるのか、説明をつけることができますね。次のような例で考えてみましょう。

　(1)　He was afraid. Nevertheless, he went on walking.
　　　　[訳] 彼は怖かった。それでも彼は歩き続けた。

「その分だけ」という副詞の the の意味を使って、nevertheless を解釈すれば「その分だけ少なくなることは決してなく」という意味になることが分かると思います。この場合、「少ない」というのは何かの分量とかそういうものではなく、物事が成立する程度に関して言っています。つまり、上の例にこの解釈を当てはめて直訳すると、

「彼は怖かった。その恐怖の分だけ程度が低くなることは決してなく、彼は歩き続けた」
　　↓
「彼は怖かった。その恐怖の分だけ彼が歩き続ける程度が低まることは決

してなかった」

となります。物事が成立する程度が低くなる、というのは言い換えるとそれが「成立しなくなる」ということなので、nevertheless の「それにもかかわらず」という意味は次のような流れを辿って出てきていると考えることができます。

「その分だけ . . . が成立しないことはない」
   ↓
「それがあるけど、変わらず . . . する」
   ↓
「それにもかかわらず . . . する」

従属接続詞の but について

本節の【例題4】では、従属接続詞の but「 . . . という帰結を伴わずに」が登場しました。かつては、never (not)...but～「～することなしには絶対 . . . しない」の形でよく使われたもので、以下のような例が代表的です。

(2) Not a day goes by but I think of you.
  [訳] あなたのことを考えることなく一日として過ぎることはない。

現代では普通の文章でこの but を見ることはほとんどなくなりましたが、その代わりに上のような内容を表現する際には without が用いられるようになりました。ただし、without は一部の方言を除いて接続詞として用いることはできないため、後ろには動名詞の形を置く、ということになります。

(3) Not a day goes by without my thinking of you.

ドイツ語では従属接続詞の but とほぼ同じ機能を持つ、ohne dass という接続詞を現在でも普通に使うので、ドイツ語の専門家などと話していると、英語は不便だね、と言われたりもします。

   Nicht ein Tag geht vorüber, ohne dass ich an dich denke.
 逐語英訳 Not a day goes by   but I of you think

but はこの用法以外にも that の名詞節や副詞節の否定版として、また、関係代名詞としての用法があります。

(4)　No man is so old but（that）he may learn.
　　　[訳] 学ぶことができないほど年老いている人はいない。
　　　→どれだけ年をとっても学ぶことはできる。
(5)　There is no rule but has exceptions.
　　　[訳] 例外のない規則はない。

いずれも今では古風な言い回しですが、19世紀以前の英文には結構、登場するので知っておいて損はないでしょう。

副詞節以外の節を作る lest について

さらに【例題5】では lest を同格節の導入のために用いるというやはり古風な例が登場しました。古い文体では lest は同格節に加え、不安や懸念を表す動詞や形容詞の後に続く形でも用いられていました。

(6)　He feared lest he should be late again.
　　　[訳] 彼はまた遅れるのではないかと恐れた。
(7)　They were apprehensive lest their plan be rejected.
　　　[訳] 彼らは自分たちの計画が受け入れられないのではと心配していた。

「. . . しないように」という意味の副詞節を導入する接続詞の lest は硬い表現であるとはいえ、現代でもごく普通に使用されています（例えば多くのヒット作を執筆しているピンカー（Steven Pinker）やハラリ（Yuval Noah Harari）の著作などを読むと繰り返し出てきます）が、ここで見たような用法はさすがに廃れた文法だと言ってよさそうです。

古風な機能語について

2019年に出版された浩瀚な英文法事典 *The Oxford Handbook of English Grammar* でも指摘されている通り、英語は過去数世紀にわたって統語構造の変化が少なかった言語です。それゆえにドイルの作品のような19世紀から20世紀初頭に書かれた文章も、原則としては現代英語の知識でかなりの

程度まで読むことができるわけですが、それでも本節で見た but や lest の例のように時に日常では廃れてしまった用法に出くわすことがあります。接続詞のような機能語は文の骨格を支えている言葉なのでこれが現代英語と異なる形で使われると、なかなかに厄介です。

20 世紀中期に出版された井上義昌『詳解英文法辞典』（開拓社）は古語（Archaism）という項目を設けて、現代英語では廃れてしまい特殊な表現の一部としてしか見られなくなった用法をまとめています。ここではそれを参考に、18〜19 世紀の英語を読む際に知っておくと有益な機能語をいくつか紹介しておきたいと思います。

① 「here 前置詞」の形
hereby「これにより」などは現代英語でも使われる形ですが、古い時代にはこの here 前置詞の形は非常に多様なパターンがありました。基本のルールは簡単で、here 前置詞＝前置詞＋this と考えれば OK です。例えば、hereof なら of this, hereto なら to this ということです。

② 「there 前置詞」の形
これも therefore や thereby など一部の語は現代英語でも普通に使用されています。こちらは there 前置詞＝前置詞＋it と考えましょう。例えば、thereof なら of it, thereat なら at it ということになります。ちなみに thereof は、The problem is money or the lack thereof. 「問題はお金、いや、その不足だ」のように一部の定型表現の中では現在でも使用します。

③ 「where 前置詞」の形
これは疑問詞の場合と関係詞の場合の 2 タイプがあります。疑問詞の場合は、where 前置詞＝前置詞＋what＋前置詞に合う一般的な名詞と考えましょう。例えば、wherefore なら for が理由を表現する前置詞なので for what reason, wherein なら in が場所や観点を表現する前置詞なので in what place や in what respect と考えれば問題ありません。関係詞の場合は、where 前置詞＝前置詞＋which となります。whereof なら of which, whereby なら by which ということですね。なお、この where 前置詞についても、whereby, wherein などは現在でも使用されています。

④ hither, thither, whither
これらはそれぞれ、here, there, where に to の意味が加わったものとなります。したがって、hither＝to this place, thither＝to that place, whither＝

to what place と考えることができます。ただし、whither の場合はやはり関係詞にもなることができるので、to which place のパターンもありえます。

⑤　hence, thence, whence

これらも here, there, where を基準に考えると分かりやすく、それぞれに from の意味が加わったものになります。hence は理由を表す接続副詞として現代英語でもよく使用されますが、その原義は from this place であり、同様に、thence は from that place, whence は疑問詞なら from what place, 関係詞なら from which place となります。

ドイルの作品には「there 前置詞」、「where 前置詞」はそれほど出てきませんが、thence や whence, whither などは目にします。以下に前節で扱った『緋色の研究』から少し例を挙げておきます。

(8)　Sherlock Holmes led me to the nearest telegraph office, whence he dispatched a long telegram.
　　　[訳] ホームズは私を最寄りの電報局に連れて行き、彼はそこから長い電報を打った。（関係副詞の whence）
(9)　With all his vigilance John Ferrier could not discover whence these daily warnings proceeded.
　　　[訳] 注意して見張ってみたが、ジョン・フェリアーは毎日くるこれらの警告文がどこからやってきているのかを発見することはできなかった。（疑問詞の whence）
(10)　Among these had been Drebber and Stangerson; and no one knew whither they had gone. （疑問詞の whither）
　　　[訳] これらにはドレッバーやスタンガソンもいて、彼らがどこへ行ってしまったのかは誰も分からなかった。

1.3　『四人の署名』

　本節では『四人の署名』(*The Sign of Four*) を扱います。退屈な日々を紛らわせるためにホームズがコカインをやるという衝撃的なシーンから始まる

この物語。漠然とヒーローとしてのイメージを抱いていたホームズが当時
は合法とは言え麻薬をやっている描写にショックを受けたという人もいる
ようです。また、本作の事件の依頼人は後にワトソン夫人となるメアリー・
モースタンであり、二人の出会いを描いているという意味でもホームズ・
シリーズの中で重要な位置を占めています。それではさっそく、問題の冒
頭シーンから読んでみましょう。【例題1】ではコカインに耽るホームズ、
【例題2】ではそれに強い抵抗感を覚えているワトソンの描写を取り上げま
す。作品の冒頭なので、[文脈] は必要ないかと思います。

例題1 [★★★☆☆]

> ₁Sherlock Holmes took his bottle from the corner of the man-
> telpiece and his hypodermic syringe from its neat morocco case.
> ₂With his long, white, nervous fingers he adjusted the delicate
> needle, and rolled back his left shirtcuff. ₃For some little time
> his eyes rested thoughtfully upon the sinewy forearm and wrist,
> all dotted and scarred with innumerable puncture-marks.
> ₄Finally he thrust the sharp point home, pressed down the tiny
> piston, and sank back into the velvet-lined arm-chair with a long
> sigh of satisfaction.
>
> (Arthur Conan Doyle (1890): *The Sign of Four*)

[語法・構文]
- **hypodermic** は難しい単語ですが、dermatology「皮膚科」や taxidermy「剥製」などを知っていれば、「皮膚」に関係することは推測できるかもしれません。-derma は「皮膚」、hypo- は「下に」の意味です。
- **rest upon (on) ...**:「(視線などが) ... に向けられる、注がれる」
- **sinewy**:「筋骨たくましい、力強い」
- **thrust the sharp point home** の home は drive the nail home「杭を完全に打ち込む」などの home と同じで、「ズブッと」というニュアンス。

ポイント
- 全体を通して構文的に複雑な箇所や文構造が把握しにくい箇所はほとんどありませんが、情景描写で具体性のあるもの（注射器や体の部位など）

を説明する語句が多く、評論系の文章以外をあまり読んだことがない人には少し難しいと感じられるかもしれません。

［第3文］

- rested upon の目的語に当たる forearm and wrist を修飾する形で、all dotted and scarred with innumerable puncture-marks という修飾語句が付いています。ここから針傷だらけの腕をイメージしつつ、ホームズが薬物依存の傾向があることを読み取りましょう。

［第4文］

- thrust…, pressed down…, and sank back という並列された3つの動詞が一連の動作を表していることを訳出でも意識したいところ。
- with a long sigh of satisfaction は「長い満足のため息とともに」が字句通りの解釈ですが、ため息の擬音を入れると読み手にとってはより臨場感が出るかもしれませんね。

［訳　例］

シャーロック・ホームズはマントルピースの端から瓶を、そして、こぎれいなモロッコ皮のケースから皮下注射器を取り出した。長く、白い、神経質な指で細い針を調節すると、左腕の袖をまくり上げた。少しの間、物思わし気に、たくましい、注射針の刺し傷が無数にある前腕から手首のあたりを眺めていたが、とうとう、鋭い針先をズブッと差し込んで小さなピストンを押し下げ、ビロード張りのひじ掛け椅子に深く腰を下ろすと、「ふう」と満足そうなため息をついた。

さて、次の【例題2】はこれに続く直後の場面です。

例題2　［★★★☆☆］

₁Three times a day for many months I had witnessed this performance, but custom had not reconciled my mind to it. ₂On the contrary, from day to day I had become more irritable at the sight, and my conscience swelled nightly within me at the thought that I had lacked the courage to protest. ₃Again and again I had registered a vow that I should deliver my soul upon the subject, but there was that in the cool, nonchalant air of my companion which made him the last man with whom one would care to take anything approaching to a liberty.

(Arthur Conan Doyle (1890): *The Sign of Four*)

[語法・構文]

- **this performance** は【例題 1】で描写されていたホームズの一連の動作のこと。
- 第 1 文後半、**custom had not reconciled...** のところは custom「慣れ」という状態を主語にした無生物主語構文。これを条件のように捉え、後ろの否定文の形と合わせて「慣れても ... しなかった」と訳すとスムーズです。**reconcile A to B** は「A に B を受け入れさせる」ということなので、「慣れても心はそれを受け入れてはいなかった」というのが核となる意味。
- **on the contrary**:「それどころか」
- **conscience** は「良心」という訳をまず覚えることが多いかと思いますが、guilty conscience「罪悪感、うしろめたさ」の意味でもよく使用されます。
- **register a vow**:「誓いを立てる」
- **deliver my soul** は「自分の思っていることを伝える」というくらいの意味。
- **nonchalant**:「冷淡な、泰然とした」
- **the last man with whom...**:「絶対に ... ない人」
- **care to...** は「 ... したい」と願望を表す表現ですが、主に疑問文や否定文で使用されます。

（ポイント）

[第 2 文]

- and 以下では、my conscience「私の罪悪感」という語句から何に対する「罪悪感」だろうと考え、後ろの at the thought とのつながりを把握しましょう。この at は感情の理由を表現する際の at です。
- had lacked the courage to protest の protest「抗議をする」とはもちろん、ホームズの薬物使用に対してのことで、要するに「やめろと言う勇気がなかった」ということ。

［第 3 文］

- 後半の but 以下がポイント。which made him the last man が air を修飾す
ると解釈してしまう人もいるかもしれませんが、むしろ、there was that
in…という流れから、that は「もの」を漠然と意味する名詞であると判断
し、後ろにそれを説明する関係詞節がくるはずだ、と期待しながら読み
進められるのが英語力。そうすると、which…が that を修飾しているこ
ともすぐに見抜けるはず。なお、このタイプの構造は現代英語でもよく
使用されますが、that のかわりに something を使うのが普通です。there
is something in (about)…that〜：「 . . . にはどこか〜なところがある」と
いう表現として覚えておいてもよいでしょう。
- the last man に続く関係代名詞節も注意が必要。one はここでは「自分、
私」のことを指しています。また、take anything approaching to a liberty
の箇所では、take a liberty「なれなれしい態度で接する」という表現が基
本にあることを把握しましょう。anything approaching to というのは a
liberty の意味を弱めるために挿入された婉曲表現。take anything approach-
ing to a liberty 全体で「ほんの少しでもなれなれしい態度を取る」といっ
た感じになります。

(訳 例)

　もう何か月もの間、日に三度、私はこの動作を見てきたが、慣れたから
といって納得していたわけではなかった。それどころか、日がたつにつれ
てその光景に苛立ちが募るようになり、勇気を出してやめろと言うことの
できない自分に罪悪感が夜な夜な増していった。幾度となくこの件につい
て思いをはっきりと伝えようと誓ったのだが、彼の冷静で泰然とした態度
には、ほんの少しでもなれなれしい態度で接することをためらってしまう
ような雰囲気があったのだ。

　さて、次はミス・モースタンの依頼を受けて、ホームズとワトソンが行
動を開始した後の一節から。ミス・モースタンのもとに届いた彼女に正義
の保障をしたいという手紙。友人を連れてきてもよいが警察には連絡しな

いでほしい、という言葉に従って、ミス・モースタンがホームズ、ワトソンを連れて約束の場所に行くと、そこで下男に迎えられ、手紙の送り主のもとに案内されます。以下の【例題3】は出迎えた手紙の送り主のセリフです。

例題3 [★★★☆☆]

1"When I first determined to make this communication to you," said he, "I might have given you my address; but I feared that you might disregard my request and bring unpleasant people with you. 2I took the liberty, therefore, of making an appointment in such a way that my man Williams might be able to see you first. 3I have complete confidence in his discretion, and he had orders, if he were dissatisfied, to proceed no further in the matter. 4You will excuse these precautions, but I am a man of somewhat retiring, and I might even say refined, tastes, and there is nothing more unaesthetic than a policeman.

(Arthur Conan Doyle (1890): *The Sign of Four*)

[文　脈]　手紙の送り主がどうして直接自分の住んでいる場所を教えなかったかを説明しているところ。

[語法・構文]
- **make this communication**：「このように連絡をする」
- **might have given you my address** は仮定法過去完了の形。実際には住所は教えず下男に迎えに行かせているので仮定法となっています。
- **my request** は具体的には手紙の中の「警察に連絡するな」という部分を指したもの。したがって、後ろに続く、**unpleasant people** は「警察」のことを指していると解釈してよいでしょう。
- **took the liberty of ...ing**：「失礼にも ... する、なれなれしくも ... する」
- **in such a way (manner) that...**：「... のような形で」
- **my man** はここでは「下男、召使」を指します。
- **he had orders, if he were dissatisfied, to...** のところでは、コンマ (,) で挟まれた if 節の挿入をしっかりと捉え、to 不定詞句が orders「命令」の中身を説明していることを理解しましょう。
- **You will excuse these precautions** の will は二人称を主語として、「命令」

や「お願い」を表現する助動詞です。

- **retiring**：「内気な、遠慮がちの」

(ポイント)

［第 4 文］

- 後半、but 以下の部分がポイントになります。somewhat retiring は「少し内気な」という意味の形容詞句なので、「内気な」何だろう、と後ろに名詞を期待しながら読み進めます。すると、and が直後に続くため、retiring and...のような形で何かしらの形容詞句が「内気な」と並列されるのかな、と予想します。しかし、予想に反しすぐ後には、you might...という SV の形が続きます。

- somewhat retiring を引き受ける名詞がないまま、異なる節が始まるのは考えられないため、この you might...の部分は何らかの挿入的なものであるはずだと考えて読み進めましょう。you might even say の後に、say には文法上つながらない refined という言葉が出てくるため、you...say までをひとまず無視して考えると、somewhat retiring and refined という 2 つの形容詞句を結ぶ並列関係が見えてきます。ここからこの 2 つの形容詞句がともに後ろの tastes につながっていくことも理解できます。

- では、この you might even say はどういう働きなのでしょうか。自分の使った言葉を釈明したり、説明したりする際の say の用法 (⇨『英文解体新書』6.5 節) を知っていれば理解しやすいでしょう。この you might even say は話者が自分の気質 (tastes) を説明するのに somewhat retiring「少し内気な」という言葉で説明しかけた後、「いや refined とすら言ってもよいかもしれない」と refined というより強い言葉を補うために挿入されたものです。つまり、refined は tastes を修飾する形容詞であると同時に、refined という言葉そのものも指していて、say の目的語にもなっているわけです (この refined のようにある言葉を使ってその言葉それ自体に言及する用法を mention と呼びます)。

- このようにある言葉で表現した後に、それを別の言葉で言い直したり、補足したりする際に you might say を挿入するのは現代英語でもよく使われる形で、ニュースなどを聞いていても普通に出てきます。

- ちなみに、警察に対して unaesthetic「粗雑な、粗野な」という言葉が用いられていますが、ここには19世紀末の耽美主義的な趣味や風潮とそれ以外の実務社会を暗に対比させる意図があるのではないかとも思えます。

［第4文後半の構造］

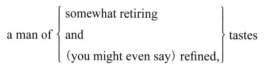

（訳　例）

　彼は言った。「始めにあなたにこのようにご連絡差し上げることを決心した時、私の住所をお教えしてもよかったのですが、しかし、あなたがお願いを無視して好ましくない連中を連れてきたらと不安になりました。そこで、失礼ながらも下男のウィリアムズがまずあなたをお迎えするような形で約束をさせていただいたのです。彼の慎重さについては完全に信頼できますので、もし納得できなければそれ以上ことを進めないようにと命じてありました。このように警戒する非礼をお許し頂きたいのですが、私は少々内気な、いや、上品とすら言ってもよいたちでして、警察官ほど粗野なものはありませんからね」

　ここから先の例題は「四人」がどうやって宝を手に入れたか、その背景に焦点を当てた第2部からの抜粋となります。次の例題は第1部のキーマンである義足の男ジョナサン・スモールが、「四人」が宝を得ることになった背景を話している場面。

（例題4）　［★★★★☆］

1Yet, being a careful man, he made such plans that, come what might, half at least of his treasure should be left to him. 2That which was in gold and silver he kept by him in the vaults of his palace, but the most precious stones and the choicest pearls that he had he put in an iron box, and sent it by a trusty servant who, under the guise of a merchant, should take it to the fort at Agra, there to lie until the land is at peace.

(Arthur Conan Doyle (1890): The Sign of Four)

［文　脈］　インドの大反乱が起きた時にある裕福な王族が情勢を見据えつつ、白人側が勝っても、反徒側が勝っても自分に宝が残るように踏んだ手順のことを説明しています。

［語法・構文］

- **being a careful man** は be 動詞を用いた分詞構文で、ここでは単に「理由」を表現しています。
- **made such plans that...** は such と that 節が呼応し、「... するように計画を立てる」という意味。
- **come what might** は命令法の特殊な形が譲歩を表現するようになったもので、whatever may come「何が起ころうとも」と同義です。詳細は 2.4 節の［文法・語法コラム (6)］を参照。
- **that which...** の that は「もの」を表す関係代名詞の先行詞。
- **choicest** は「優良の」を表す形容詞の choice が最上級となったもので、「最高級の」という意味です。
- **under the guise of...** は「... のふりをして、... に変装して」という字句通りの意味で使用されていますが、under the guise of...ing「... すると見せかけて」という比喩的な意味でもよく用いられます。
- **the fort at Agra**「アグラの要塞」のアグラはインドの町で、タージマハルの所在地としても知られています。
- **should take it...** の should は「... させる」という使役のニュアンス。
- **there to lie...** は to 不定詞の結果用法。ただし、ここにも上の should のニュアンスが効いているので、「結果、そこで寝かせておく」というくらいの意味になります。

ポイント

［第 1 文］

- 「どう転んでも半分は残るようにする」ということを言っていることから、財産を半分ずつに分けたのではないか、また、続く文には分けたそれぞれの財産の説明がくるのではないか、というくらいの予測ができていると後の解釈が楽になります。

[第2文]

- 漠然とでも上のような予測があれば、第2文の That which was in gold and silver he kept by him まで読んだところで、コントラストを表現する OSV の構造が使われている可能性に気づくことができるはず (⇨『英文解体新書』2.3節)。つまり、「(財産のうち半分を構成する) 金銀に当たるものは手元に置いておいた」という解釈です。となると、当然後ろには残り半分の説明がくるはずで、コントラストからやはり OSV の語順が自然だと予想できます。
- 後半を読み始めた時点でここまで考えられていれば、the most precious stones… pearls (that he had) (O) he (S) put (V) in an iron box という構造も読み進める中で自然に頭に入ってくるはずです。the most precious… pearls が主語かもしれないという発想はそもそも出てこないのではないでしょうか。

訳 例

しかし、彼は慎重な男だったので、事態がどう転んでも少なくとも財産の半分は自分に残るよう計画を立てた。財産のうち金銀は城の地下に置いて手元に残したが、所有する中でも最も高価な宝石や最高級の真珠は鉄の箱に入れて腹心の家来に渡し、商人のふりをしてアグラの要塞に運ばせて、国に平和が戻るまでそこで眠らせておくようにしたのだ。

背景の説明が終わった後、再びホームズとワトソンのシーンに戻ってきます。事件が全て終わり、物語が終幕を迎えるシーンから。

例題5 [★★★☆☆]

1"Well, and there is the end of our little drama," I remarked, after we had set some time smoking in silence. 2"I fear that it may be the last investigation in which I shall have the chance of studying your methods. 3Miss Morstan has done me the honour to accept me as a husband in prospective."

₄He gave a most dismal groan. ₅"I feared as much," said he. ₆"I really cannot congratulate you."

₇I was a little hurt. ₈"Have you any reason to be dissatisfied with my choice?" I asked.

₉"Not at all. ₁₀I think she is one of the most charming young ladies I ever met and might have been most useful in such work as we have been doing. ₁₁She had a decided genius that way: witness the way in which she preserved that Agra plan from all the other papers of her father. ₁₂But love is an emotional thing, and whatever is emotional is opposed to that true cold reason which I place above all things. ₁₃I should never marry myself, lest I bias my judgment."　(Arthur Conan Doyle (1890): *The Sign of Four*)

[文　脈]　ワトソンはホームズにミス・モースタンに結婚を申し込み、受け入れられたことを打ち明けます。それに、ホームズがいつもの調子で答えている場面です。

[語法・構文]
- **it may be the last investigation in which...**は it が「今回の事件」を指していて、シンプルな SVC の文になっています。
- **do 人 the honour to 不定詞**は直訳すれば「人に ... するという名誉を与える」という意味ですが、「人にとって名誉なことに ... してくれる」と訳したほうが自然になりますね。
- **in prospective** は古風かつ稀な表現。「将来の、見込みの」という意味で、in prospect とほぼ同義です。
- **I feared as much** の as much は「同じだけのこと」が字句通りの意味ですが、say や think など that 節を目的語に取る動詞の後について「まさにそう」という意味を表します。I thought as much. なら「私が思っていた通りだ」となります。
- **that Agra plan**：「（事件のキーとなった）あのアグラの要塞の見取り図」
- **that true cold reason which...**の that は which と呼応する先行詞明示の役割を持つ that. このように who や which が従える関係代名詞節の先行詞には、それに呼応する that や those がつく場合があり、訳出は不要です（例：She is one of those students who major in sociology.）。なお、ここの reason は「理由」ではなく「理性」です。カントの *Kritik der reinen Vernunft*（『純粋理性批判』）の英訳も *Critique of Pure Reason* ですね。

- **place...above all things**:「...を何よりも上に置く→...を最も重視する」
- 最終文の **I should never marry myself** の should は would と置き換えてもよいところ。話し手の意志を表します。
- **lest I bias my judgment**:「自分の判断力を歪めないように」

（ポイント）

［第 10 文］
- 後半の might have been は仮定法過去完了の形。実際にミス・モースタンはこれまでホームズとワトソンが取り組んできた事件を手伝ったわけではないので、「もし、彼女がいてくれていたら」という仮定が込められています。

［第 11 文］
- witness 以下に特に注意が必要。何かの主張をした後に、「その証拠に...を見てみよ→...を見ればそれが分かる」という意味で、witness を用いた命令文を続ける用法は現在でも目にします。一般的に、命令文を文中から始めることは稀で、これは witness という動詞に特有の用法なので注意が必要です。
- さらに、the way in which...のところも気をつけたい部分。ここを「...の方法」や「...のやり方」としてしまうとややぎこちない感じになります。how 節や the way (in which) 節は「...すること」という意味でも用いられることを思い出し（例：I like the way each box is painted in a different color.）、「彼女がアグラの要塞の見取り図を保存しておいたこと」と解釈できたかどうか。

（訳 例）

　「ああ、これで私たちのささやかな物語にも幕が降りたというわけだ」しばらく沈黙の中でタバコをふかした後、私はそう切り出した。「残念ながら、今回で君の仕事っぷりをじっくりと観察するのも最後なのではないかと思っている。名誉なことにミス・モースタンが私の妻になることを（私を夫として）受け入れてくれたんだ」
　彼は「ああ...」と憂鬱そうな声を出した。「そうなんじゃないかと思っ

たよ。実のところおめでとうとは言えないな」

　私は少し気分を悪くした。「僕の選択に不満な理由でも？」と聞いた。

　「全く。彼女は僕が会った中でも最高に魅力的な女性の一人だし、僕らがやってきたようなことでもとても役に立ってくれていたかもしれない。その方面にはっきりと才能がある。父親の文書の中から例のアグラの要塞の見取り図を選びだして保存していたことを見てもそれは分かるよ。でも、愛情ってのは感情的なもので、感情的なものは僕が何よりも重視している真の透徹した理性とは相容れないんだ。僕は自分の判断を歪めてしまうと困るから結婚は絶対にしないな」

1.4　『バスカヴィル家の犬』

　『バスカヴィル家の犬』(*The Hound of the Baskervilles*) は、ホームズ・シリーズの４つの長編の中で唯一２部構成を採っていない作品で、最後まで事件の緊張感が続く物語になっています。ホームズは、依頼者のモーティマー博士から、担当患者であったチャールズ・バスカヴィルが変死したこと、また、バスカヴィル家に昔より伝わる恐ろしい犬の呪いのことなどを聞かされます。本来であれば、チャールズの正統後継者である甥のヘンリーがバスカヴィル家の館に住まうことになるはずですが、ヘンリーのもとには館に行かないよう警告する手紙が届き、さらに事態は謎を深めていきます。

　【例題1】は、バスカヴィル家の呪いを伝える古文書の一部が題材になっています。18 世紀前半に書かれたものという設定のため、やや古風とも言える表現が使用されており、少し厄介だと感じる読者の方も多いかもしれません。もし、難しいと感じたならば、先に【例題2】以降に進んでもよいでしょう。

　バスカヴィル家の祖先であり落伍者として知られたヒューゴは自分が惚れた娘を誘拐し館に監禁します。ある時、娘に脱走されたことに気づいたヒューゴは怒り狂い猟犬とともに馬に乗って彼女が通っていったはずの沼沢地を追いかけます。

例題 1 [★★★★☆]

₁They had gone a mile or two when they passed one of the night shepherds upon the moorlands, and they cried to him to know if he had seen the hunt. ₂And the man, as the story goes, was so crazed with fear that he could scarce speak, but at last he said that he had indeed seen the unhappy maiden, with the hounds upon her track. ₃'But I have seen more than that,' said he, 'for Hugo Baskerville passed me upon his black mare, and there ran mute behind him such a hound of hell as God forbid should ever be at my heels.'

(Arthur Conan Doyle (1902): *The Hound of the Baskervilles*)

[文　脈]　それまで酒を飲んでいたヒューゴの従者たち（文頭の they は彼らのことを受けています）も後から彼を追いましたが、途中で出会った羊飼いから恐ろしい話を聞くことになります。

[語法・構文]
- **moorland**：「沼沢地」
- **the hunt** は「猟犬の追跡」のこと。
- 第 2 文の **as the story goes** の goes は「（話や物語などが）進行する、進む」という動詞で、この節全体で「その話によるところでは」といった意味を表現しています（⇨『英文解体新書』6.4 節）。コンマ (,) で挟まれたこの as 節をしっかり挿入節として把握し、the man (**S**) was (**V**) so crazed (**C**) という中心の構造を捉えた上で、so crazed「それほど気が狂っていた」と言うからには「どれほどか？」と考えて後ろの that 節に目をやるのが正しい読み方。
- **be crazed with...**：「... で気が狂った」
- **scarce** は古い用法で scarcely と同じ意味。
- **with the hounds upon her track** は with の付帯状況の構文。on one's track が「... を追跡して」という意味なので、彼女の後を猟犬が追いかけていた状態を表現しています。
- 第 3 文では、セリフの後半の先頭に出てくる **for** が直前の発言に対して、理由を追加する接続詞であるということをしっかりと捉えましょう。
- **at my heels**：「私の後を追いかけて」

ポイント

［第 1 文］

- 冒頭の形ですが、「過去完了形（過去完了進行形）の節＋when~」のように過去完了（進行形）の主節の後に when 節が続く場合、前から「...した（していた）時に、〜した」と解釈するのが基本です。他にも when 節をこのように前から語順通りに解釈したほうがうまくいく例としては、主節で be about to 不定詞や be on the point of...ing など「まさに...しかけている」という意味やニュアンスを持つ表現が用いられ、後半に when 節が登場する場合があります（例: I was on the point of leaving the room when she entered.「部屋を出ようとしたまさにその時に彼女が入ってきた」）。いずれも小説など文学作品でよく見る表現法ですね。

［第 3 文］

- セリフの後半の、特に and 以下に注意です。この男が恐怖におびえていることや、セリフの前半で「猟犬の追跡以上のものを見た」と言っていることなどから、後半では単にヒューゴを見たということ以上の新しい情報がくるはずだと予想します。そこに there ran mute behind him という、文脈に新たな対象を導入するための there 構文の形が登場するので、後ろに出てくる ran の主語に当たる名詞句こそ、ここで最も重要な、恐怖の原因を表現するものに違いないと考えながら、such a hound of hell「地獄の犬」に目を向けましょう。この「地獄の犬」というフレーズはギリシア神話の「ケルベロス」を連想させますね。なお、ここの mute は主語の状態を説明しているものと考えてよいと思います。

- a hound of hell の後の as...は前の such に呼応する形で「...のような」という意味を表す関係代名詞節に近い表現ですが、この as 節の中がまた厄介です。as God forbid should ever be at my heels を、forbid で区切ってしまっては should 以下の説明がつかなくなることから、この部分が、以下のような連鎖関係詞節的構造（⇨『英文解体新書』6.2 節）になっていることを見抜けたかどうか。God forbid 自体がかなり堅苦しい言い回しですが、この後に続く節では通常 should を用いるという知識があれば、構造把握の大きなヒントになったかもしれません。

46

［関係代名詞節の構造］

such a hound of hell |as| God forbid (~~that~~) <u>that 節の主語</u> should ...

- forbid が forbids ではなく forbid となっていることに気づいた人もいると思います。God forbid (that)...should とは事実の描写ではなく、「神よ ...を禁じ給え」と神に that 以下のことが起こらないように願う言い回しに由来するもので、that 以下のことが絶対に起きてほしくないということを表現する時に用いる言葉です。かつて仮定法現在を祈願や呪いの言葉として用いていた時代の名残とも言える表現の一例で、訳としては「...なんてことは絶対あってほしくない、...なんてことがあってたまるか」などが考えられます。仮定法現在の詳細については本節の［文法・語法コラム (3)］を参照。

（訳 例）

1, 2 マイル追いかけたところで、泥沢地をゆく夜の羊飼いに出会ったので、彼に呼びかけて、狩猟犬が追跡しているのを見たかと問うた。その男は狂ったように恐怖におびえていて口をきくこともできないほどだったらしい。ようやく口にしたのは、その哀れな娘が猟犬に追いかけられているのを見たということだった。男はさらに言った。「だが、見たのはそれだけではない。というのも黒い馬に跨ったヒューゴ・バスカヴィルとすれ違ったが、さらに、その後ろを静かに、地獄の猟犬が追いかけていったからだ。絶対に追いかけられたくないような恐ろしい犬だ」

　ホテルのヘンリーのもとを訪れたホームズとワトソン、バスカヴィル家の館に行くことを決心したヘンリーに対し、ホームズは自分は抱えている案件のためすぐには行けないがワトソンが同行するのはどうかと提案します。

例題2 ［★★☆☆☆］

> ₁We had risen to depart when Baskerville gave a cry of triumph, and diving into one of the corners of the room he drew a brown boot from under a cabinet.
>
> ₂"My missing boot!" he cried.
>
> ₃"May all our difficulties vanish as easily!" said Sherlock Holmes.　(Arthur Conan Doyle (1902): *The Hound of the Baskervilles*)

［文　脈］　ここは、ヘンリーとの相談が終わった後、ヘンリーが紛失していたブーツの片方を見つけるシーンです。

［語法・構文］
- 第1文の **had risen to depart...when** は【例題1】で出てきたものと同じ形ですので、前から語順通りに解釈しましょう。
- when 節は少し息が長くなっていますので注意が必要です。and の直後にある diving...前に be 動詞などがないため分詞構文の挿入であると考え、Baskerville gave a cry of triumph and（diving into...）he drew a brown boot という並列関係をしっかりと捉えること。
- **a cry of triumph**：「喜びの声」

ポイント

［第3文］
- 分かる人には何ということのない文ですが、2つの重要なポイントがありますね。
- まずは、May all our difficulties (**S**) vanish (**V**) という「May＋SV」の構造。May your dreams come true.「あなたの夢が実現しますように」のような例文で受験英語でも必ず習う祈願文「...しますように」というやつです。ただし、ここでは「...しますように」というよりは願望に近い感じで「...であればよいのに」と訳したほうが文脈に合うかもしれません。同じ may を用いた節が従属節となった場合、I hope your dream may come true. のように願望を表す表現とともに用いられることもヒントになります。
- もう1つのポイントは文末の as easily. もちろんこの as は as...as の構文

の前の as, つまり「同様に」を表す副詞の as です。「同様に簡単に」というからには何かと比較して同様にと言っているわけですが、ここではその「何か」を表現するための後ろの as 節が省略されているわけですね（⇨『英文解体新書』4.3 節）。直前に紛失した靴が見つかるということが起こっているので、ここでは as the problem of your boot「あなたのブーツの問題と」を補って考えましょう。

(訳 例)

　部屋を出ようと立ち上がった時、バスカヴィルが喜びの声を上げ、さっと部屋の片隅に潜り込むと、戸棚の下から茶色のブーツの片方を引っ張り出した。

　「なくしてたブーツです！」と彼は言った。

　「他の問題もみんな同じくらい簡単に解決してくれればよいのに！」とホームズは言った。

　次の例題はヘンリーの様子を見守るワトソンの報告文から。彼らが出会った昆虫学者のステープルトンとその「妹」について説明しています。

例題3 ［★★★☆☆］

　₁On our way back we stayed for lunch at Merripit House, and it was there that Sir Henry made the acquaintance of Miss Stapleton. ₂From the first moment that he saw her he appeared to be strongly attracted by her, and I am much mistaken if the feeling was not mutual. ₃He referred to her again and again on our walk home, and since then hardly a day has passed that we have not seen something of the brother and sister. ₄They dine here tonight, and there is some talk of our going to them next week. ₅One would imagine that such a match would be very welcome to Stapleton, and yet I have more than once caught a look of the

strongest disapprobation in his face when Sir Henry has been
paying some attention to his sister.

(Arthur Conan Doyle (1902): *The Hound of the Baskervilles*)

[文　脈]　メリピット荘に住む近所の昆虫学者ステープルトンの「妹」と恋に落
ちたヘンリーの描写。

[語法・構文]

- 第 2 文の **I am much mistaken if ...not** は直訳すれば「もし ... でなけれ
 ば私は大いに間違っているだろう」となりますが、大いに間違っていることを
 あえて言うのも奇妙なので、むしろ伝えたいのは if 節の内容のほうで「よほど
 間違っていない限り ... だろう」ということです。
- **see something of...**:「 ... に時々会う、少し交際する」
- 第 4 文の **here** とはバスカヴィルの屋敷を指します。and の前と後とで、「こ
 こ」↔「兄妹の住むメリピット荘」、「今夜」↔「来週」のように対句的になっ
 ていることも意識しておきたいですね。
- 第 4 文の後半、**there is some talk of our going to them** の of 以下の部
 分では「of＋意味上の主語＋動名詞」の形に注意しましょう。**talk** は単純に
 「話」くらいの意味。
- 第 5 文では主節でも、that 節内でも **would** が用いられていますが、これは両
 方ともに仮定法。**One** は「人」を表し、ここは特定の具体的な誰かを指すの
 ではなく、「周囲から見れば」というくらいの仮定を込めた意味で使っていま
 す。また、that 節内では **such a match**「そのような結婚」(match は「結
 婚 (の合意)」) が主語になっていますが、これも当然、ヘンリーとステープル
 トンの妹は夫婦ではないので、「二人が結婚するとすれば」といった仮定の意
 味が込められていると言えるでしょう。
- **more than once**:「一度ならず、何度も」

（ポイント）

［第 1 文］

- it was there that...は it was...that の分裂文です。この場合、there が直前
 の at Merripit House を指す承前語句であり、読み手の意識の中で今まさ
 に活性化されている情報であるのに対し、むしろ that 節内の内容のほう
 が新しい情報になるため、「まさにそこで ...」と前から訳し下してよい
 ところでしょう。分裂文の焦点部 (it be と that で挟まれた場所) に代名詞
 やそれに類する情報量の少ない承前語句がくる場合は、このルールが当
 てはまることが多いようです。

- make the acquaintance of... は「...から知人を作り出す」と文字通りに解釈すれば、仮にこの熟語を見たことがなくとも「...と知り合う」というくらいの意味は推測できるはず。

[第 3 文]

- 第 3 文の後半、hardly a day has passed that...not は「...しない日はほとんど 1 日としてなかった、ほとんど毎日のように...した」という定型表現。この場合、that は a day を修飾する関係副詞節ですが、全体としては［文法・語法コラム (2)］で見た接続詞 but や前置詞 without を用いた言い回しの類似表現になっています。

（訳 例）

　帰り道に私たちはメリピット荘に立ちより昼食をとった。そして、まさにそこで、ヘンリー卿はミス・ステープルトンと知り合ったのだ。一目見た瞬間から彼は彼女に強く惹かれているようだったし、まず間違いなく、彼女も彼のことを気にいっているようだった。帰りに歩いている時、彼は何度も彼女の話題を出し、それ以来、ほとんど毎日のように私たちはその兄妹を目にした。二人は今夜はこちらで夕食をするし、来週は私たちがあちらに行くという話も出ている。もし二人が結婚すればステープルトンにとっても願ってもないことだろうと思うのだけど、妹にヘンリー卿が言い寄ろうとしているのを見て、ステープルトンがこれ以上ないくらいの不機嫌な表情を浮かべているのを幾度となく見てしまった。

例題 4　［★★★★☆］

₁I told her that since I had seen her I was in no hurry to leave it, and that if she really wanted me to go, the only way to work it was for her to arrange to go with me. ₂With that I offered in as many words to marry her, but before she could answer down came this brother of hers, running at us with a face on him like a madman. ₃He was just white with rage, and those light eyes of his were blazing with fury. ₄What was I doing with the lady? ₅How dared I offer her attentions which were distasteful to her? ₆Did I think that because I was a baronet I could do what I liked?　　(Arthur Conan Doyle (1902): *The Hound of the Baskervilles*)

[文　脈]　ヘンリーからミス・ステープルトンの件について相談を受けるワトソン。「早くここから立ち去ったほうがよい」と警告するミス・ステープルトンに対し、ヘンリーは愛を打ち明けたことをワトソンに説明しています。

[語法・構文]
- **in no hurry to 不定詞**：「決して . . . したがらない」
- **work it**：「やりとげる、やってのける」
- 第 1 文の **I told her** の後ろには、told の目的語となる that 節が 2 つ並列されています。さらに、その両方で節の最初に副詞節が入っていることに注意しましょう。1 つ目の that 節内では **since I had seen her**「彼女に会ってしまったので」という理由の副詞節が挿入されていることに注意。
- 2 つ目の that 節内では if 節が挿入された後、**the only way to work it (S) was (V) for her to arrange… (C)** という構造となっていること、また、for her to arrange…の部分が「for 意味上の主語＋to 不定詞」となっていることをしっかりと捉えましょう。the only way…was の後に for が出てきた時点で、この構造の可能性が頭に浮かんでくるくらいになるのが理想です。
- 第 2 文の **in as many words** は「はっきりと、文字通りに」という意味の定型表現です。この語句は直訳すれば「同じだけの数の言葉で」ということですが、何と同じだけかというと、この文の場合は offered to marry her と同じだけということです。つまり、余計な言葉を使わずまさにその言葉のままに結婚を申し出た、ということなので「文字通りに（はっきりと）結婚しようと言った」という意味になります。
- 第 2 文の後半では、before 節に続く **down came this brother of hers** のところで、場面に新たに登場してくる「兄」を後ろに持ってくるために、down (副詞) came (V) this brother of hers (S) という倒置が用いられていることに注意しましょう。
- **with a face on him like a madman** は with の付帯状況の構文で、like a madman は a face を修飾します。
- **How dare SV?** は「よくもまあ、S は V できるな」という言い回しですが、ここが dared と過去形になっている理由は下の ポイント で説明しています。
- **attentions** は「相手の気を惹こうとする振る舞い」の意味で、offer her attentions で「彼女に言い寄る」というニュアンスになります。attentions をこの意味で使うのは現代では稀です。

ポイント

［第4文］

- さて、本例題はこの第4文からが大きなポイントです。この第4文を、「私が婦人に何をしたというのか」のような感じで解釈してしまった人はいないでしょうか。しかし、そうだとすると、それは「（「兄」にそれほど怒られる原因となるような）何をしたのか」ということであり、「兄」が怒り狂って登場してくる前の行為について言及しているため、What was I doing...? という過去進行形ではなく、What had I done...? という過去完了の形になっていなければ奇妙ではないでしょうか。

- こういった考えから、この文が実際は怒り狂う「兄」のセリフであることに気づくことができたかどうかが最大のポイント。ただしセリフでありながら引用符も発言者の指示もなく、代名詞や時制については間接話法の形を採っている、いわゆる描出話法（中間話法、自由間接話法などとも呼ばれます）となっています。もし、直接話法の形にするならば、He said, "What are you doing with her?" とでもなるべきところ。

- これが分かってしまえば、その後の第5文以降もすぐに描出話法だと理解できると思いますが、逆に第4文で描出話法が読み取れていなくても、第5文の How dared といった奇妙な形や、第6文を文字通りに訳すと明らかに違和感があるといったところから、第5～6文で初めて描出話法に気づき、第4文を見直した、という人もいるかもしれません。第5文と第6文はそれぞれ、"How dare you offer...?", "Do you think...?" という「兄」のセリフが元になっています。

- なお、描出話法は決して特別なものではなく、小説を読めば必ず出てくるのではないかと思えるほどに英語の文章に浸透した表現法です。現代の娯楽小説でも当然のように使われるので、ある程度は慣れておいたほうがよいでしょう。

訳 例

　あなたに出会ってしまったので、この地を離れる気にはなりません、本当に離れて欲しいと言うのであれば、唯一の方法は、あなた自身が私についてくるよう心を決めてくれることです。そう言って、私は彼女にはっき

りと結婚を申し出ました。しかし、彼女が答える間もなくあの兄がまるで狂人のような表情を浮かべて私たちのところに走り込んできたんです。怒りで真っ青な顔をして、憤怒で燃えるような色の淡い目で彼はこう言いました。彼女に何をしている。よくもまあ、嫌がる彼女にちょっかいを出せるな。准男爵だからって何でも好きなことをできると思っているのか、と。

文法・語法コラム (3)

仮定法現在

　仮定法現在という用語は、提案や要求の内容を表す that 節内で動詞が原形になる現象を説明する際に最もよく用いられるように思います。もともとはアメリカ英語によく見られる特徴ですが、最近はイギリス英語にも浸透しつつあると言われています。

(1) It is necessary that he *hand* in the report at once.
[訳] 彼がすぐにその報告書を提出することが必要だ。
(2) They suggested that the truth *be* made public.
[訳] 彼らは真実を公開することを提案した。

他のパターンとしては if 節、though 節、whether 節、lest 節内など、節内の内容が事実として確定していないような副詞節の内部で用いられます。

(3) You can choose any subject matter, whether it *be* a video game or a comic book.
[訳] ゲームであろうと漫画であろうと、好きなお題を選ぶことができる。
(4) He got up very early lest he *miss* the train.
[訳] 電車に乗り遅れないように彼は早起きした。

現代英語ではおそらく上記の2パターンを理解しておけば大丈夫だと思いますが、少し古い英語では仮定法現在をもう少し広範囲で用いていました。専門用語で願望仮定法 (optative subjunctive) と呼ばれるもので、願望、祈願、呪い、勧誘などを表し、いずれも主節で用いるタイプの仮定法現在です。現代英語では同様の内容を may や let を用いて表現するのが一般的であ

るため、この願望仮定法は以下のような一部の定型句にその形をとどめるのみとなっています。

(5) God bless you.
[訳] 神のご加護があらんことを。

(6) Long live the King!
[訳] 王様万歳！

(7) God forbid!
[訳] とんでもない。

(8) Far be it from me to disagree.
[訳] 反対するつもりは全くない。

(9) Suffice it to say it has been accepted.
[訳] それが受け入れられたとだけ言っておこう。

特に (9) のような表現は現代の時事英文などでも目にするものです。動詞が原形だったり、主語が後ろにあったりと、変な構造だなとは思いつつ意味はなんとなく理解できるので、So be it! とやり過ごしていた人が多いかもしれませんね。

Chapter 2

短 編(1)

2.1 「まだらの紐」

2.2 「ボヘミアの醜聞」

2.3 「入院患者」

2.4 「海軍条約文書事件」

2.5 「最後の事件」

"Never trust to general impressions, my boy, but concentrate yourself upon details."
—'A Case of Identity'

　「シャーロック・ホームズ」シリーズには 50 を超える短編作品があり、その中にはホームズの代名詞となっていると言ってもよい物語もいくつか含まれています。本章と次章ではこれらの短編のうち、人気や知名度が比較的高いものを 9 編選択して取り組んでいきたいと思います。

2.1 「まだらの紐」

　本節では中でも知名度の高い「まだらの紐」（'The Adventure of the Speckled Band'）を題材に取り上げます。ちなみにこの「まだらの紐」という定訳ですが、Band を「紐」とするのは少しネタバレに近いところがあります。band は多義語で「紐、バンド」以外にも「悪人などの一団」の意味があり、この単語が複数の意味に解釈できるところが物語の面白さの一部になっているというのはよく指摘されるところです。さて、この作品はホームズとワトソンがベイカー街で一緒に暮らしていた時代の物語で、早朝に女性の依頼人が訪れたことをきっかけに普段は朝寝坊のはずのホームズにワトソンが起こされるシーンから始まります。突然起こされて、「火事でも起きたのかい」とワトソンが聞くと ...。

例題 1 ［★★★☆☆］

　₁"No; a client. ₂It seems that a young lady has arrived in a considerable state of excitement, who insists upon seeing me. ₃She is waiting now in the sitting-room. ₄Now, when young ladies wander about the metropolis at this hour of the morning, and knock sleepy people up out of their beds, I presume that it is something very pressing which they have to communicate. ₅Should it prove to be an interesting case, you would, I am sure, wish to follow it from the outset. ₆I thought, at any rate, that I should call you and give you the chance."

(Arthur Conan Doyle (1892): 'The Adventure of the Speckled Band')

[文　脈] ホームズがなぜ起こしたのかを説明しているシーンです。

[語法・構文]
- **excitement**:「動揺」
- **insist upon (on) ...ing**:「...することを強く主張する」
- **the sitting-room**:「リビング」
- **pressing**:「差し迫った、急を要する」
- **communicate** を文字通りに「伝達する」とすると堅苦しすぎます。ここは依頼人がホームズに相談にきているという文脈を踏まえて訳すべきところです。
- **from the outset**:「最初から」
- **at any rate**:「とにかく」

[ポイント]

[第 4 文]

- when 節の範囲を beds までと判断し、I **(S)** presume **(V)** ...という文の中心となる構造をしっかりと把握しましょう。

- 特にポイントとなるのは、presume の目的語となる that 節内の構造です。it is something very pressing の it が指すものが前の文脈にはないことから、分裂文の可能性を想定し、後ろにある which に目を向けるのが大切。その際、they have something very pressing to communicate の下線部が焦点に置かれたものであり、which 以下の have to communicate の部分が、いわゆる助動詞的な have to ではないということに注意する必要があります (⇨『英文解体新書』5.2 節)。

- 依頼人がホームズに相談に来ているという前提で発せられた言葉であるため、which 以下は前提、焦点部の something very pressing が新情報となっているパターンの分裂文です。後ろから訳し上げるのがよいでしょう。

[第 5 文]

- Should it prove to be...は疑問文と同じ語順を用いて仮定を表す表現法。you would...からこの文の主節が始まりますが、コンマ (,) で挟まれた I am sure という挿入があることに注意。

［第 6 文］

• I should call you の should は would の意味で、本書の 1.3 節の【例題 5】でも扱った用法です。

（訳　例）

「いや、依頼人だ。若い女性がかなり動揺した様子でやってきて、どうしても僕に会いたいと言っているらしい。今はリビングで待ってもらってる。さて、こんな朝早い時間に若い婦人が都市をうろついて、寝ている人をベッドから起こすとなると、相談の内容はかなり差し迫った話だろう。ひょっとして面白い事件だったら、きっと君も最初から追いかけておきたいはずだ。とにかく、君を呼んでその機会は提供しようと思ったのさ」

　次はやってきた依頼人ヘレン・ストーナーが事態を説明している場面からの引用です。

（例題 2）　［★★★★☆］

₁ "Alas!" replied our visitor, "the very horror of my situation lies in the fact that my fears are so vague, and my suspicions depend so entirely upon small points, which might seem trivial to another, that even he to whom of all others I have a right to look for help and advice looks upon all that I tell him about it as the fancies of a nervous woman."

(Arthur Conan Doyle (1892): 'The Adventure of the Speckled Band')

［文　脈］　かつてホームズに事件を解決してもらったことのある知人から紹介を受けてやってきたというストーナー。事件解決に有益となりそうな情報は全て教えてくれとホームズから言われて彼女が答えるシーンです。

［語法・構文］
• **alas** は感情を声にした言葉で「ああ」といった意味。
• **the very horror**：「まさにその恐怖」
• **he to whom...** は代名詞 he に関係代名詞節がかかっている形で he は the

man に近い意味。現代英語では稀な用法です。
- **of all others**:「あらゆる人のうちで、誰よりも」
- **look to 人 for...**は「人に（援助などを）求める」という言い回しですが、本文の関係詞節では、to 人の部分が to whom という「前置詞＋関係代名詞」の形となって前に出ています。
- **the fancies of a nervous woman**:「神経質な女の妄想」

（ポイント）

- the very horror of my situation **(S)** lies **(V)** という基本構造は問題ないでしょう。lies in の後に続く the fact that 節の that 節内に注意。so vague「それほど漠然としている」、depend so entirely upon...「それほど完全に...に基づいている」とくれば「どれほどか？」と考えて後ろに that 節を探し、<u>so</u> vague...so entirely...<u>that</u> という so...that 構文の関係をしっかりと捉えなくてはなりません。
- この so...that 構文の that 節の中も少し複雑です。even he とあることからこれが節内の主語になるのだろうと当たりをつけ、後に続く to whom 節の範囲を見ていきます。そうすると、help and advice という名詞句にはつながらない形で、looks という動詞が登場することから、to whom 節は advice までで終わり、looks が even he という節の主語につながる動詞であるということが把握できると思います。
- また、looks upon (on) ときたら、look upon O as C「O を C と見なす」の構造の可能性が頭に浮かんでくるのが理想です。その発想があれば、upon の目的語である all that...に続く部分もさほど混乱なく、<u>looks upon</u> all (that...it) <u>as</u>～という大枠の構造をすんなりと捉えられるのではないでしょうか。all that...の that...は all を修飾する関係代名詞節となっています。

［that 節の内部の構造］

that 節				
S	V	O	as	C
even he	looks	all	as	the fancies…

(to whom…advice)　(that…it)

訳　例

「ああ！」、依頼人は答えた。「私の状況のまさに恐ろしいところは、私の恐怖が非常に漠然としていて、疑念の根拠となるのが本当にささいなこと、他人からは取るに足りないことと思われそうなささいなことであるため、誰よりもまず助けや助言を求めて相談できるはずの人でさえ、私が何を言っても神経質な女の空想だと見なしてしまうということにあるのです」

　母の再婚相手の父と双子の姉ジュリアと暮らしていたというヘレン。ジュリアの結婚までわずか 2 週間に迫った頃、彼女から夜に口笛を聞かなかったかという相談を受けます。そしてまさにその日の夜にジュリアは自室で命を落としてしまいます。

例題3　［★★★☆☆］

₁"How about poison?"
₂"The doctors examined her for it, but without success."
₃"What do you think that this unfortunate lady died of, then?"
₄"It is my belief that she died of pure fear and nervous shock, though what it was that frightened her I cannot imagine."

(Arthur Conan Doyle (1892): 'The Adventure of the Speckled Band')

［文　脈］　ここは、部屋は完全に密室で死因が分からなかったというヘレンにホームズが確認している場面です。

[語法・構文]

- without success は「毒を盛られていないか調査したが」という前提を受けているものなので、訳し方を工夫したいところ。
- 第3文の疑問文は、疑問代名詞の what が that 節内の died of の of の目的語となっていることに注意しましょう。
- 第4文の It is my belief that... は it が後ろの that 節を受ける形式主語構文。

ポイント

[第4文]

- 後半、though 以下の構造がポイントとなります。この文の前半で、姉が恐怖から命を落としてしまった、ということをヘレンが信じていることが分かります。それを前提として、逆接の従属副詞節を作る though 節に目を向けましょう。節内が what から始まっているため、what が構成する名詞節が節の主語となるのではないかと最初は考えるかもしれません。

- いずれにしても、まずはこの what 節を正しく把握することが重要です。what it was that... という形から、疑問詞 what を焦点部に置く分裂文の形（⇨『英文解体新書』3.4 節）をすぐに想定できたかどうか。つまり、what it was that frightened her というのは「一体、何が彼女を怖がらせたのか」という意味になります。

- 勘のよい人なら、ここまで読んだ時点で、though が逆接の接続詞であるということから「彼女は恐怖で命を落としたのだと思う。一体何がそこまで恐怖だったのかは分からないが」というような流れがくるのではないかと予想できたかもしれません。そうだとすると、これは OSV の語順を使うにはうってつけの文だということになります。OSV は O を他の内容と対照させ、「O については S が V する」というニュアンスを表現する語順だからです。『英文解体新書』の 58 頁に掲載されている以下の例文も参考になるでしょう。

She knows that I got married, though how she found out I don't know.
[訳] 彼女は私が結婚したことを知っている。どうやって知ったのかは分からないが。

- ここまで読めていれば、frightened her の後に続く I cannot imagine もまさに予想通りということになり、戸惑うことなく、［what...］(O) I (S) cannot imagine (V) という though 節の中の構造を把握できるはずです。

【訳　例】

「毒はどうですか」

「お医者様はそれも調べたけど何も出なかったです」

「じゃあ、そのお気の毒な婦人は何が原因で亡くなったと思うんですか」

「彼女の死因は純粋に恐怖と、それから神経ショックだと思っています。一体何が彼女を怖がらせたのかは想像もつかないけど」

依頼人のヘレンが出ていった後、彼女をつけていた義理の父のロイロットが部屋に入ってきて「余計なことをするな」とホームズに警告します。

例題4　［★★★☆☆］

1"I will go when I have said my say. 2Don't you dare meddle with my affairs. 3I know that Miss Stoner has been here. 4I traced her! 5I am a dangerous man to fall foul of! 6See here." 7He stepped swiftly forward, seized the poker, and bent it into a curve with his huge brown hands.

8"See that you keep yourself out of my grip," he snarled, and hurling the twisted poker into the fireplace he strode out of the room.

9"He seems a very amiable person," said Holmes, laughing. 10"I am not quite so bulky, but if he had remained I might have shown him that my grip was not much more feeble than his own." 11As he spoke he picked up the steel poker and, with a sudden effort, straightened it out again.

(Arthur Conan Doyle (1892): 'The Adventure of the Speckled Band')

[文　脈] 臆面もなく立ち去るよう促すホームズに、ヘレンの義理の父が脅しの言葉を投げかけているシーンです。

[語法・構文]
- **my say** の say は名詞で「言い分、言いたいこと」という意味。
- **Don't you dare...**は形だけ見れば疑問文のような語順ですが、これは dare を用いた一種の定型表現で「(あつかましくも) ...するんじゃないぞ」と命令に近い意味を表します。疑問符がないことからも普通の疑問文ではないと判断したいところですね。
- **meddle with...**:「...に手出しする、首を突っ込む」
- **fall foul of...**:「...と争う、衝突する」
- **the poker**:「火かき棒」
- **see that...**:「...するように気をつける、配慮する」
- **amiable** は「気立てのよい、愛想のよい」という意味ですが、当然、ここでは皮肉でこう表現しています。
- **laughing** は様子を説明する分詞構文で「笑いながら」。
- **bulky**:「(体の) 大きい」

（ポイント）
[第 7 文]
- ここは依頼人の義父ロイロットがホームズたちに警告するための動作を描写している場面です。stepped, seized, bent という 3 つの動詞を and が結んでいる形になっていますが、これらが一連の動作として行われていることが伝わるよう、訳出では工夫したいところ。

[第 8 文]
- that 節の中の、you keep yourself out of my grip は「お前は自分自身を俺のつかみから外に置いておけ」という直訳では意味が通りません。see that 節「...するよう注意する」の意味も合わせて、「俺につかまれないように注意しろよ (俺に近づくなよ)」というくらいに訳せるかどうか。
- 後半の and 以下は、hurling...into the fireplace が主節の動作に移る前の動きを説明する分詞構文となっていることに注意しましょう。

[第 10 文]
- but 以下は仮定法過去完了のお手本のような形。ロイロットは立ち去った

わけですが、「仮に彼が残っていたら→彼が立ち去っていなかったら」という仮定を前提とした文となっています。主節となる I might have shown …は文字通りに解釈すると「手の力では私もそう負けていないと示せたかもしれない」となりますが、当然、喧嘩腰で警告にきた男が大人しく立ち去っていなかったら、という仮定で話しているわけですから、「力が負けていないと示せた」という言葉の背後には、「喧嘩になっても簡単には負けない」というニュアンスが込められていると考えたほうがよいですね。

［第 11 文］
• 第 10 文のホームズの強気の発言を裏付ける描写になっています。ホームズの負けん気の強さと怪力が表現されているところなので訳もそれが伝わるようにできると理想的です。with a sudden effort といったフレーズをどう訳すかもポイントになりそうですね。

訳　例

　「言いたいことを言ったら出ていく。いいか、うちの問題に首を突っ込むんじゃないぞ。ストーナーの娘がここに来たことは分かっている。跡をつけていたからな。わしと争うとただじゃすまんぞ。見ろ」、彼はさっと前に出ると火かき棒をつかみ、大きな茶色い両の手でグイッと折り曲げた。
　「つかまれないように注意しろ」、歯をむき出してそう唸ると曲った棒を暖炉に投げ捨てて、部屋からノッシノッシと出ていった。
　「愛想のよい人のようだね」とホームズは笑った。「体格は負けるけど、もし彼がまだ居座っていたら、腕力なら負けてないというところを見せられたかもね」そう言いながら、ホームズは火かき棒を拾い上げ、フンッと一気に伸ばして見せた。

2.2　「ボヘミアの醜聞」

さて、次はやはり有名な短編作品「ボヘミアの醜聞」（'A Scandal in Bohemia') を取り上げます。本作は「ホームズにとって彼女は常に『例のひと』である」という一文から始まることからも予想できるように、ホームズがある意味で特別視している女性、アイリーン・アドラーが登場する物語です。結婚をしたワトソンは久しぶりにベイカー街を通りかかった際、ホームズに会いたいという強い気持ちに駆られ彼を訪問します。そこで、ホームズから届いたばかりだという事件の依頼に関する手紙の書面を見せられます。

例題1 ［★★★☆☆］

₁The note was undated, and without either signature or address.

₂"There will call upon you to-night, at a quarter to eight o'clock," it said, "a gentleman who desires to consult you upon a matter of the very deepest moment. ₃Your recent services to one of the royal houses of Europe have shown that you are one who may safely be trusted with matters which are of an importance which can hardly be exaggerated. ₄This account of you we have from all quarters received. ₅Be in your chamber then at that hour, and do not take it amiss if your visitor wear a mask."

(Arthur Conan Doyle (1892): 'A Scandal in Bohemia')

［**文　脈**］ 上で言及した書面をワトソンが確認し、その内容を説明している場面です。

［**語法・構文**］
- **it said** の it は the note を指します。
- **call upon (on)** 人：「人を訪問する」
- **of the very deepest moment** の moment は「重要性」という意味の名詞。やや硬い語です。全体は「これ以上ないほどに重要な」となります。
- **Your recent services** は少しかみ砕いて「貴君が果たした功績」くらいに考えてもよいでしょう。
- 第4文の **This account of you we have from all quarters received** は、received の目的語である This account of you が直前の文の内容との強い結びつきのために前に出ている OSV の形。なお、have from all quarters

received が、have received from all quarters となっていないことに「あれ？」と感じた人もいるかもしれませんが、これは次の【例題 2】の内容にも関係してきます。

- 最終文は命令文を and で並列した形。ただし、後半は do not から始まる否定の命令文になっています。**take it amiss** の amiss は少し古風な単語で、現在なら offensive などのほうが普通でしょうか。「気を悪くする」くらいの意味。
- **wear** が wears となっていないのは仮定法現在の形（⇨ 1.4 節の［文法・語法コラム (3)］）。

（ポイント）

［第 2 文］

- There will call upon you...という表現の解釈がポイントになります。there 構文は主語と動詞の語順を入れ替えるための特殊な構文であるという知識を改めて確認しましょう。

  And then there appeared a strange man we had never seen before.
  ［訳］そこで、それまでに見たことのない素性の知れない男が現れた。

  この文は事柄としては And then a strange man we had never seen before appeared. と変わらない内容を伝えていますが、新しい情報である a strange man...を動詞の後ろに配置するために there 構文が用いられています。このように考えるなら、今回の文についても同様の語順の入れ替わりが起こっているのではないかと予想して、upon you の後に call する（「訪問する」）主体が説明されるはずだ、と期待しながら読んでいくことができるはず。そういう読み方をしているからこそ、副詞句や挿入表現が間に入っても、call の主語が a gentleman...だということがスムーズに理解できるのです。当然、ここは a gentleman 以下が新情報かつ最も重要な内容であるため、それを文末に持ってくるために there 構文が用いられていると考えられます。

［第 3 文］

- Your recent services...have shown that〜は「貴君の功績が〜だと証明し

た」でも間違いではありませんが、書き手の主観的視点をもう少し入れて、「貴君の功績を見ていて、〜だと分かった」というくらいにすると日本語としての通りもよくなるでしょう。

- that 以下では、matters の後ろがやや複雑です。matters にそれを説明する関係代名詞節 which…が、さらにその which 節の中の an importance にも、もう1つ別の関係代名詞節 which…がかかっている形。

- 特に注意すべきなのは、2つ目の which 節の中身です。can hardly be exaggerated は「誇張することがまずできない」→「事実よりも大げさに言うことができない」→「それほど、事実が大きい」と考えて、「どれだけ強調してもし足りない、これ以上ない」と解釈する必要があります。「過度に」の意味を含む表現が「不可能」を示唆する表現とともに用いられた1つの形です (⇨『英文解体新書』4.3 節)。

【訳　例】

その紙面には日付もなく、差出人の署名も住所も記されていなかった。

こう書かれていた。「今夜の7時45分、貴君のもとを、極めて重要な件に関して相談したいと考えている紳士が訪問するでしょう。先のヨーロッパの王室の件での功績から、貴君ならこれ以上ないほどに重要な件についても安心して任せられると分かりました。この貴君の功績についてはあらゆる方面からうかがっています。ですので、その時間帯に部屋にいるようにお願いします。また、訪問した紳士がマスクをつけていてもお気を悪くなさらないで下さい」

さて、次の【例題2】は【例題1】の手紙の差出人の謎を、使用されている紙の種類や言葉遣いから考察していっている場面です。

【例題2】 [★★★☆☆]

1"The paper was made in Bohemia," I said.
2"Precisely. 3And the man who wrote the note is a German. 4Do

you note the peculiar construction of the sentence—'This account of you we have from all quarters received.' ₅A Frenchman or Russian could not have written that. ₆It is the German who is so uncourteous to his verbs. ₇It only remains, therefore, to discover what is wanted by this German who writes upon Bohemian paper and prefers wearing a mask to showing his face. ₈And here he comes, if I am not mistaken, to resolve all our doubts."

(Arthur Conan Doyle (1892): 'A Scandal in Bohemia')

［文　脈］　紙の出どころを確認した後、ホームズが手紙の文章のある部分に着目します。

［語法・構文］
- **Precisely** は「その通り、まさしく」という意味ですが、やや硬い表現。現代なら exactly を使うほうが一般的でしょう。
- **the peculiar construction**：「奇妙な構文、変な構造」
- **It only remains to 不定詞**の it は形式主語で to 不定詞を受けています。また、remain はここでは完全自動詞の「残る」という意味で、合わせて「．．．することだけが残っている」→「後は．．．するだけだ」となります。
- **prefer A to B**：「B より A を好む」
- **here he comes**：「ほら、彼がきた」

（ポイント）

［第 5 文］
- could not have written は仮定法過去完了の形。ここでは A Frenchman or Russian に仮定の意味が込められていて、「もしフランス人やロシア人だったら」というニュアンスになります。

［第 6 文］
- It is the German who... が分裂文であることはすぐに見抜きたいところ。問題は、前提となっている who is so uncourteous to verbs の箇所。文字通りに考えれば、「動詞にそんなに無礼なのは」となりますが、どういうことでしょうか。
- これは【例題 1】に登場し、本例題でも引用されている、This account of

you we have from all quarters received. という文を受けたものなので、この文の have 以下の動詞句について考えてみましょう。そうすると、have received from all quarters という最も基本的な語順ではなく、have と received の間に from all quarters という前置詞句が挿入された形になっていることが分かります。不可能な構造ではないですが、やや特殊と言ってもよいかもしれません。

- 実はドイツ語の助動詞を用いた文では助動詞のみを通常の動詞の位置に置き、本動詞は文末に置く、という文法規則があります。例えば「私はすでにその本を読みました」という文は以下のようになります。

Ich habe das Buch schon　gelesen.
逐語英訳 I 　have the book already read.

ホームズはこの特性のことを指摘し、received をこのように have の直後ではなく文末に置いているのだからドイツ語を話す人だろう、と推理していると考えられます。

- ただし、ドイツ語では一番前にある要素が何であれ2つ目の要素に動詞の時制を担う部分を持ってくるという原則があります (下の例を参照)。したがって、目的語が前置されているのに SV という英語の語順を保っている This account...の文とドイツ語の語順とは一致せず、2つを結びつけるのはやや強引かとも思います。

Das Buch habe ich schon　gelesen.
逐語英訳 The book have I 　already read.

訳 例

「この紙はボヘミア製だ」と私は言った。

「まさしく。しかも、この書面を書いたのはドイツ人だ。『この貴君の功績についてはあらゆる方面からうかがっています』という文、形が変なのに気づいているかい。フランス人やロシア人ならこう書きっこなかっただろう。こんなふうに動詞に失礼な書き方をするのはドイツ人だよ。だから、

後はボヘミア製の紙を使い、素顔を見せないで仮面をつけたがるこのドイツ人がどうしたいのかを知るだけさ。あ、ほら、たぶん、彼だよ。これで謎も全部解決しそうだ」

　やってきた男はフォン・クラム伯爵と名乗り、依頼内容が極秘であることを伝え、ホームズとともにいるワトソンが信用できる人物かどうかを確認します。空気を読んでその場を立ち去ろうとしたワトソンでしたが、ホームズは彼を引き止め、伯爵に信用して二人に話すように強く促しました。

例題3　[★★☆☆☆]

> ₁The Count shrugged his broad shoulders. ₂"Then I must begin," said he, "by binding you both to absolute secrecy for two years; at the end of that time the matter will be of no importance. ₃At present it is not too much to say that it is of such weight it may have an influence upon European history."
>
> (Arthur Conan Doyle (1892): 'A Scandal in Bohemia')

[文　脈]　ホームズの強い意志にしょうがないといった感じで伯爵が話し始めます。

[語法・構文]
- **shrug one's shoulders**：「(あきらめなどの表現として) 肩をすくめる」
- **begin by…ing**：「...から始める、まず...する」
- **bind 人 to …**：「人に...の義務を負わせる」
- **for two years** の後のセミコロン (;) は 2 つの節を接続する働きになっていますが、ここでは後ろの節が前の節の理由を説明しています。
- **of no importance**＝not important at all
- **have an influence on…**：「...に影響を与える」

ポイント

[第 3 文]
- 大学受験勉強で学ぶ文法の基礎が身についているかをチェックする練習

台としても使えそうな一文です。まずは、it is not too much to say that...
「... と言っても過言ではない」という表現を確認しましょう。同様の意味を表現するのに、it is no exaggeration to say that... といった言い方をすることもあります。

- that 節以下では、前半に it is of such weight とあります。ここで使われている of は上の［語法・構文］で確認した of no importance の of と同じで、of such weight は so weighty「それほど重大な」とでも表現できるところ。

- 「それほど重大な」と言うからには、「どれほどか？」と考えて、後ろに目を向けましょう。一般的にこの「どれほどか？」を説明するのには that 節が用いられることが多いのですが、ここでは接続詞の that が省略されて、裸のままの節が出てきます。しかし、of such weight のところで後ろに節がくるはず、ということを予想できていれば、it may have... がそれに当たるということはすぐ分かるでしょう。

（訳 例）

伯爵は大きな肩をすくめた。「ならば、最初にお二人に2年間は絶対に秘密を守るよう約束してもらわねばなりません。2年が過ぎればどうでもよくなるでしょう。今現在はこの件は途方もなく重大で、ヨーロッパの歴史に影響を与えうると言っても言い過ぎではありません」

男はホームズにボヘミア国王本人であると見抜かれると仮面で顔を隠すのをやめ、相談の内容を話し始めます。スカンジナビアの王女との結婚をひかえながら、5年前に交際していた女性、アイリーン・アドラーから一緒に写っている写真を送りつけると脅迫されているということを説明しているシーンです。第1文は主語に Irene Adler を補い、them は結婚相手の親族として読んでみて下さい。

例題4 [★★★☆☆]

> ₁Threatens to send them the photograph. ₂And she will do it. ₃I know that she will do it. ₄You do not know her, but she has a soul of steel. ₅She has the face of the most beautiful of women, and the mind of the most resolute of men. ₆Rather than I should marry another woman, there are no lengths to which she would not go—none."　　(Arthur Conan Doyle (1892): 'A Scandal in Bohemia')

[文　脈]　王のアイリーン・アドラーに対する印象が語られています。

[語法・構文]
- **threaten to** 不定詞：「... すると脅す、脅迫する」
- **she will do it** の will は強い意志を表現しています。「本当にそうするつもり」くらいの訳し方も可能でしょう。
- **resolute**：「意思の固い、腹のすわった」

(ポイント)

[第6文]

- 第5文までは短い文の繰り返しで、構造的に難しいところはないと思います。ポイントは最終文です。Rather than I should marry...という than の後ろに SV の節が続く形に少し面食らった人もいるかもしれませんが、そもそも than は接続詞なのでこういう形も可能です（より古風な文体では than that 節という形もあります）。should は rather than 節の内部で用いられる仮定法の代用。

- 文頭の Rather than...が後ろとどのようにつながるかを見ていきますが、there are no lengths ではまだその関係が見えてきません。lengths の後に続く関係代名詞節の中の would を見て、would rather A than B「B よりもむしろ A したい、B するくらいならむしろ A したい」の構文が発想できれば大きなヒントになります。

- さらに、no lengths to which she would not go の箇所では go to the length of...「... のところまでやる、... の程度まで至る」という程度や度合を表す熟語が基本にあることを理解したいところ。この場合の length はも

ともと「距離」を表す言葉ですが、ここではそれを「程度」の比喩として用いています。

- となると、there are no lengths to which she would not go というのは「彼女がそこまではやらないだろうという程度はない」→「彼女はどんなことでもやるだろう」という意味だということが理解できますね。これを踏まえて、今一度、Rather than...とのつながりを考えるなら正しい解釈も見えてくるのではないでしょうか。「rather than 以下のことになるくらいなら、むしろ彼女がしたいと思う」行為の程度について、限界がないということなので、「rather than 以下のことを避けるためならどこまででもする」という意味が出てきます。

- 最後の none は no lengths を念押しのためにもう一度言い直したもの。彼女がやりそうなことには限度がない、ということを強調しています。

- ここまで見てきた通り、文全体から「彼女は rather than 以下の内容を何があっても許さない」という強い意志のニュアンスが読み取れるため、訳例では rather than 以下の訳について「私を他の女と結婚させないためなら」と工夫しています (⇨ [文法・語法コラム (4)])。

(訳 例)

　相手方の親族にその写真を送ると脅迫してきている。本気でやるつもりだ。私には分かる。貴君らは知らないだろうが、あれは鉄の魂を持っている。最も美しい女の顔と、最も胆のすわった男の心を持っているのだ。私を他の女と結婚させないためなら、どんなことでもやってのけるだろう。どんなことでもだ。

　写真が送りつけられるまでまだ 3 日の猶予があると知ったホームズは今後の進捗を適宜知らせると伝えてボヘミア王を帰し、ワトソンにも別れを告げますが、ワトソンには翌日の午後にまた訪問するように依頼します。

例題5　［★★★☆☆］

> ₁It was close upon four before the door opened, and a drunk-en-looking groom, ill-kempt and side-whiskered, with an inflamed face and disreputable clothes, walked into the room. ₂Accustomed as I was to my friend's amazing powers in the use of disguises, I had to look three times before I was certain that it was indeed he. ₃With a nod he vanished into the bedroom, whence he emerged in five minutes tweed-suited and respect-able, as of old.　(Arthur Conan Doyle (1892): 'A Scandal in Bohemia')

［文　脈］　翌日、ワトソンがやってくると、ホームズは外出したまままだ帰宅していませんでした。

［語法・構文］
- **It was...before〜**の形は「〜する前に...になった」と訳すよりも、前から「...になって〜した」と訳し下したほうが自然です。
- **close upon...**：「...近くの」
- **groom**：「馬丁、馬の世話人」
- **ill-kempt** は現在では unkempt のほうが普通です。意味は「（髪などが）乱れた、だらしない」で、硬い評論文などではあまり出てこないかもしれませんが、類義語の disheveled などとともに文学作品ではよく見る単語。
- **inflamed**：「真っ赤になった」
- **disreputable**：「みすぼらしい」
- **tweed-suited**：「ツイードのスーツを着た」
- **respectable** は上の disreputable と対照的な様子を表していると考えられます。
- **as of old**：「元通りに」

（ポイント）

［第2文］
- Accustomed as I was to...のところは、C as SV の語順で譲歩を表す as の構文で「私は...に慣れていたが」となります。
- my friend's amazing powers in the use of disguises を文字通りに「変装の利用における私の友人の驚くべき力」とするとあまりにもぎこちないので、少し噛み砕いて解釈したいところ。「ホームズの驚くほど巧みな変装

技術」くらいにしてしまっても問題ないと思います。

[第 3 文]

- whence は 1.2 節の［文法・語法コラム (2)］でも確認したように from where を表す関係副詞で、ここでは the bedroom を先行詞としています。

- he emerged in five minutes tweed-suited and respectable では tweed-suited と respectable という 2 つの形容詞の解釈がポイントになります。emerge 「現れる」は補語を取る動詞ではないので、この節は厳密には SVC ではありえません。He came home drunk.「彼は酔っぱらって帰ってきた」のように主語の一時的な状態を動詞句の後に続く形容詞や分詞が説明するケースがあり、ここはそのパターンです。つまり、tweed-suited と respectable という 2 つの形容詞は、彼が現れた際の状態を説明しているのです。

[訳 例]

　4 時近くになった頃、ドアが開き、ボサボサの髪をして頬髯を生やし、真っ赤な顔でみすぼらしい服に身を包んだ馬丁が酔った様子で部屋に入ってきた。ホームズの驚くべき変装技術には慣れっこではあったが、三度は見ないと、本当にその人物が彼だと確信が持てなかった。彼は軽くうなずくと寝室へと入っていき、5 分後には元通りスーツ姿のきちんとした格好になって出てきた。

文法・語法コラム (4)

距離を用いた比喩

　本節の【例題 4】では length を用いて程度を表す熟語が登場しました。この表現自体は現在の時事英文などでも用いられます。

(1) She went (to) the *length* of saying that the original plan was impossible.
　　［訳］彼女は元々の計画は不可能とまで言った。

距離を表す言葉で程度や度合を表現するのは length に限られた現象ではあ

りません。例えば、(1) と同様のことを「遠くまで行く」を意味する go far
を用いて次のように言うこともできます。

(2)　She went so far as to say that the original plan was impossible.

また、go a long way「長い道のりを行く」を用いた次のような熟語も有名
ですね。

(3)　Your support will go a long way toward allowing us to renew our
　　　tools.
　　　［訳］あなたの援助は私たちが道具を一新するのに非常に役立ってく
　　　れるだろう。

　【例題 4】では go (to) the length という熟語が用いられただけでなく、そ
れが関係代名詞節の中で用いられ、go と length という熟語を構成する二大
要素が離れた形になっていたので少し難度が上がっていた側面があるかと思
います。しかし、この go the length という熟語は今回のように関係代名詞
節の中で用いられることが多いとも言えます。『英文解体新書』の 6.1 節で
も説明した通り、英語は現象や状況を表現する際もその中の一部を名詞化し
てそれを中心に節を組み立てることを好む言語です。だからこそ、日本語な
ら「彼が簡単にその問題を解いたこと」のように表現するのが自然であるよ
うな内容でも、the ease with which he solved the problem といった「名詞
句＋関係詞節」の形を用いることがあります。その視点から見ると、go to
the length という熟語は内部に最初から the length という名詞を持っている
という点で名詞中心の表現を作りやすい熟語だと言えます。
　こういったことを理解していると例えばマイケル・ジャクソンがかつて口
にしたという次のような言葉も、

(4)　I am bewildered at the length to which people will go to portray me
　　　so negatively.　　　　　　　　　　　　　　　　　(Michael Jackson)
　　　［訳］そこまでして僕を否定的に描こうとするのかと当惑している。

the length to which…negatively の部分を「僕を否定的に描くのに人々がそ
こまでやること」くらいに訳すという選択肢が自然に浮かんでくるのではな
いでしょうか。逆に、英作文などのアウトプットの観点からも、「彼がどれ
ほど練習を避けたがっているか」といった日本語を the length (to which)

he will go to avoid training のように訳すという発想も出てくるかもしれませんね。

rather than 節の should

上と同じ【例題4】の英文で rather than I should marry another woman という形が使われています。訳例では「私を他の女と結婚させないためなら」としましたが、『新英和大辞典』（研究社）などによると、ここの should は仮定法の代用とされているため、「私を他の女と結婚させないためなら」ではなく「私が他の女と結婚しないためなら」と訳すべきではないかと考えた読者の方もいるかもしれません。

確かに、この should の役割については英文法の歴史的変遷を扱ったヴィザー（F. Th. Visser）の大著でも同様の指摘がなされており、仮定法の代用で間違いないと思われます。一方で、訳としてはこのタイプの構文の rather than S should V の部分を「S に V させるくらいなら」と訳している辞書も存在し、また、【例題4】の当該英文の翻訳でも、小池滋監訳『シャーロック・ホームズ全集3』（ちくま文庫）などは「結婚させぬためなら」という訳を当てています。これはどのように考えればよいでしょうか。

ここで「させる」という言葉が出てくる背景には would A rather than B という構文全体の意味が関わっているように思えます。この構文は、would …の部分にやや極端な例を持ってきて、rather than 以下で述べられている内容をどれだけ避けたがっているかを強調するレトリックの利いた表現です。したがって、構文全体に、「主語は rather than 以下の内容を何とか止めたい、何とか妨害したい」というニュアンスが込められていることになります。不本意ながらある事柄が起こるのを許してしまうといった状況を表現する際に、日本語では「せる、させる」、英語では let を使うことがあります。例えば、「彼を死なせる / let him die」などがそれで、この「せる、させる」は使役ではなく、黙認や妨害の失敗を表しています。今回のタイプの構文の rather than S should V にしばしば「S に V させないためには、S に V させるくらいなら」という訳が当てられるのは、「S が V することを何としてでも回避したい」という構文のニュアンスから、「S が V する」事態というのは当然、（文全体の）主語にとっては不本意なことであるし、また、主語が妨害に失敗した際に生じるものであるはずだ、という推論が働くからではないでしょうか。

実際、ヴィザーが例文を引いてきているイギリスの伝統文法家アニアンズ（Onions）の文法書では、Rather than（that）he should suffer, I will go myself.

という例の言い換えとして Rather than let him suffer, I will go myself. というものを挙げています。このことは、rather S should V の部分に妨害の失敗のニュアンスを読み込むのは英語そのものの解釈としても自然であることを示唆しています。

2.3　「入院患者」

さて、次の「入院患者」（'The Resident Patient'）は医師であるトレヴェリアンからの依頼による事件です。医師としての高い能力を持ちながら資金不足で開業することができずにいたトレヴェリアンでしたが、ブレシントンという人物がスポンサーとなってくれたおかげで無事、病院を開くことができます。ブレシントンも健康に不安があるとの理由で彼が開いた病院に入院患者として住むことになり、二人は同じ建物で暮らしていましたが、ブレシントンはある出来事がきっかけでひどく動揺し、恐怖におびえ始めます。と、事件の背景はこのような感じですが、この短編は語り手としてのワトソンがホームズが解決した事件の記録を編纂する際の苦労について述べる一節で始まるので、まずはそこを読んでみたいと思います。少し長めですが、文章の流れにも意識を向けてみて下さい。

例題 1 ［★★★★☆］

In glancing over the somewhat incoherent series of Memoirs with which I have endeavored to illustrate a few of the mental peculiarities of my friend Mr. Sherlock Holmes, I have been struck by the difficulty which I have experienced in picking out examples which shall in every way answer my purpose. ₂For in those cases in which Holmes has performed some *tour de force* of analytical reasoning, and has demonstrated the value of his peculiar methods of investigation, the facts themselves have

often been so slight or so commonplace that I could not feel jus-
tified in laying them before the public. ₃On the other hand, it has
frequently happened that he has been concerned in some
research where the facts have been of the most remarkable and
dramatic character, but where the share which he has himself
taken in determining their causes has been less pronounced than
I, as his biographer, could wish. ₄The small matter which I have
chronicled under the heading of 'A Study in Scarlet,' and that
other later one connected with the loss of the *Gloria Scott*, may
serve as examples of this Scylla and Charybdis which are for-
ever threatening the historian. ₅It may be that in the business of
which I am now about to write the part which my friend played
is not sufficiently accentuated; and yet the whole train of cir-
cumstances is so remarkable that I cannot bring myself to omit
it entirely from this series.

(Arthur Conan Doyle (1893): 'The Resident Patient')

[文　脈] ホームズが関わった事件のうち、どの事件を記録として残すかを選ぶ
際に避けられないジレンマについて述べています。

[語法・構文]
- **glance over...**:「...にざっと目を通す、...を一読する」
- **incoherent**:「一貫性のない、まとまりのない」
- **Memoirs** の頭文字が大文字となっているのは、この短編を収めている *The Memoirs of Sherlock Holmes* という作品名を表しているからです。
- **illustrate**:「(例を使って)...を示す、説明する」
- **the mental peculiarities of my friend** は peculiarities と複数形になっているため、具体的な性格や特徴などをイメージしています。
- ***tour de force***:「(フランス語)(困難などを解決する)優れた手腕」
- **analytical reasoning**:「分析的推理」
- **be justified in ...ing**:「...することが正当化される、...してもよいと認められる」
- **laying them before the public** の before は空間的な意味。「それらを大衆の目の前に置く」から「一般に公開する、発表する」という内容を読み取りましょう。
- **it has frequently happened that ...**:「...ということがよくあった」

- **the share**:「役割」
- **pronounced**:「顕著な、明白な」
- **under the heading of ...**:「. . . という題（タイトル）のもと」
- **the _Gloria Scott_**:「グロリア・スコット号（別の作品で登場した船の名称）」
- **serve as ...**:「. . . として役立つ、. . . となる」
- **Scylla and Charybdis** はギリシア神話に登場する怪物「スキュラとカリュブディス」を指しています。メッシーナ海峡の航路を挟むような形で出現し、漁師たちを恐れさせたことから、どちらにいっても難問にぶつかるような状況、あるいは一方の難題を避けようとするともう一方の難題が不可避となるようなジレンマを表現するたとえとして用いられます。
- **It may be that...**:「. . . かもしれない」
- **accentuated**:「際立った、強調された」
- **train of...**:「一連の. . .、連続した. . .」
- **circumstances** はここでは「状況」より「出来事」という意味に近いですね。
- **bring oneself to 不定詞**:「（しばしば否定とともに用いて）. . . する気にならない、なれない」

（ポイント）

［第 1 文］

- In が従える前置詞句から始まっていますが、この前置詞句の中の the somewhat incoherent series... という名詞句に、with which... という関係代名詞節がかかって、なかなか終わりが見えてきません。
- この前置詞句が区切れたところで文の中心となる SV が出てくるはずだ、と予想しながら読んでいき、I **(S)** have been struck **(V)** という構造をしっかりと把握しましょう。
- the difficulty which I have experienced in... は文字通りに解釈すれば「. . . において私が経験してきた難しさ」ですが、同じ出来事を描写する時でもその中に登場する名詞や個体を中心に組み立てる傾向のある英語に対し、日本語は全体を状況として捉える傾向があるということに配慮し（⇨ 前節の［文法・語法コラム（4）］も参照）、「. . . がいかに難しかったか」というくらいに訳しても問題ない、と判断します。

［第 2 文］

- まず文頭の For が前文に対する理由を付け加える役割を持つ接続詞であ

ることを理解しましょう。その際、この For が表現している「理由」が
どこまで続いているのかは少し慎重に考えたいところです。

- in が従える前置詞句では、in those cases の those cases に in which... と
  いう関係代名詞節が続き、しかもその節内の動詞が <u>has performed ... and
  has demonstrated...</u> と 2 つ並列される形になっているため、かなり前置詞
  句のかたまりが長くなっています。我慢して読み進め、the facts themselves
  (S) have often been **(V)** so slight or so commonplace **(C)** という骨格を
  つかみましょう。

- さらにこの文の C に当たる so slight or so commonplace の箇所では、so
  「それほど」の存在から後ろに具体的な説明を期待し、so...that の関係を
  見落とさないように。

[第 3 文]

- On the other hand, の存在から前文で語られていた問題 (ホームズの能力
  は見事に発揮されているが、事件自体が大したものではない) とは対照を
  なすような悩みが出てくるのではないかと予想しましょう。この予想が
  あれば、some research where the facts have been of the most remarkable
  and dramatic character まで読んだところで、「(事件の内容は劇的だけど)
  ホームズの能力が十分に発揮されていない」といった内容が続くのでは
  ないか、と想像でき、but where... もすんなりと理解できるはず。

[第 4 文]

- 長い名詞句から文が始まります。これが文の中心となる S だろうと予想
  しつつ、名詞句の範囲を見定めましょう。The small matter の後ろにある
  関係代名詞節が Scarlet で切れ、続く and that other later one で、The small
  matter と that other later one を and が並列させている形だと見抜くことが
  大切。この 2 つの名詞句を主語として may serve という述語動詞につな
  がる SV の構造になっています。

- なお、主語名詞句の後半の that other later one という語句が何を指してい
  るかはすぐに理解できたでしょうか。この語の解釈には文脈がしっかり
  と読みとれているかが影響しそうです。まずは前半の 'A Study in Scarlet'

(『緋色の研究』) という作品名から、この文が第 3 文までで述べてきたことの具体例を示しているのではないかと考えましょう。とすれば、ワトソンはこれまでに扱った事件の 2 つの極端なパターンの間で板挟みになる状況を指摘しているわけですから、少なくとも、もう 1 つ事件が出てこないと具体例にならないと判断できるはず。この判断に従い、that other later one が登場したところで、これが that other later matter「例のもう 1 つの最近の事件」ということを指しているのではないかと予想できたかどうか。後ろに続く connected with the loss of the *Gloria Scott*「グロリア・スコット号の沈没に関する」という言葉も大きなヒントになりますね。

- this Scylla and Charybdis は上の［語法・構文］でも解説した通りジレンマを表現するたとえで、ここではホームズの活躍を優先すれば事件がつまらないものになりがちだが、逆に大きな事件だとホームズの活躍があまり顕著ではないというジレンマを 2 頭の怪物にたとえていると言えます。あくまで神話に登場する固有名詞なのでそのまま「スキュラとカリュブディス」と訳すこともできますが、日本語読者における浸透率を考えて、訳例では少しアレンジしてみました。

［第 5 文］
- ようやくこの短編自体の話題が登場し、どちらかというと後者の悩みを抱えたものだということがほのめかされています。in the business を修飾する of which 節内で、write the part のところを一瞬つなげて読んでしまいそうになっても、write の後ろに about も of もないことに違和感を覚えて欲しいところ。それが無理でも、ここをつなげてしまうと後ろの is not sufficiently accentuated の行き場がなくなると理解できるのが学力です。
- of which 節が write で切れると理解し、the part... **(S₁)** is not... **(V₁)** and yet the whole train of circumstances **(S₂)** is **(V₂)** という骨格をつかんでしまえば、最後の so remarkable that...の so...that を読み落とすこともないでしょう。

（訳　例）
これまで友人シャーロック・ホームズの特異な頭脳の働きを説明しよう

と紹介してきたややまとまりに欠ける一連の「回顧録」に目を通していて、自分の目的をあらゆる点でかなえてくれる事例を選ぶのがいかに難しいかということを改めて痛感した。というのも、ホームズが見事な分析的推理の手腕を発揮してその独特の調査手法の価値を実証した事件では、事実そのものは些細なことであったり、ありがちなことだったりして、わざわざ世間に知らしめる意味があるのかと感じてしまうことが多いのだが、一方、数奇かつ劇的な事件にかかわった時には、その原因を突き止めるのにホームズ自身の果たした役割が、伝記作家の私が望むほどには際立ったものではないということがよくあったからだ。「緋色の研究」という題で私が記録したちょっとした事件や、グロリア・スコット号の沈没に関わる例のもう1つの最近の事件は歴史作家を永遠に悩ませるこの「両方立てれば身が立たぬ」の問題の例と言ってもよいかもしれない。私が今まさに書こうとしている件も、友人の彼が果たした役割がそれほど目立ったものというわけではないのだが、一連の出来事があまりにも衝撃的なので、この冒険談のシリーズから完全に省くことはどうしてもできないのだ。

　次はホームズに依頼をしてきたトレヴェリアンが状況を説明している一節から。本節の冒頭で触れたような事情からブレシントンと二人で暮らし始めたトレヴェリアンでしたが、数週間前にブレシントンがひどく動揺した様子で彼の部屋にやってくることがあったと説明します。

例題2 [★★★☆☆]

1Some weeks ago Mr. Blessington came down to me in, as it seemed to me, a state of considerable agitation. 2He spoke of some burglary which, he said, had been committed in the West End, and he appeared, I remember, to be quite unnecessarily excited about it, declaring that a day should not pass before we should add stronger bolts to our windows and doors. 3For a week he continued to be in a peculiar state of restlessness, peering continually out of the windows, and ceasing to take the short walk which had usually been the prelude to his dinner. ₄From his manner it struck me that he was in mortal dread of something or somebody, but when I questioned him upon the point he became so offensive that I was compelled to drop the subject. ₅Gradually, as time passed, his fears appeared to die away, and he had renewed his former habits, when a fresh event reduced him to the pitiable state of prostration in which he now lies.

(Arthur Conan Doyle (1893): 'The Resident Patient')

[文　脈]　何かに極端に怯えている様子のブレシントンですが、その理由は謎のままです。

[語法・構文]

- 挿入節の **as it seemed to me** は直後の a state of considerable agitation「相当に動揺した様子」という表現に「と、そう私には思えたのだが」といった感じで留保を加えるためのもの。この as は関係詞に近い用法です。
- **burglary**:「強盗事件」
- **the West End**:「ウェスト・エンド（ロンドンの地区名）」
- 第 3 文の後半の、peering... and ceasing...は 2 つの状況を説明する分詞構文を and が並列させたものです。
- **prelude to...**:「... の準備行為、... の前に行うこと」
- **in mortal dread of...**:「... を致命的に恐れて」
- 第 4 文の **it struck me that...**は it が that 節の内容を受ける形式主語で、全体は「... のように私には思えた、私には ... といった印象だった」という意味。文中の but が前半と後半の節を結ぶことを確認すると同時に、後半の主節が he became so offensive that 〜と so...that 〜構文になっていることも見落とさないようにしましょう。
- **die away**:「次第に消えていく、徐々に静まる」
- **reduce A to B**:「A を B の状態にする、変える」
- **prostration**:「意気消沈」

（ポイント）

［第 2 文］

- かなり息の長い一文となっています。まずは、and を中心にして、he spoke ...の前半でブレシントンの行為が、そして、he appeared...と続く後半ではその様子が描かれていることを確認しましょう。

- さらに情報を追加する感じで、文末に declaring...という分詞構文が配置
  されています。この declaring の目的語となる節内の構造にも注意。
- a day should not pass before...は declare「宣言」の内容であり、should
  にはブレシントンの意志が感じられます。「...する前に一日として過ぎ
  させない」が直訳で、「明日を待たずに（今すぐにでも）...する」といっ
  たニュアンスを読み取りましょう。

［第 5 文］

- 彼が落ち着きを取り戻す姿が前半で描かれますが、and の後に出てくる
  he had renewed...に「おや？」と思えるのが大切な感覚。この感覚があれ
  ば直後の when を見て、過去完了形＋when 節「...していたところで
  when 以下のことが起こった」という when を使って新たな展開を物語に
  導入する物語文に頻出のパターンだということが読み取れるはず。

訳 例

　2, 3 週間前にブレシントンさんは相当動揺した、と私には思えたんです
が、そういう様子で私のところに降りてきました。ウェスト・エンドで起
きた強盗事件のことを話題にし、その件に必要以上に興奮していてすぐに
でも窓と扉により強力なかんぬきを取りつけないといけないと強く言って
いたように記憶しています。1 週間の間、彼は特に落ち着きがない状態で、
繰り返し窓から外を確認し、夕食前の日課になっていた軽い散歩にも行き
ませんでした。その様子から何かあるいは誰かを致命的なほどに恐れてい
るという印象を受けましたが、そのことを尋ねるとすごく怒るので話題を
打ち切らざるを得ませんでした。徐々に時が経って恐怖も次第に消えていっ
た様子で、以前の習慣を取り戻していましたが、そこで、新しい出来事が
起こって彼は哀れなほどに意気消沈してしまい、今もその状態です。

　ブレシントンを意気消沈に追い込んだのは、トレヴェリアンが受け取っ
た一通の手紙でした。ロシア貴族からの手紙で、彼が医者として専門にし
ている強硬症の診断をしてもらいたいという内容。症例の少ない病気であ

ることから研究のチャンスでもあるため、トレヴェリアンは進んでその依頼を引き受けます。次の例題は依頼人がやってきた際の様子をトレヴェリアンが描写している箇所です。

例題3　［★★★☆☆］

　₁He was an elderly man, thin, demure, and commonplace—by no means the conception one forms of a Russian nobleman. ₂I was much more struck by the appearance of his companion. ₃This was a tall young man, surprisingly handsome, with a dark, fierce face, and the limbs and chest of a Hercules. ₄He had his hand under the other's arm as they entered, and helped him to a chair with a tenderness which one would hardly have expected from his appearance.　(Arthur Conan Doyle (1893): 'The Resident Patient')

［文　脈］　冒頭の He は依頼人のロシア貴族を指します。

［語法・構文］
- **demure**：「おとなしい、控え目な」
- **fierce**：「どう猛な、気の強そうな」
- 第4文の **the other**「もう一人」は最初に描写されている控え目な男性のほうを指しています。
- **help 人 to...**：「人が ... に移動するのを助ける」

ポイント

［第1文］
- ダッシュ（—）以下は主語である He についての説明を加える形です。the conception one forms of...のところは、the conception (that) one forms of...という関係代名詞節の構造になっていることに注意しましょう。ここでの the conception は「イメージ」くらいに考えてもよいところ。one は「自分」を指していると考えられます。

［第3文］
- 最初に出てきた人物の付添人の外見の説明になっていますが、文末の the

limbs and chest of a Hercules はギリシア神話に登場する筋骨隆々の英雄ヘラクレスを引き合いに出してその逞しさを伝えています。固有名詞に不定冠詞の a が付くと「...のような人物・存在」となることも確認しておきましょう。なお、ヘラクレスはよく用いられるたとえであり、努力や労力などに関して「途方もない」ということを表現するために用いられる herculean という形容詞も知っておいて損はないと思います。

[第4文]

- この逞しい付添人が予想外の優しさで最初の人物をサポートするシーン。後半の関係代名詞節内で登場する would hardly have expected に仮定法過去完了の可能性を思い浮かべ、直後の from his appearance が「外見から見れば、外見から判断すれば」という仮定のニュアンスを含んでいることをすんなりと理解できたかどうか。

(訳 例)

　彼は年配でやせており、控え目かつ平凡な男性でロシア貴族のイメージではありませんでした。付添人のほうがはるかに印象的な姿でした。若くて背が高く、驚くほどりりしい顔に気性が荒そうな、怖そうな表情を浮かべ、四肢や胸板はヘラクレスのように逞しかった。年配の男性の脇を支えて入ってきて椅子に座るのを手伝っていましたが、外見からではまず想像できないような優しい手つきでした。

文法・語法コラム (5)

神話や伝説由来の言い回し

　本節では【例題1】でスキュラとカリュブディスを用いた言い回しが、【例題3】でヘラクレスのたとえが登場しました。実は、神話や伝説に由来する言い回しというのは英語の文章では一定の頻度で用いられる傾向があり、しかもそれは文学作品に限ったものではありません。この種のたとえは背景を知っていると文章理解が大きく前進するという利点がある一方、知識がないとよけいに混乱してしまうという側面があります。ここでは本節の例題に登場したもの以外で、よく見かける神話や伝説由来の言い回しを紹介してみた

いと思います。

1.　アリアドネの糸（Ariadne's thread）

クレタ王ミノスの娘であるアリアドネがテセウスに渡した糸玉に由来します。クレタの人々を苦しめる牛の怪物ミノタウロスを倒した後、テセウスがミノタウロスの迷宮から脱出するための手引きとなったことから、正しい道への道しるべのたとえとして用いられるようになりました。

(1)　This concept may be an *Ariadne's thread* helping us to get through his labyrinthine text.
[訳] この概念が彼の迷路のような文章を読み解くのを助けてくれる手がかりになるかもしれない。

2.　ゴルディアスの結び目を断つ（cut the Gordian knot）

何人たりともほどくことができなかったフリジア王ゴルディアスの結び目にマケドニアのアレクサンドロス大王が挑戦した際、剣で一刀両断にしてしまったという伝説から、難問を大胆な手法で解決してしまうことのたとえとして用いられるようになりました。「快刀乱麻を断つ」に近い意味です。

(2)　She *cut the Gordian knot* by appealing directly to the president himself.
[訳] 彼女は社長その人に直接訴えることでその問題を一気に解決した。

3.　プロクルステスの寝台（Procrustean bed）

旅人を甘い言葉で誘い込みベッドに寝かせて、足がベッドからはみ出れば足を切り落とし、身長がベッドの長さに足りなければ強引に体を引き伸ばすという拷問にかけた強盗プロクルステスに由来する言い回しです。ここから恣意的な画一的基準やその強制的な当てはめを指す比喩として用いられるようになりました。

(3)　This standard seems to be a *Procrustean bed*, ignoring a wide variety of differences among individual participants.
[訳] この基準は恣意的で、個々の参加者の多様性を無視しているように見える。

2.4 「海軍条約文書事件」

　本節で扱う「海軍条約文書事件」('The Naval Treaty') は、国際問題に発展しかねない危険性を持った事件にホームズとワトソンが挑む物語です。外務省高官として働くワトソンのかつての学友フェルプスが、大臣の伯父ホールドハースト卿から預かったイギリスとイタリアの締結内容を記す機密文書をわずかな隙をついて盗まれてしまいます。もしその文書がフランスやロシアに知られるようなことがあったら全て終わりだ、とフェルプスは旧友ワトソンにホームズの紹介を依頼する手紙を送ってきます。頼むからホームズを連れてきてくれないかと嘆願する手紙を読み終えた直後のワトソンの心情を描写したシーンから読んでいきましょう。

例題1 ［★★★☆☆］

　₁There was something that touched me as I read this letter, something pitiable in the reiterated appeals to bring Holmes. ₂So moved was I that even had it been a difficult matter I should have tried it, but of course I knew well that Holmes loved his art, so that he was ever as ready to bring his aid as his client could be to receive it.　(Arthur Conan Doyle (1893): 'The Naval Treaty')

［文　脈］　かつての学友から届いた手紙には依頼の詳細は書かれていませんでしたが、お願いだから何とかホームズを連れてきてくれないかという強い言葉にワトソンは心を動かされます。

[語法・構文]
- **touch**:「感動させる、心を打つ」
- **as I read this letter** の as は「同時」を表し、全体としては「この手紙を読みながら、この手紙を読む中で」くらいの意味。
- **something pitiable** は直前にある something that... を言い換えたもの。
- **reiterate**:「何度も繰り返す」
- **his art** の art はホームズが事件解決に発揮する推理の技術のこと。
- **, so that...**は「結果」を表す節。

ポイント

[第2文]

- まずは冒頭部分に注意しましょう。So moved was I の形から、so...that 構文の倒置の形 (I was so moved that...の so moved が前に出て、主語と be 動詞が入れ替わった形) を想定できるのが正しい読み方。ここでは直後に that 節が登場するので難しくないはず。すでに本書でも何度か出てきたパターンです。

- that 節の中もポイントです。even had it been という語順から仮定法の条件を表現する倒置形がすぐに思い浮かび、even if it had been...と同義だということが分かったかどうか。同時に、ここで仮定法過去完了の形が使われているため、帰結を表す節も仮定法の形がくるだろうと予測が立てられます。

- 予想通り、後半にも I should have tried it という形が来ていることを確認しましょう。この場合の should は語り手の意志を表し、would と同義と考えてよいと思います。

- 文末の so that 節の内部は as...as を用いた原級比較をしっかりと処理しましょう。be ready to 不定詞「喜んで...する、進んで...する」という表現が基本となっていること、最後の it が his aid を受けていることを把握すれば、「依頼人が彼の手を借りたいと思うのと同じくらいに彼は常に手を貸したい」という大枠が見えてきますね。

- ただし、ここでは後ろの as...の部分で could が使われているため、「存在し得る限りのものと比べても」という意味になります。したがって、「彼の手を借りることにいかに前のめりな依頼人がやってきても、彼は常にそれに劣らず手を貸すのに乗り気」というニュアンスが出てきます。

訳　例

　この手紙には私の心を打つものがあった。ホームズを何とか連れてきてほしいという繰り返される言葉の中に哀れだと感じさせるものが。いたく心を動かされたので、仮に無理そうな頼みでも何とか聞いてやろうとはしていただろうが、もちろん、ホームズは自分の推理が好きなので、手を借りたいという依頼人がいる限り、常に乗り気でそうすると分かっていた。

　さて、フェルプスと会ったホームズとワトソンは事の詳細を聞かされます。外務大臣の伯父から機密文書の副本の作成を頼まれ、それをオフィスで写している際、頼んだコーヒーがなかなか来ないので下の階に見に行くと、なぜか誰もいない筈の自分の部屋から呼び鈴が鳴ったと言います。急いで戻ってみると文書の原本がなくなっていたと言うのです。以下の例題はホームズがフェルプスから聞いた話を参考にして事態を整理しているシーンの抜粋です。

例題2 ［★★★★☆］

> ₁And then, of course, there is the bell, which is the most distinctive feature of the case. ₂Why should the bell ring? ₃Was it the thief who did it out of bravado? ₄Or was it someone who was with the thief who did it in order to prevent the crime? ₅Or was it an accident? ₆Or was it—? ₇He sank back into the state of intense and silent thought from which he had emerged; but it seemed to me, accustomed as I was to his every mood, that some new possibility had dawned suddenly upon him.
>
> (Arthur Conan Doyle (1893): 'The Naval Treaty')

[文　脈]　ホームズは事態を整理しながら、フェルプスが下の階で聞いたという呼び鈴の謎に注目し、一体誰がこの呼び鈴を鳴らしたのかと問いかけます。

[語法・構文]
- **there is the bell** は、the bell の存在そのものを表現しているというよりは、「この事件の特徴」という条件を満たすものを列挙するタイプの there 構文（⇨『英文解体新書』3.2 節）です。
- **Why should the bell ring?** の should は驚きのニュアンスを表現する助動詞。
- **out of bravado** の bravado「空威張り、虚勢」は現在でも時事英文や小説などによく出てくる単語。
- 第 7 文の関係代名詞節では **had emerged** という形に注意しましょう。過去完了形になっているのはこの一節で描写している時点よりもさらに前の事柄について述べているためです。よって「彼がそこから出てきていた沈思黙考の状態」ということになります。だからこそ、sank back into「に戻っていった」

という表現になっているわけですね。

- **dawn upon（on）人**：「（考えなどに）人 が気がつく」

（ポイント）

［第 3〜4 文］

- 第 3, 第 4 文とも it...who の分裂文になっています。第 4 文は who が 2 つ出てくるために少し戸惑うかもしれませんが、「呼び鈴を鳴らしたのは誰か」が問題となっている文脈であることを確認すれば、2 つ目の who が分裂文の who であり、1 つ目の who は someone にかかる関係代名詞であることを判断できるはず。

- さて、これらの分裂文は上でも見た通り「呼び鈴を鳴らしたのは誰か」に答える文となっており、「ベルを鳴らした」(did it) に当たる who 以下が前提、焦点部が問いの答えを表現する典型的な分裂文です。しかし、注意が必要なのは、それぞれの who 節の中にも out of bravado と in order to prevent the crime という初出の情報が含まれているということです。典型的な分裂文であるにもかかわらず、「虚勢からベルを鳴らしたのは...」といったように後ろから訳し上げると、これらの新情報がすでに文脈上の前提となっているかのような、やや奇妙な響きを持ってしまいます。ここは訳し下したほうが自然な訳になるでしょう。

［第 7 文］

- 後半の but 以下に登場する、accustomed as I was...の部分は前節にもほぼ同じ形が出てきましたが、機械的に「私は慣れていたが」としてしまうとまずい箇所。it seemed 以下の部分を見れば分かる通り、ここではホームズの様子を見て、ワトソンはホームズの頭の中を想像しています。それができるのは、むしろ、「彼のあらゆる気分に慣れていたから」ではないでしょうか。

- この形は譲歩構文となることが多いのですが、『英文解体新書』の 6.1 節でも指摘した通り、being as C as SV という分詞構文が起源にあると考えられ、文字通りには「S が実際 C である状況で」という中立的な意味しか持たないため、文脈によっては理由を表すこともあるのです。

訳 例

　それから、もちろん、呼び鈴がある。この事件の最も特異な点だ。一体、どうして呼び鈴が鳴ったのか。盗人が虚勢を張って鳴らしたのか。あるいは、盗人と鉢合わせた誰かが犯罪を止めようと鳴らしたのか。あるいは、何かしらの偶然か、あるいは...。彼は以前同様の沈思黙考の状態に再び戻っていったが、私は彼のあらゆる気分をよく知っているので、何か新しい可能性に突然気がついたのではないかと思えた。

　ホームズとワトソンは大臣ホールドハーストその人にも話を聞きに行きます。大臣はホームズの要件を予想しており、いくつかの状況や文書に関する質問に答えます。

例題3 ［★★★☆☆］

> ₁"And now, Lord Holdhurst, we have already taken up too much of your valuable time, and we shall wish you good-day."
> ₂"Every success to your investigation, be the criminal who it may," answered the nobleman, as he bowed us out the door."
>
> (Arthur Conan Doyle (1893): 'The Naval Treaty')

［文　脈］　聞きたかったことを確認した後、ホームズが時間を取らせたといって立ち退くシーン。別れ際のやりとりです。

［語法・構文］
- **take up**：「取る、使う」
- **wish you good-day** は文字通りに解釈すれば「あなたによい日を祈る」ということですが、この言葉を発すること自体が別れの挨拶となっているので、「これで失礼します」というくらいに訳すのが自然です。
- **Every success to...** は前に I wish を補うと分かりやすいかもしれません。これも別れの挨拶の一種としてここでは発せられています。
- **bowed us out** は興味深い表現。通常、「お辞儀をする」という意味での bow は自動詞ですが、ここでは「お辞儀をし、その結果、私たちが外に出ていった」ことを表しています。

（ポイント）

［第2文］

- 後半、be the criminal who it may の部分が難所です。ここは、命令文の特殊な形が譲歩的な意味を表すようになった構文で、現代の英語で表現すると、whoever the criminal may be「その犯人が誰であれ」ということになります。現代英語にはこの用法は一部の定型的な形としてしか残っていません。例えば、come what may「何が起ころうとも」、be that as it may「それがどうあれ」、be it A or B「それが A であれ B であれ」などですが、このうち一般的な文章でもよく使われるのは 3 つ目のものだけです。

（訳　例）

「さて、ホールドハースト卿、すでにあなたの貴重なお時間を頂戴しすぎましたので、お暇させて頂きたく存じます」

「調査がうまく行くことを祈っているよ。犯人が誰であろうと」、と卿は言って、お辞儀をして私たちを送り出した。

　調査の後、再びフェルプスを訪ねたホームズとワトソン。ホームズはフェルプスに一緒にロンドンに来て欲しいと言って連れ出しますが、駅まで来たところでワトソンにフェルプスをロンドンまで連れていくように頼むと、本人は翌日の朝には帰ると言ってウォーキング (Woking, 地名) に残ります。冒頭の発言はワトソンからフェルプスに向けられたもので、He はホームズを指しています。

（例題4）［★★★★☆］

₁"He has said nothing."

₂"That is a bad sign."

₃"On the contrary. ₄I have noticed that when he is off the trail he generally says so. ₅It is when he is on a scent and is not quite absolutely sure yet that it is the right one that he is most taciturn. ₆Now, my dear fellow, we can't help matters by making ourselves nervous about them, so let me implore you to go to bed and so be fresh for whatever may await us to-morrow."

(Arthur Conan Doyle (1893): 'The Naval Treaty')

[文　脈]　ホームズの謎めいた行動に焦りを隠せないフェルプス。これほど厄介で重大な事件は扱ったことがないのではないか、彼はこの事件を解決できる見通しが立っているのだろうかとワトソンに不安そうに尋ねます。対するワトソンの答えとそれに続くやりとりです。

[語法・構文]
- **off the trail**：「手がかりを失って」
- **on a scent**：「手がかりをつかんで」
- **taciturn**：「寡黙な、何も話さない」
- **help matters**：「状況をよくする」
- **nervous about them** の them は matters を指します。
- **implore 人 to 不定詞**：「人に ... するようお願いする」
- **fresh**：「元気な、活気のある」
- **whatever may await us to-morrow** は名詞節で「どんなものであれ、明日、私たちを待ち受けるもの」という意味。

（ポイント）
[第 5 文]

- It is when...という形で分裂文の可能性を想定しましょう。ただし、1 つ目の that にすぐに「これだ！」と飛びつかないように。この that が分裂文の that だとすると、その後ろに続く it is the right one that...の that...の説明ができなくなってしまいます。この部分を、it...that の形式主語構文と考える人もいるかもしれませんが、「彼が寡黙なことは正しいものだ」では意味が通りません。
- そこで、1 つ目の that は be sure that...「that 以下のことを確信する」の that であり、2 つ目の that こそ分裂文の一部を構成する that だと見抜くことができるのが学力。it is the right one の it は a scent を指す普通の代名詞です。

97

［第 5 文の構造］

It is

when he ┌ is on a scent
　　　　│ and
　　　　└ is not quite absolutely sure yet that…the right one

that he is most taciturn.

（訳　例）

「まだ何も言っていないね」

「悪い兆候だね」

「逆さ。これまでを見ていても手がかりがない時は彼はたいていそう言う。むしろ、手がかりはつかんでいるが、それが正しいものかどうか完全には確信できない時に一番寡黙になるんだ。さあ、君、心配してたって状況がよくなるわけじゃない。明日何が待ち受けているかもわからないし、それに備えて寝て体力を回復させとこうじゃないか」

文法・語法コラム (6)

特殊な命令文を用いた譲歩構文

【例題 3】で出てきた be the criminal who it may という形。命令文の一種とされることが多い構文ですが、命令文では通常主語を表現しないということを考えるとかなり特殊なパターンと言えます。いくつか定型的な表現がある中で現代でも頻繁に使われるのは、be it A or B「それが A であれ B であれ」の形のみですが、19 世紀以前の英文には出てくることが多く、ドイルの作品や同時代の作家の英文を読みたいと思っている人は以下のようなルールを知っておいてもよいかもしれません。

近代英語に登場する命令文的な譲歩構文

	命令文の譲歩構文	現代英語では
形式	be S ever so C	however C S is
例文	Be it ever so humble there is no place like home. （たとえどれほどつつましやかでも、家が一番だ） However humble it is, there is no place like home.	
形式	be S 疑問詞 S may	疑問詞 ever S is
例文	Be the result what it may, we must do what we can. （結果がどうあれ、できることをやらねばならない） Whatever the result may be, we must do what we can.	
形式	動詞の原形 疑問詞 S will / would	疑問詞 ever SV
例文	Do what you will, I will not change my mind. （あなたが何をしようと、決心は変えない） Whatever you do, I will not change my mind.	
形式	let O 動詞の原形 疑問詞 S may	疑問詞 ever SV
例文	Let him say what he may, I will not change my mind. （彼が何を言おうと、決心は変えない） Whatever he may say, I will not change my mind.	

なお、譲歩の副詞節を作る接続詞のうち、やや上級のものとして albeit という接続詞があります。これは、all と be と it がくっついて一語になったもので、be it...タイプの命令文から派生していると言うことができます。現代の英文でも普通に登場する接続詞ですが、although などに比べると、節内が前置詞句だけであったり、形容詞や副詞だけであったりと省略的な構造になっていることが多いのが特徴です。

(1) We accepted the plan, albeit with hesitation.
　　［訳］私たちは躊躇いながらではあるが、その計画を受け入れた。

この理由はもちろんながら、albeit の中にすでに it と be という SV が含まれているからですね。

2.5　「最後の事件」

　本節ではホームズの最大のライバルとも言えるモリアーティ教授が登場する「最後の事件」（'The Final Problem'）を扱います。ご存知のようにホームズは実はモリアーティとの戦いに勝ち残るのですが、本作は二人が相討ちになったと思い込んでいるワトソンの視点から語られています。友人を失ったワトソンが暗い雰囲気で語り始める書き出しが特徴的です。モリアーティはホームズがライバルと認める犯罪組織の巨魁であり、いつになく緊張感を持った彼の姿が描き出されていることも本作の魅力と言えるでしょう。

例題 1　［★★☆☆☆］

> ₁"The man pervades London, and no one has heard of him. ₂That's what puts him on a pinnacle in the records of crime. ₃I tell you, Watson, in all seriousness, that if I could beat that man, if I could free society of him, I should feel that my own career had reached its summit, and I should be prepared to turn to some more placid line in life."
>
> (Arthur Conan Doyle (1893): 'The Final Problem')

［文　脈］　ホームズがモリアーティ教授の説明をワトソンにしている場面です。自身の存在を隠し通している教授の巧妙さが語られています。

［語法・構文］
- **pervade**:「（影響力などが）浸透する」
- **pinnacle**:「頂点」
- **in all seriousness**:「全く真剣に、大まじめに」
- **free A of B**:「AからBを取り除く」
- **be prepared to 不定詞**:「...する覚悟がある、...する心の準備がある」

ポイント

[第 1 文]

- 文構造や語句は全く難しくありません。ポイントは前半と後半の節を結びつける and をどう訳すかです。前半は「モリアーティの影響がいたるところに及んでいる」ことを、後半は「誰も彼について聞いたことがない」ことを指摘しています。通常、影響が大きいものは人々の耳目も集めやすくなるため、ここは少し矛盾する内容を述べていると考えられます。そこから、and は「それでいて」あるいは「それなのに」といった逆接的な訳を当てたいところ。

[第 3 文]

- I tell you の後に続く that 節の内部に注意しましょう。if 節が 2 つ連続する形になっていますが、2 つ目の if 節は 1 つ目の if 節を補足的に言い換えたものです。

- if 節に対する帰結を表す節も 2 つあり、こちらは and で並列されています。すでに何度か述べたように、should は would と同義と考えてよいところ。my own career had reached its summit が過去完了形になっているのは仮定法過去の文の中で、should feel の時点から見てすでに起こったこと、というニュアンスを表すためです。つまり、モリアーティを倒すこと自体が絶頂なので、倒してしまえばもう頂点は過ぎたということになるわけです。

- 後半の節の some more placid line をどう訳すかが難しいですが、前半で「自身のキャリアはピークを過ぎた」と言っていることも考慮すれば、line は a line of business「職業」に近い意味で言っているのではないかと判断できるでしょう。

訳 例

　「この男の影響はロンドンのいたるところに及んでいるのに、誰も聞いたことがない。それこそ、彼が犯罪史の頂点に君臨する理由だよ。ワトソン君、大まじめに言うが、もしこの男を倒すことができたら、もし世間からこの男を追放することができたら、僕の探偵業はピークを過ぎたと感じる

だろうし、もう少し落ち着いた仕事に目を向けてもいいと思えるだろう」

例題2 [★★☆☆☆]

> ₁"But the Professor was fenced round with safeguards so cunningly devised that, do what I would, it seemed impossible to get evidence which would convict in a court of law. ₂You know my powers, my dear Watson, and yet at the end of three months I was forced to confess that I had at last met an antagonist who was my intellectual equal. ₃My horror at his crimes was lost in my admiration at his skill."
>
> (Arthur Conan Doyle (1893): 'The Final Problem')

[文　脈] モリアーティ教授は自らが動くことはまずないものの、数多くの手先がいる悪の組織の棟梁であり、ホームズはこの組織の解体に全力を傾けてきたが苦戦していると語ります。

[語法・構文]
- **be fenced with...**:「... で囲まれている、... が張り巡らされている」
- **safeguards**:「予防線、安全装置」
- **convict**:「有罪とする」
- **be forced to 不定詞**:「... することを余儀なくされる、... せざるを得ない」
- **an antagonist**:「敵」

ポイント

[第 1 文]
- safeguards の後に so cunningly devised という過去分詞句の後置修飾が続きます。「それほど巧妙に仕掛けられている」とは「どれほどか?」と考えて、後ろの that 節に目を向けましょう。
- that 節の内部では冒頭にある do what I would がポイント。まさに、前節の [文法・語法コラム (6)] で確認した命令文から派生した譲歩構文です。whatever I do と同義と考えて読み進めましょう。

[第 3 文]

- 文頭の My horror at his crimes と文末の my admiration at his skill はその形から見ても明らかに並列を意識して表現されているので、堅苦しくなりすぎないように並列が伝わるような訳し方が理想ですね。

（訳 例）

　「だけど、教授は自身の周りに巧妙に仕組んだ予防線を張り巡らせていて、僕が何をしようと、法廷での有罪判決につながるような証拠を手に入れるのは無理そうだった。僕の能力は知っているだろ、ワトソン君。でも、3 か月経ってみて、とうとう自分と同レベルの頭脳を持つ敵に出会ったと認めざるを得なかったんだ。彼の犯罪に対する恐怖も、その手腕に対する賞賛に飲み込まれたよ」

　何とか小さなミスをついてモリアーティ教授と組織を追い詰めつつあったホームズ。月曜には警察が動いて彼らを捕まえるだろうと算段していたところに教授本人が警告にやってきます。

（例題 3） ［★★★☆☆］

> ₁"I know every move of your game. ₂You can do nothing before Monday. ₃It has been a duel between you and me, Mr. Holmes. ₄You hope to place me in the dock. ₅I tell you that I will never stand in the dock. ₆You hope to beat me. ₇I tell you that you will never beat me. ₈If you are clever enough to bring destruction upon me, rest assured that I shall do as much to you."
>
> (Arthur Conan Doyle (1893): 'The Final Problem')

［文　脈］ モリアーティがホームズに言った言葉の一部です。

［語法・構文］
- **game**:「たくらみ、計略」
- **place** は動詞で使うと「 . . . を〜に置く、配置する」になります。

- **in the dock**：「裁判にかけられた」
- **rest assured that...**は命令文の定型表現で格式ばった言い方。「. . . である
  ことを安心したまえ」というようなニュアンスです。

(ポイント)

［第 8 文］

- if 節の訳し方が少し難しいですね。「もし . . . なら」でも明らかにおかし
  いとは言えないかもしれませんが、この if 節は主節の条件を表現してい
  るのではなく、if 節と主節の内容を並べて両者の類似性 (今回の文の場合、
  ホームズとモリアーティの能力の類似性) を指摘しているものだと考えら
  れます。言語学者のデクラークとリードはこういった条件節のことを比
  較条件節 (comparing conditionals) と呼び、以下の例を紹介しています。

  If your sister is clever, so is mine.
  ［訳］あなたのお姉さんは賢いかもしれないが、私の姉もだ。

  Declerck & Reed (2001) *Conditionals*, p.330 (［訳］は引用者)

  このタイプの文は条件節を用いてはいるものの、シンプルに if 節と主節
  の内容の類似性や対照性を指摘するものなので、「もし . . . なら〜」とい
  う訳にこだわる必要はなく、「. . . だが、それと同じように〜だ」と訳す
  ことも可能と言えるでしょう。
- 後半では、as much に注意。いわゆる、as...as の構文の前の as, つまり
  「同じだけ」を意味する副詞の as が使われた形で、字句通りの意味は「同
  じだけのこと」となります。当然ここでは、前半の節の bring destruction
  を受けて「それと同じこと」という意味で使っています。

(訳　例)

「君のたくらみは全て御見通しだ。月曜までには何もできやしない。ホー
ムズ、これは君と私の決闘だ。君は私を裁判にかけたいと思っている。私
は被告席に絶対に立たん。君は私を打ちのめしたいと思っている。私が負
けることは絶対にありえん。私を破滅に追い込む頭脳があるとでも言うの
かもしれないが、安心しろ。私も君に同じことをしてやる」

　組織を壊滅させられ復讐に燃える教授は罠を仕掛けてライヘンバッハの滝でホームズとワトソンを引き離すことに成功します。ワトソンが罠に気づいて滝に戻ってみると、滝の断崖へと続く2組の足跡があり、ホームズからの手紙が残されていました。

例題4　[★★★☆☆]

> ₁A few words may suffice to tell the little that remains. ₂An examination by experts leaves little doubt that a personal contest between the two men ended, as it could hardly fail to end in such a situation, in their reeling over, locked in each other's arms. ₃Any attempt at recovering the bodies was absolutely hopeless, and there, deep down in that dreadful caldron of swirling water and seething foam, will lie for all time the most dangerous criminal and the foremost champion of the law of their generation.
>
> (Arthur Conan Doyle (1893): 'The Final Problem')

[文　脈]　本例題は物語を締めくくるに当たってホームズとモリアーティの間で何が起こったのかをワトソンが説明している箇所です。

[語法・構文]
- **suffice**:「十分である」
- **experts** は「専門家」ですが、この文脈では「警察」ということでしょう。
- **contest** はよく知られた単語ですが、この文脈では「競争」ではなく「抗争、戦い」くらいの意味です。
- **end in...**:「結果として ... につながる」
- **their reeling over** は「意味上の主語＋動名詞」の形。reel over は「よろめいて転落する」ことを表しています。
- **locked in each other's arms**:「互いに腕をつかみ合った状態で」
- **caldron**:「大釜」
- **seething**:「泡立っている、さか巻く」
- **champion** もおなじみの単語ですが、ここはもちろん「擁護者」のほうの意味です。

Chapter 2　短　編（1）

（ポイント）

［第 1 文］

- 直訳すれば、「残っている少しのことについて語るには二、三の言葉があれば十分だろう」となりますが、もう少しかみ砕いて通りのよい日本語にしたいところ。

［第 2 文］

- leaves little doubt は「ほとんど疑いを残していない」で、どういうことに疑いが残っていないかを説明しているのが that 節です。

- この that 節の中が少し難しいですね。まずは、コンマ (,) で挟まれた as 節を括弧に入れて、a personal contest... **(S)** ended **(V)** in their reeling over「個人的な対決は結果として二人がよろめいて転落することにつながった」という骨格を捉えましょう。

- as 節に注意が必要です。end in such a situation の in は end in...「...につながる」の in ではありません。この in such a situation は独立した前置詞句で「そういった場面では」という意味です。

- では、end in の in はどこに行ったのかということになるかもしれませんが、結論から言うと、as に含まれていると言えます。この as は様態を表す as であり、他の語句で言い換えると in the way in which...「...の状況で」とでも表現できるところ（これは英文法の包括的な辞典である *The Cambridge Grammar of the English Language* でも同様に説明されています）。end in の in はこの in which の in に当たるため、それを内包する as 節の場合は必要ないのです。

- could hardly fail to 不定詞は「...することはまず不可避」という意味なので、「そういった場面で結果としてつながることがまず不可避の状況で」→「そういった状況でまず不可避的に生じる結果の形で」という意味になります。

［第 3 文］

- 後半の and 以下に注意が必要。直前で下に沈んでいるであろう遺体の話をしているということも考慮に入れて、there という単語から there 構文

を想定したいところ。

- deep down から始まる副詞要素をコンマ (,) をヒントに括弧に入れれば、will lie という動詞句が登場します。there 構文が想定できていればここで、will lie の後ろにこの自動詞の主語が出てくるはずだ、と予測しながら読み進め、will lie **(V)** …the most dangerous criminal… **(S)** という構造をスムーズに把握できるでしょう。

- for all time はここでは always と同じで「これからもずっと、いつまでも」という意味。

- 文末の主語名詞句はそれぞれモリアーティを指す名詞句とホームズを指す名詞句が and で並列された形となっていますが、最後の of their generation がこの両方を修飾していることは見落とさないようにしたいですね。

[第 3 文の主語名詞句の構造]

the most dangerous criminal

and ⎫
⎬ of their generation
the foremost champion of the law ⎭

（訳 例）

残りの事の顛末を語るのに多くの言葉はいるまい。警察の調査からまず疑いなく、二人の個人的な対決はそういった場面では不可避とも言える形で、両者が腕を組み合ったままよろめいて崖から転落するという結末を迎えたようだ。遺体を回収しようという試みも全く成功の見込みはなく、あの渦巻く水と沸き立つ泡の恐ろしい大釜の奥深くで、これから先もずっと眠り続けるのだろう。当代の最も危険な犯罪者と最も優れた法の番人は。

文法・語法コラム (7)

様々なタイプの if 節

　学習英文法では if が作る副詞節を「条件」を表すものとして習いますが、一口に「条件」とは言っても、実はかなりの多様性があります。その全てを紹介することはここでは到底無理ですが、本節でも言及したデクラークとリードの研究をヒントに少しだけ例を見てみましょう。

(1)　If it is fine tomorrow, we will go there.
(2)　If he doesn't come, your theory must be correct.
(3)　If you are hungry, there is a cake in the fridge.

(1) では、if 節で表現されている事柄「明日天気がよいこと」が、主節で表現されている事柄「私たちがそこに行くこと」の実現のための条件となっています。これは私たちがイメージする「条件」の概念にかなり一致した用法だと言えるでしょう。

　一方、(2) はどうでしょうか。この場合、「彼が来ないこと」によって、「あなたの仮説が正しいかどうか」が事実として変化するわけではありません。影響を受けるのはむしろ、「仮説が正しいかどうか」に対する話者（や人々）の判断だと考えることができます。したがって、(2) の if 節は主節が実現するための条件ではなく、主節の内容が正しいと話者が判断するための条件となっていると言えます。

　(3) の例はさらに特殊です。「あなたが空腹であること」はもちろん「冷蔵庫にケーキがあること」が実現する条件ではありませんし、また、話者がそれを正しいと判断するための条件にもなっていません。この場合、if 節は主節の内容を話者が発言するのがふさわしくなるような条件を表現していると言えます。つまり、「if 節の内容が成立するなら、主節の内容を言う意味がある」というニュアンスです。

　(1)～(3) の例を見るだけでも if 節が表す条件の多様性が理解できますが、興味深いのはニュアンスがそれぞれに異なるにもかかわらず、これらは日本語でも全て「(もし) ... なら」という同じ言葉で表現できるという点です。

(1)　(もし) 明日、天気がよいなら、私たちはそこに行くつもりだ。
(2)　(もし) 彼が来ないなら、あなたの仮説は正しいに違いない。
(3)　(もし) お腹が空いているなら、冷蔵庫にケーキがあるよ。

英語と日本語は必ずしも一対一対応ではないので日本語訳だけを見て理解したつもりになるのは確かに危険ですが、今回の例のように、if..., 〜＝「もし ... なら〜」という等式だけで相当の情報量を一度に伝えられるというケースもあり、日本語訳を十把一絡げに否定するのも現実的とは言えません。

Chapter 3

短　　編(2)

3.1 「空き家の冒険」

3.2 「ノーウッドの建築業者」

3.3 「第二の汚点」

3.4 「瀕死の探偵」

What one man can invent, another can discover.
—'The Adventure of the Dancing Men'

3.1 「空き家の冒険」

　さて、「最後の事件」で宿敵モリアーティとともにライヘンバッハの滝へと消えたホームズ。しかし、ご存知の通り、ホームズは帰ってきます。その復活を描いたのがこの作品、「空き家の冒険」('The Empty House') です。ロナルド・アデアの殺人事件にロンドンが混迷する中、ワトソンはホームズを真似て事件の真相をあれこれと考えてみますが、なかなか満足できる答えに辿りつくことができません。ある夜、事件の現場近くまで行った際に、老人とぶつかって相手の持っていた本を地面に落としてしまいます。罵りを受けたワトソンでしたが、その後、なんとその当人が非礼を詫びにわざわざ家に来訪。近くで本屋を営んでいるという彼は、部屋の本棚に空きがあるので、本を購入してもよいのでは、とワトソンに持ち掛けます。背後の本棚を確認した後、ワトソンが振り返ってみると、そこに立っていたのはシャーロック・ホームズでした。以下の【例題 1】はホームズがどう生き残ったかを説明しているシーンです。冒頭の He はモリアーティのことを指しています。

例題 1 ［★★☆☆☆］

> ₁"...He knew that his own game was up, and was only anxious to revenge himself upon me. ₂We tottered together upon the brink of the fall. ₃I have some knowledge, however, of *baritsu*, or the Japanese system of wrestling, which has more than once been very useful to me. ₄I slipped through his grip, and he with a horrible scream kicked madly for a few seconds, and clawed the air with both his hands. ₅But for all his efforts he could not get his balance, and over he went. ₆With my face over the brink, I saw him fall for a long way. ₇Then he struck a rock, bounded off, and splashed into the water."
>
> (Arthur Conan Doyle (1903): 'The Empty House')

[文　脈]　死んだと思い込んでいた友人の帰還に気を失ってしまったワトソン。意識が戻った後、どうやって滝の底から生還したのかとホームズに問うと、実は自分はそもそも落ちていない、とホームズは説明します。

[語法・構文]
- **game is up**:「計画は失敗である」
- **be anxious to 不定詞**:「...することを強く望む」
- **upon (on) the brink of ...**:「...の縁で」
- ***baritsu*** は架空の日本の武術。文脈も考慮すると柔術を指すのではないかと想像できますが、イギリスに実在したボクシングと柔術を融合させた「バーティツ」という格闘技を指すという説もあるようです。
- **more than once**:「何度か、一度ならず」
- **for all his efforts** の for all は「...にもかかわらず」を表す前置詞句。

（ポイント）

[第 3 文]

- have some knowledge of... は「バリツ」が武術であることを考えると、knowledge をそのまま「知識」とするのにはやや違和感があります。その武術の「やり方」を知っているということなので、「少しかじっている」くらいの訳し方でもよいでしょう。
- *baritsu* の後の or は「つまり」というニュアンス。外来語や専門性の高い語の後に or が続く場合は、その語の説明がなされるサインだと考えましょう。「つまり」、「言い換えれば」などと訳せます。

[第 6 文]
- with 以下は付帯状況の構文です。滝の縁から下を覗き込んでいるホームズを想像しましょう。
- I saw him fall は「SVO＋動詞の原形」になっていることに注意。

（訳　例）

　「...彼は自分の計画がもう終わりだということは分かっていて、ただ、僕に復讐したいと願っていたんだ。僕たちは滝の縁のところまでよたついていった。けれど、僕はバリツ、つまり、日本流の格闘術を少しかじっていてね、それが役立ったことはこれまでも何度かある。僕がつかみをすり抜けると、彼は恐ろしい叫び声を上げながら足を狂ったようにバタつかせ、

宙を両手でひっかいた。けど、努力も空しくバランスを取ることができずに崖の向うへと転落していった。縁から顔を出して下をのぞくと、彼がずっと落ちていくのが見えた。そして、岩に当たってはじき返されるとバシャンと水の中へと突っ込んだのさ」

例題2 ［★★★★☆］

> ₁"I had only one confidant—my brother Mycroft. ₂I owe you many apologies, my dear Watson, but it was all-important that it should be thought I was dead, and it is quite certain that you would not have written so convincing an account of my unhappy end had you not yourself thought that it was true. ₃Several times during the last three years I have taken up my pen to write to you, but always I feared lest your affectionate regard for me should tempt you to some indiscretion which would betray my secret."
>
> (Arthur Conan Doyle (1903): 'The Empty House')

［文　脈］　生きているならなぜ何の連絡もくれなかったのかと尋ねるワトソンに対し、ホームズは謝罪しつつもモリアーティの手下が残っていること、自分が死んだと思ってくれたほうがその手下たちを油断させられることなどを挙げて説明します。

［語法・構文］
- **confidant**：「秘密などを打ち明けた相手」
- 第2文の but 以下は it … that の形式主語構文の that 節の中でさらに it…that の形式主語構文が用いられている形。ただし、2つ目の形式主語構文の that、つまり、it should be thought の後に本来あるべき that は省略されています。
- **affectionate regard**：「愛に溢れる好意」
- **tempt 人 to …**：「人を誘惑して … に導く」
- **indiscretion**：「軽率な言動」
- **betray**：「 … を暴露する、漏らす」

ポイント
［第2文］
- 後半の and 以下、it is quite certain that…が形式主語構文であることは間

題ないとして、that 節内はどうでしょうか。would not have written「書くことはなかっただろう」は仮定法過去完了の形であり、ワトソンは so convincing an account「あれほど説得力のある記録（「最後の事件」のことを指しています）」を実際に書いたわけですから、どういう仮定のもとで話しているのか、という方向に意識が向かわなければなりません。

- この意識があれば、had you not yourself thought... の部分も、すぐに if you had not thought... という意味だと判断できるはず。

［第 3 文］

- 後半の but 以下で feared lest という形が登場しますが、1.2 節で扱ったように lest は名詞節を導く接続詞ですね。恐怖や懸念を表す動詞の目的語を導く接続詞としてもかつては使われていた、という指摘の通りです。
- lest 節の中は、your affectionate regard for me を主語とする無生物主語構文になっています。少し噛み砕いて、「君が僕のことを本当に好意的に見てくれているために」くらいに工夫したいところ。

（訳　例）

「秘密を打ち明けたのは兄のマイクロフトただ一人だけだ。ワトソン、君には本当に謝らなければならない。でも、死んだと思われることが何よりも重要だったし、君だって真実だと思い込んでいなければ僕の悲しい最後をあれほど説得力ある形では書かなかったろう。過去 3 年の間、何度も手紙を書こうとペンを取ったんだが、僕のことを本当に好意的に見てくれている君だからこそ、つい誘惑に駆られて秘密がばれるような軽率なことを口にするのではないかと恐れてしまったんだ」

ホームズはワトソンの孤独を気遣い、仕事こそ一番の特効薬だと半ば強引にワトソンを自分が追いかけている事件へと誘います。

例題3 ［★★★☆☆］

₁It was indeed like old times when, at that hour, I found myself seated beside him in a hansom, my revolver in my pocket and the thrill of adventure in my heart. ₂Holmes was cold and stern and silent. ₃As the gleam of the street-lamps flashed upon his austere features, I saw that his brows were drawn down in thought and his thin lips compressed. ₄I knew not what wild beast we were about to hunt down in the dark jungle of criminal London, but I was well assured from the bearing of this master huntsman that the adventure was a most grave one, while the sardonic smile which occasionally broke through his ascetic gloom boded little good for the object of our quest.

(Arthur Conan Doyle (1903): 'The Empty House')

[文　脈] ワトソンは昔を懐かしみつつホームズと再び行動をともにします。

[語法・構文]
- **hansom** は hansom cab のことで「馬車で引く車両」を意味します。
- **my revolver in my pocket and the thrill of adventure in my heart** は付帯状況を表す with の構文に近いもの。with は使われていませんが、このように「名詞句＋前置詞句」で「名詞句が . . . にある状態で」という意味を簡潔に表すことはよくあります。
- **austere**：「厳格な」
- **compressed**：「堅く結んで」
- **I knew not** は I didn't know の古風な言い方。
- **bearing**：「ふるまい、挙動」
- **sardonic**：「冷笑的な、冷ややかな」
- **ascetic**：「禁欲的な、苦行者の」
- **gloom**：「憂鬱な顔つき、沈んだ表情」
- **boded little good for...** は little good を副詞的に解釈しましょう。bode well (ill) for... 「. . . によってよい (悪い) 兆候である」や、well-(ill-)boding「よい (悪い) 兆しの」といったフレーズは現代の時事英文などでもよく使用されるものです。

ポイント

［第 1 文］

• like old times はワトソンが久しぶりにホームズとともに事件に立ち向かう状況を懐かしんでいる肯定的なフレーズです。「まるで昔みたいだった」や「昔に戻ったようだった」くらいの訳でもよいでしょう。

［第 3 文］

• As から始まる副詞節が features まで続くことを確認し、I **(S)** saw **(V)** that... **(O)** という基本文型を把握します。

• 目的語となる that 節の中では、同じ「主語＋be 動詞＋過去分詞」という形が and で並列されているため、後半では共通要素の be 動詞が省略されています。his thin lips (were) compressed と補って考えましょう。

［第 4 文］

• but 以下の後半が少し息が長くなっています。コンマ (,) で挟まれた部分に注目すると、I was well assured that...「私は ... だと確信していた」という骨格が見えてきます。

• this master huntsman がホームズのことを、the object of our quest がホームズが追いかけている事件の犯人のことを指していることにも注意。

• この文では beast や jungle, huntsman など「狩り」をイメージしたたとえが多く使われています。訳文でもそのニュアンスをそのまま生かすことが可能でしょう。

訳 例

　実際、リボルバーをポケットにしまい、冒険のスリルを胸に抱きながらその時刻に彼の隣に腰かけて馬車に乗っていると、まるで昔に戻ったようだった。通りのランプの光が彼の厳粛な顔を照らすと、眉をひそめて物思いにふけっており、薄い唇を堅く結んでいるのが分かった。犯罪者のひしめくロンドンという暗いジャングルでこれからどんな野獣を狩りに行こうというのか、私は知る由もなかったが、この熟練の狩人の挙動から狩りは極めて厳しいものだと確信していた。一方、行者のような陰鬱な表情を破っ

て時折こぼれ出る冷ややかな笑みは今回の獲物にとって先行きが明るくないことを物語っていた。

3.2 「ノーウッドの建築業者」

　本節では「ノーウッドの建築業者」('The Norwood Builder') を扱います。無事、探偵業へと復帰したホームズでしたが、ライバルであったモリアーティのいない世の中を退屈だとワトソンに嘆き始めていたところに、突然、マクファレンという若い弁護士が助けを求めてやってきます。マクファレンは前夜に起きた殺人と放火の犯人にされそうであるということ、状況証拠を見れば疑われてもおかしくないが自分は本当に事件とは何の関係もないということを訴え、ホームズに助けを求めます。そのうちにレストレード警部がやってきて、彼を連行しようとします。ホームズは警部に少しだけ待ってもらい、マクファレンの言い分を聞いた後、彼の身の潔白を晴らし、事件の真相を解明するために動き始めます。最初の例題はホームズが退屈を嘆く冒頭の一節からの抜粋です。

例題 1　[★★☆☆☆]

> 1"Well, well, I must not be selfish," said he, with a smile, as he pushed back his chair from the breakfast-table. 2"The community is certainly the gainer, and no one the loser, save the poor out-of-work specialist, whose occupation has gone. 3With that man in the field one's morning paper presented infinite possibilities. 4Often it was only the smallest trace, Watson, the faintest indication, and yet it was enough to tell me that the great malignant brain was there, as the gentlest tremors of the edges of the web remind one of the foul spider which lurks in the centre."
>
> (Arthur Conan Doyle (1903): 'The Norwood Builder')

[文　脈]　モリアーティのいない世界は面白くない、とホームズが口にすると、ワトソンが大多数の人はそうは思わないと諫めます。それに対するホームズの答えから。

[語法・構文]

- **The community is certainly the gainer, and no one the loser** のところ、後半の and 以下では前半と同じ構文が続くため、共通要素の be 動詞が省略されています。no one (is) the loser と補うことがポイント。
- **with that man in the field** では with の付帯状況の構文に注意しましょう。in the field は「現場で」という意味なので、ここは「その男が現場にいた状況では」ということ。「その男」はもちろん、モリアーティ教授を指しています。
- **one's morning paper**:「朝刊」
- **the great malignant brain** の malignant は「悪の、悪性の」という意味。1.1 節で確認した接頭辞 mal-「悪い」が使用されている語の 1 つです。
- **lurk**:「潜む、待ち伏せする」

(ポイント)

- この例題は星 2 つとしていることからも分かるように、文法的にそれほど難しいところはありませんが、specialist や that man が具体的に誰を指すのか、また、3〜4 文が一体何を言おうとしているのか、といったことをイメージしながら読む必要があり、その点では思ったより読みにくいと感じられた人もいるかもしれません。

[第 2 文]

- no one (is) the loser「誰も損はしていない」と言っていますが、ここはホームズが自分は退屈だと嘆きつつも世間は全く損をしていないという文脈です。あくまで「ホームズ以外は」という前提があることを理解しなければなりません。そういう発想があれば、直後に出てくる save が「... を除いて、... 以外は」を意味する前置詞であること、その目的語である the poor out-of-work specialist がホームズ自身を指していることも自然に理解できるはず。

[第 3 文]

- one's morning paper 以下で言っていることは、つまり、モリアーティがいたころは朝刊が伝えるちょっとした出来事からも彼の企みにつながり

そうなことがいくらでも読み取れたといった感じのことです。

[第 4 文]

- it は直前の文で述べられている新聞から読み取れる「可能性」のことを指していると考えられます。
- 後半の and yet 以下の部分についてですが、かすかなヒントからモリアーティの暗躍に気づく様を蜘蛛の巣を使ってたとえていることが、as the gentlest tremors of the web まで読んだ時点である程度予想できます（ここの as は「〜のように」という意味の接続詞）。こういう視点を持って読み進めると、remind one of the foul spider「人に不気味なクモの存在に気づかせる」の部分もスムーズに理解できると思います。

（訳　例）

「まあまあ、自分勝手はよくないな」と彼は笑みを浮かべ、朝食をとっていた食卓から椅子を後ろに引きながらそう言った。「世間の人々は間違いなく得をしているし、誰も損はしていない。哀れにも仕事が消えてしまって失業した探偵以外はね。あの男が現場にいた時は朝刊を読めば無限の可能性があった。ワトソン、ほんのわずかな足跡、ほんのおぼろげな兆しでしかないことが多かったけど、僕にはそれだけで大きな悪の頭脳が暗躍していることが分かったんだ。クモの巣の端がほんの少し揺れただけで、中心で不気味なクモが待ち伏せていると分かるようなものさ」

　退屈するホームズのところに助けを求めてやってきたマクファレン。レストレードが逮捕して連行しようとしますが、ホームズに促され、マクファレンは自身の言い分を主張します。放火された家の主オールデイカーについては親の昔の知人であるということぐらいしか知らなかったこと、そのオールデイカーが前日に突然、自分のオフィスを訪ね、遺言状の下書きを正式な形にしてほしいと依頼してきたこと、そして、その遺言状の内容が全財産を自分に譲るという趣旨のものだったために非常に驚いたことなどが語られます。その後、確認してもらいたい文書があるなどの理由からノー

ウッドの家に来てほしいと頼まれてオールデイカーの家まで出向いたマク
ファレンは、帰り際、杖をどこかに置いてしまったことに気づきますが、見
つけたら置いておくからと言われ、そのまま家を後にしました。話を聞き
終えたレストレードはマクファレンに玄関口の巡査のところに行くように
と伝えます。以下の【例題2】はホームズとレストレードがマクファレンの
残していった遺言状のメモ書きについて意見を交わしているところです。

例題2 [★★★☆☆]

> ₁"What do you make of that?" said Holmes.
> ₂"Well, what do *you* make of it?"
> ₃"That it was written in a train. ₄The good writing represents
> stations, the bad writing, movement, and the very bad writing,
> passing over points. ₅A scientific expert would pronounce at
> once that this was drawn up on a suburban line, since nowhere
> save in the immediate vicinity of a great city could there be so
> quick a succession of points."
>
> (Arthur Conan Doyle (1903): 'The Norwood Builder')

[文　脈]　はっきり読める部分と、読みにくい部分、何を書いているか読めない
部分があるというレストレードの見解を受け、ホームズが問いかけています。

[語法・構文]
- **what do you make of...?**:「... についてどう思うか」
- **That it was written in a train** の文頭の That は名詞節を作る接続詞の that
  です。直前で「どう思うか」と問われているのに対し、「... だと思う」の
  「... だと」までを表現した形。
- **A scientific expert would...** の would は仮定法で、条件は主語の A scien-
  tific expert に込められています。
- **pronounce**:「断言する、宣告する」
- **a suburban line**:「郊外の路線」
- **in the immediate vicinity of...**:「... のすぐ近くの」
- **a quick succession of...**:「... が立て続けに連続すること」

(ポイント)

[第2文]

● 第2文の *you* がイタリックになっているのはこの部分が特に強く発音されることを示しています。ホームズの質問に対し、レストレードが全く同じ質問を返している形ですが、you が指すものはレストレードではなくホームズになる、つまり、you がこの文の最も重要な情報を担うため、ここが強く発音されます。

[第4文]

● メモ書きを、きれいに書かれていて読みやすい部分、汚くて読みにくい部分、汚すぎて読めない部分に分けて説明しています。S represent O という形が3つ連続するため、後ろの2つでは共通要素の represent が省略され、SVO, S, O, and S, O という形になっていることに注意しましょう。次の第5文とともに、いかにもホームズらしい推理のシーンです。

[第5文]

● 後半の since 以下に注意です。nowhere save...は「...以外のどこも〜ない」ということ。本節の【例題1】でも登場した前置詞 save です。前置詞 save は except と似てやや特殊で、save in...「...において以外」や save that...「...ということ以外」といった形も可能です。

● 節の頭が否定の副詞句から始まっているので後ろは疑問文と同じ語順となるはずだと予測しながら読み進め、could there be という語順を見てその予測が正しかったことを確認しましょう。

● さらに、so quick a succession「それほど立て続けに連続すること」とは何と比べて「それほど」と言っているのかと考え、「このメモ書きの汚くて読めない部分が示唆しているほど」と補って考えることが大切です。

(訳　例)

　「それについてどう思いますか」とホームズは言った。

　「そうですね。あなたはどう思うんですか」

　「これは汽車の中で書かれたものだということですね。字がきれいなところは駅を、汚いところは移動中を、汚すぎて読めないところはポイントの

通過を表しています。科学の専門家ならこれは郊外の路線で書かれたものだとすぐに断言するでしょう。というのも、大都市のすぐ近く以外ではこれほど立て続けにポイントが連続する場所はないからです」

　ホームズはマクファレンが無実であるという路線、レストレードはマクファレンが犯人だという路線でそれぞれ捜査を進めますが、捜査を進めるうちに、ホームズはどうも自分の立場の分が悪そうだということをワトソンに漏らします。翌日、レストレードから届いた電報には、マクファレンが有罪である確たる証拠が出てきた、と書かれてありました。【例題3】は電報を受けてレストレードのもとへホームズが行った際のシーン。二人のやりとりが描かれています。

例題3 [★★★☆☆]

₁"Well, Mr. Holmes, have you proved us to be wrong yet? ₂Have you found your tramp?" he cried.

₃"I have formed no conclusion whatever," my companion answered.

₄"But we formed ours yesterday, and now it proves to be correct; so you must acknowledge that we have been a little in front of you this time, Mr. Holmes."

₅"You certainly have the air of something unusual having occurred," said Holmes.

₆Lestrade laughed loudly.

₇"You don't like being beaten any more than the rest of us do," said he. ₈"A man can't expect always to have it his own way, can he, Dr. Watson? ₉Step this way, if you please, gentlemen, and I think I can convince you once for all that it was John McFarlane who did this crime."

(Arthur Conan Doyle (1903): 'The Norwood Builder')

[文　脈] レストレードは勝ち誇った様子でホームズ達を迎えました。いつも一歩先を行かれている相手に今回こそは勝ってやったぞ、というレストレードの鼻息の荒さを感じ取りましょう。

[語法・構文]
- **your tramp** はマクファレンが犯人ではない場合の犯人の可能性の一例としてホームズが挙げた「浮浪者」のこと。
- **whatever** は否定的な意味を持つ名詞の後に置かれると、「全く . . . ない」というように否定を強調する意味になります。
- **a little in front of...**：「 . . . の少し先を」
- **have it one's own way**：「 . . . の思い通りにやる」
- **once (and) for all** は「これを最後に、きっぱりと」という意味の表現ですが、ここでは「これ以上反論の余地のない形で」というニュアンスも含んでいますね。

(ポイント)

[第 5 文]
- the air of something unusual having occurred のところ、「of ＋意味上の主語＋動名詞」の形に注意しましょう。この the air は「雰囲気、様子」なので、全体は「何か普通じゃないことが起こったみたいな様子」といった感じになります。

[第 7 文]
- don't ...any more than〜はクジラの構文の亜種で、「〜でないのと同様に、 . . . 」という意味。

[第 9 文]
- 後半の I can convince you に続く that 節の内部は分裂文になっていることに注意しましょう。ホームズとレストレードは誰が犯人かで競っているわけですから、who 以下が前提となる典型的なタイプの分裂文であり、「この犯罪を行ったのは」と訳し上げるパターンが最も自然です。

(訳　例)

　「さて、ホームズさん。私たちが間違っていることをすでに証明されましたか。おっしゃっていた浮浪者は見つかりましたか」と彼は大きな声で言っ

た。

「まだ全く何の結論も出ていないよ」とホームズは答えた。

「ところが、私たちのほうは昨日、結論が出て、今ではそれが正しいことも分かっています。今回は私たちのほうが少し先を行ったと認めてもらわねばなりませんねえ、ホームズさん」

「何か普通じゃないことが起こったとでもいわんばかりの様子だね」

レストレードはハハハと大声で笑った。

「あなたも私たち同様負けず嫌いですね」と彼は言った。「いつでも思い通りというわけにはいきませんよ。ねえ、ワトソン先生。お二人さん、よかったらどうぞこちらへ。この罪を犯したのはジョン・マクファレンだということをご異論なく納得して頂けると思います」

文法・語法コラム (8)

文アクセントの位置と文の意味

　本節の【例題2】では文脈的に重要な情報を伝える単語を強く発音する例が出てきました。文中において重要かつ新しい情報を伝える部分を一般的に焦点 (focus) と呼びますが、英語では文アクセントの位置によってこの焦点を明確にすることがよくあります。情報構造と文の構造の関係についての研究で知られる言語学者のランブレヒト (Knud Lambrecht) がこの点について詳しく論じていますが、そこから比較的分かりやすい例を以下に引用してみました（大文字は文アクセントの位置を示します）。

(1)　A: What happened to your car?
　　　B: My car (It) broke DOWN.
(2)　A: I heard your motorcycle broke down?
　　　B: My CAR broke down.
(Lambrecht (1994): *Information structure and sentence form*, p.223)

(1) の場合、Aの質問文からBの車に関して何かが起こったということはすでに前提になっていることが分かります。したがって、Bの返答のうち、最も重要な情報を伝えている部分（焦点）は「何が起こったか」を説明している動詞句であり、動詞句の末尾が強く発音されます。一方、(2) のやりとり

ではAは「何かが故障した」ということは正しく理解しているものの、「何が故障したか」については誤解しかけています。そこで、「何が」の部分を正しく説明する主語名詞句がBの発言の焦点となり、ここが強く発音されることになります。

　以上の例からも明らかなように、アクセントの位置によって形式上は全く同じ文でも意味が変化するため、文アクセントは文法構造と同じように文の意味を形作る重要な要素と言うことができます。英語で会話をしたり、リスニングの訓練などを行ったりする際には、場面によってアクセントの位置がどのように変化するか、通常は強く発音しない語にアクセントが置かれるのはどういうケースか、などといったことにも注目すると、多くのことが学べるでしょう。

3.3　「第二の汚点」

　本節では「第二の汚点」（'The Adventure of the Second Stain'）を扱います。首相とヨーロッパ担当相が依頼人で、外交上非常に重大な、公に出ればヨーロッパが混乱しかねない文書の回収を依頼されるというかなり大がかりな事件がテーマとなっています。執筆されている時点でホームズはすでに探偵業を引退して隠居生活を送っており、自身の名前がこれ以上、表に出ることを嫌がっていて、この事件だけは発表するべきだと苦心して説得したというワトソンの説明で物語は始まります。まずはその冒頭部分を読んでみましょう。これまでの中では最も長く、解釈上の難所もある例題となりますが、頑張って挑戦してみて下さい。

例題 1　[★★★★☆]

　₁I had intended 'The Adventure of the Abbey Grange' to be the last of those exploits of my friend, Mr. Sherlock Holmes, which I should ever communicate to the public. ₂This resolution of mine was not due to any lack of material, since I have notes of many hundreds of cases to which I have never alluded, nor was it caused by any waning interest on the part of my readers in the singular personality and unique methods of this remarkable man. ₃The real reason lay in the reluctance which Mr. Holmes has shown to the continued publication of his experiences. ₄So long as he was in actual professional practice the records of his successes were of some practical value to him, but since he has definitely retired from London and betaken himself to study and bee-farming on the Sussex Downs, notoriety has become hateful to him, and he has peremptorily requested that his wishes in this matter should be strictly observed. ₅It was only upon my representing to him that I had given a promise that 'The Adventure of the Second Stain' should be published when the times were ripe, and pointing out to him that it is only appropriate that this long series of episodes should culminate in the most important international case which he has ever been called upon to handle, that I at last succeeded in obtaining his consent that a carefully guarded account of the incident should at last be laid before the public. ₆If in telling the story I seem to be somewhat vague in certain details, the public will readily understand that there is an excellent reason for my reticence.

(Arthur Conan Doyle (1904): 'The Adventure of the Second Stain')

［文　脈］ この「第二の汚点」は「僧坊荘園」('The Adventure of the Abbey Grange') の後に発表されたもので、前作とのつながりから記録の経緯に関する説明が進んでいきます。

［語法・構文］
- **exploits** は「英雄的行為」や「偉業」といった訳語が当てられていることもあります。それでも意味が通じないことはないですが、やや大仰になりますね。「活躍」くらいの訳が出てくるとよいかもしれません。
- **which I should ever communicate...** の should は would と置き換えて考えましょう。
- **allude to...:**「...に言及する、をほのめかす」
- **nor was it caused...** は否定語が前に出て後ろが疑問文と同じ語順になって

いる形。nor は前半の not を受けたもので、「...でもない」を表現しています。

- **waning interest**:「欠けていく興味、薄れゆく関心」
- **on the part of...**:「...の側の、...による」
- **actual professional practice** は「探偵業」のことを指しています。
- **of some practical value**:「一定の実際的（金銭的）価値がある」
- **betake oneself to...** は古い表現で、「...に専念する」の意味。
- **Sussex Downs**:「サセックス丘陵地」
- **notoriety**:「名が知られていること、有名であること」
- **peremptorily**:「強情に、断固として」
- **be observed**:「守られる、順守される」
- **represent that...**:「...ということをはっきり主張する」
- **should be published** の should には話者の意志、つまり、ここではワトソンの意志が感じられます。
- **be ripe**:「(機、タイミングなどが) 熟す」
- **this long series of episodes** はワトソンが記録していっているホームズの冒険談のシリーズのことを指しています。
- **culminate in...**:「...で最高潮に達する、...で終わる」
- **be called upon to...**:「...することを求められる、要求される」
- **a carefully guarded account** の account は「説明」の意味。また、carefully guarded「注意深く用心した」は文脈もヒントにすれば「詳しい情報や話に直接関係しないことを公にしない」というくらいの意味が込められていると考えてよいでしょう。
- **reticence**:「寡黙さ、話さないこと」

(ポイント)

［第 1 文］

- 第 1 文にある had intended というところでは過去完了の形から、この intend が表現する「意図」はここで語られている時間よりも前のもの、つまり、すでに過去のものとなっている、と考えながら読み進めたいところ。
- 挿入句はコンマ (,) をヒントにしっかりと見抜いて、which...の関係代名詞節が those exploits にかかっていることを把握しましょう。

［第 2 文］

- 第 2 文では名詞句を読み解く力が試されます (⇨『英文解体新書』6.1 節)。主語名詞句の This resolution of mine は第 1 文の内容を言い直した表現と

なっており、「このように私が決心したこと」と動的に捉えると、訳しやすいのはもちろんのこと、イメージも沸きやすいはずです。

- さらに、その「決心」の背後にはどのような理由があるのか、まずは was not due to... という表現を用いて理由の候補とはならないものを説明する形で文が続いていきます。この時点で後に「本当の理由」が続くことを予測できていれば文章の流れが読み取りやすくなりますね。

- 理由の候補ではないものとして、any lack of material と、any waning interest が並べられています。後者では、on the part of my readers「私の読者の」、in...「...に対する」、waning interest「薄れていく興味」という核を把握できるかどうか。その上で、waning の部分を中心にして「私の読者が...に対して関心を失いつつあること」というくらいに読み替えられれば名詞句の読み解きに自信を持ってもよいでしょう。

[第 3 文]

- 上で「本当の理由」がいずれ説明されるはず、と考えながら読み進めていれば第 3 文にすんなり入っていけると思います。lay in の後ろの the reluctance 以下はやはり名詞句の読み解きが重要になるところ。the reluctance which Mr. Holmes has shown to... を直訳すれば「ホームズ氏が...に対して示した気のすすまなさ」ということですが、状況を表現する際も 1 つの名詞に注目する英語の傾向を思い出し、that Mr. Holmes has shown reluctance to...「ホームズが...を嫌がっていること」くらいに置き換えられると訳しやすくなります。

- さらに、the continued publication of his experiences でも his experiences continue to be published のような文がこの名詞句の背後にあると考えて、「彼の経験が公表され続けること」というくらいに解釈すると、全体を「ホームズが自分の体験を公表され続けるのを嫌がっていること」というようにまとめることができ、日本語訳としてもかなり通りのよいものになるのではないでしょうか。

[第 4 文]

- 第 4 文でホームズがロンドン（での探偵業）をはっきりと退いていること、

それゆえ、探偵業での活躍による知名度はむしろ邪魔なものになっていることが分かります。his wishes … should be observed の observe は「（約束やルールなど）を守る、（祝祭などを）祝う」という意味を知っていれば理解できると思いますが、「観察する」の意味しか知らないと少し戸惑うかもしれません。ちなみに、「守る」の意味の名詞形が observance,「観察する」の意味の名詞形が observation です。

［第 5 文］

- 構文的に最も骨があるのが第 5 文です。It was only upon…という形から分裂文を予測して読み始めましょう。また、第 1 文で「前作で終わらせるつもりだった（が、当然、そうならなかったので今作がある）」とほのめかされている点も考え合わせ、この only upon…が「．．．してようやく」のような意味となっていて、that 以下で「今作を公開することが決まった」といった内容が出てくるのではないか、と予測できた人もいるのではないでしょうか。「．．．してようやく、．．．して初めて〜」という意味を表す It was not until … that 〜や It was only when … that 〜のような分裂文の形は稀ではなく、そのような予測をするのも決して無理なことではありません。

- この前置詞 upon の目的語に当たる部分がかなり長大になっています。my representing to him that の that を「分裂文の that だ」などと早とちりしないように。そう考えると、my representing の意味がよく分からなくなります。所有格に動詞…ing 形が続く構造から「意味上の主語＋動名詞」の形を連想すると同時に、represent が伝達系の動詞として用いられていて、that 節はその目的語となっているのではないかと考えることができるのが大切な力。

- that 節の中に I had given a promise という形がありますが、had given から「（約束を）前々からすでにしていた」というニュアンスを読み取るのと同時に、a promise とはどういう「約束」なのかと考え、後ろの that 節が a promise につながる同格節であることを把握しましょう。

- さらにその後に、and pointing…という形が続きますが、ここは同種のもの、同レベルのものを並列させる等位接続詞の性質を思い浮かべて、my representing ... and pointing という関係をしっかり見抜きたいところ。当然 point out「指摘する」は that 節と非常に相性がよい伝達系の動詞句なので、直後の that 節はこの動詞句の目的語だろうと考えなければなりません。

- この that 節内で it is only appropriate that... という形が続きますが、これは形からすぐに it が that 節以下を受ける形式主語構文だと判断したいですね。only appropriate は「ふさわしいことでしかない、ふさわしいと言うほかない」というくらいに読めば直訳でもそうはおかしくはないと思います。

- ...to handle まで読み、この形式主語構文の that 節の意味の区切りが見えたところで、コンマ (,) を挟んで再び that 節が登場します。この that が It was only upon ... that 〜という分裂文の that ではないかという発想がスムーズに出てくるためには、やはり、冒頭の形を見た時点で分裂文の可能性が頭に浮かんでいることがポイントになるでしょう。

- ここまで読み解いてしまえば後はかなりシンプルで、冒頭の時点で、「〜して初めて、今作が出ることになった」という内容の可能性が頭をよぎっていた人は I at last succeeded in obtaining his consent「ようやく彼の同意を取り付けることに成功した」という部分も問題なく理解できるはず。同意の内容を表す that 節の内部の a carefully guarded account という言葉から、それでもホームズはあまり露出を好んでいないということが読み取れます。

［第 5 文の構造］

my representing to him			
that			
S	V	O	
I	had given	a promise	
名詞節（that）			
		S	V
		The…Stain	should be published

It was only upon

and

(my) pointing out to him			
that			
形式主語	V	C	真主語
it	is	only appropriate	名詞節（that）
			S	V
			this long series…	should culminate

	S	V
that	I	at last succeeded in…

［第 6 文］

- 第 6 文は第 5 文に比べるとかなりシンプルですが、最後の my reticence
はやはり名詞句の読み解きで「私が語らないこと」というくらいに動的
に捉えるのがよいでしょう。

（訳　例）

　私は「僧坊荘園」の話で、友人であるシャーロック・ホームズ氏の活躍
を世間に発表するのを終えるつもりでいた。このように決心したのは話の
ネタが尽きたからでは全くない。現に手元にはこれまでに一度も触れたこ
とのない事件のメモがたくさんある。かといって、読者の側で、この驚く
べき男の類まれな人格や独特の推理法に対する興味が薄れてきたからとい
うことでもない。真の理由はホームズが自身の活躍の記録を公開され続け
るのを嫌がったということにあった。実際に探偵業を続けている間は、事
件解決の記録は彼にとってもそれなりに実利のあるものだったが、はっき
りとロンドンを退き、サセックス丘陵で研究や養蜂にいそしむ今となって
は名が知られていても鬱陶しいだけになってしまい、彼はこの件において

は是非とも自分の意志を通してほしいと強く求めてきたのだ。私が「第二の汚点」の話は機が熟したら発表すると前々から約束してしまっているし、長きに渡る冒険談の最後を飾るのには、君が依頼された事件の中でも最重要の国際的事件がピッタリじゃないか、と指摘してようやく、用心を重ねた説明であればこの出来事に関して世に出しても構わないという同意を得ることができたのだ。本件での私の語りにはところどころ細部をぼかしているように思える部分があるかもしれないが、読者諸氏にはしかるべき理由があって多くを語ってはいないのだと容易に理解して頂けることだろう。

　首相とヨーロッパ担当相がホームズのところに依頼にやってきます。ヨーロッパ担当相が管理していた非常に重要な文書が盗まれたこと、それを何とか見つけ出してほしいということを説明し、ホームズとのやりとりが行われる場面です。

例題2 [★★★☆☆]

　1"And why, sir?"

　2"Because the document in question is of such immense importance that its publication might very easily—I might almost say probably—lead to European complications of the utmost moment. 3It is not too much to say that peace or war may hang upon the issue. 4Unless its recovery can be attended with the utmost secrecy, then it may as well not be recovered at all, for all that is aimed at by those who have taken it is that its contents should be generally known."

(Arthur Conan Doyle (1904): 'The Adventure of the Second Stain')

[文　脈]　なぜこの事件が公に出ることを望まないのかとホームズに問われ、首相が答えている言葉です。recovery は盗まれた文書の「回収」を指しています。

[語法・構文]
• **in question**：「問題の、ここで話題にしている」

- **of the utmost moment** の moment は「重要性」という意味で、全体は「これ以上なく重大な」となります。
- **It is not too much to say that...**:「 . . . と言っても過言ではない」
- **peace or war** は少し意味を補って「平和のままでいられるか、戦争が起こるか」というくらいに解釈しましょう。
- **hang upon...**:「 . . . にかかっている」
- **may as well...**:「むしろ . . . のほうがよい、. . . のほうがマシだ」
  - 最終文の that 節内、its contents should be generally known の should には犯人の意志が込められていますね。

[ポイント]
［第 2 文］
- Because から文が始まった場合、because 節が従える範囲がどこまでかを見極め、その後に出てくる主節の SV を確認するのが基本的な読み方ですが、この文は、直前でホームズが「なぜ」と聞いたことに対して答える形となっているため、because 節だけで構成されています。
- is of such importance というフレーズを見たら such の「それほど」に反応し、後ろに that 節を期待しましょう。
- 予想通り that 節を確認し、その内部に目を向けます。まずは、its publication を「それが公になること」くらいに読み解くこと。
- 続いて very easily の後に、ダッシュ（―）を用いて、I might almost say probably という語句が挿入されていますが、これは 1.3 節の【例題 3】でも扱った言葉を言い直す時の say の使い方で、probably はこの言葉自体を指す mention の用法です（⇨［文法・語法コラム (10)]）。つまり、very easily と言った後に考え直し I might almost say probably「十中八九とさえ言ってもよいかもしれない」とさらに強い言葉で言い換えているわけです。ここはダッシュ（―）による明確な標識があり挿入的な表現であることがすぐに分かるので把握しやすいと思います。

［第 4 文］
- unless 節の内部の、its recovery can be attended with the utmost secrecy は文字通りに訳しても日本語になりにくいところ。its recovery を recovering it「それを取り戻すこと」くらいに、with the utmost secrecy を

extremely secretly「極秘裏に」くらいに読み替え、unless 節全体を「極秘裏に取り戻すことができなければ」のように訳せるのが英日の違いを理解できているということ。

- 後半の ,for のところでは、for all that を「...にもかかわらず」という意味の接続詞だと早とちりしないように。that の後に is とすぐ動詞が続くところからその解釈は無理だと判断し、ここの for は理由を表す接続詞であるということを見極めましょう、とすれば、後には SV の形が続くはずです。all that...から始まるので、この all が主語になっているのではないかと当たりをつけ、述語動詞を探して読み進めていくと、who have taken it にはつながらない形で is が登場するので、all that... **(S)** is **(V)** that 〜 **(C)** という骨格が見えますね。taken it の it は the document を指しています。

- なお、all を主語とする文なので、「犯人が狙っているのは that 以下でしかない」と訳すことも可能ですが、ここはむしろ、「犯人が狙っているのはまさに that 以下だ」というほうがニュアンスに近い感じがします。nothing but...のようなイメージですね。

［訳 例］

「それはなぜです」

「その問題の文書は極めて重要性の高いものであり、それが世間に知られるとヨーロッパをこれ以上なく深刻な混乱に陥れることが容易にありえる、いや、まず十中八九そうなると言ってもよいかもしれないからだ。平和を保てるか戦争となるかがこの件にかかっていると言っても言い過ぎではない。極秘裏に取り戻すことができなければ、むしろ紛失したままのほうがよい。というのも、盗んだ犯人のねらいは、その中身を世間に知らしめること以外の何物でもないからだ」

　首相とヨーロッパ担当相のトレローニーが立ち去った後、今度はトレローニーの妻のヒルダが訪ねてきます。夫が抱えている問題について知りたがるヒルダですが、極秘捜査を約束したホームズはもちろん、依頼の詳細は

話しません。

例題3 ［★★★☆☆］

> ₁"Then I will take up no more of your time. ₂I cannot blame you, Mr. Holmes, for having refused to speak more freely, and you on your side will not, I am sure, think the worse of me because I desire, even against his will, to share my husband's anxieties. ₃Once more I beg that you will say nothing of my visit."
>
> ₄She looked back at us from the door, and I had a last impression of that beautiful haunted face, the startled eyes, and the drawn mouth. ₅Then she was gone.
>
> ₆"Now, Watson, the fair sex is your department," said Holmes, with a smile, when the dwindling frou-frou of skirts had ended in the slam of the front door. ₇"What was the fair lady's game? ₈What did she really want?"
>
> (Arthur Conan Doyle (1904): 'The Adventure of the Second Stain')

［文　脈］　何とか聞き出せるだけの情報を聞き出したヒルダがこれ以上は無理そうだと諦めて立ち去ろうとする場面です。

［語法・構文］
- **blame A for B**：「A を B ゆえに非難する」
- **on your side**：「あなたのほうも、あなたの側も」
- **share** はここでは「知る」くらいの意味。
- **startled eyes**：「ビクついた目」
- **drawn mouth**：「こわばった口元」
- **the fair sex**：「女性」
- **dwindling**：「徐々に小さくなる」
- **frou-frou**：「ふわふわ」
- **the fair lady's game** の game は「獲物、狙い」くらいの意味。

ポイント

［第 2 文］

- 前半は blame A for B の形に気をつければ大きな問題はありません。後半、コンマ (,) で挟まれた I am sure の部分は挿入表現として一度括弧に入れて考えると、you (**S**) will not think (**V**) the worse of me... というのが節の中心ということになります。think the worse「その分だけいっそう悪く考える」とは、どの分だけかと考えて、後ろの because 節に目を向けましょう。この「the＋比較級」の形は 1.2 節でも登場したもの。理由を表す表現と呼応して、「... という理由でその分いっそう」と解釈します。訳し方としては「... だからといって悪く思わない」といった訳し方のほうが口語らしいでしょう。

［第 4 文］

- and 以下の I had a last impression は impression「印象」の本来の意味「押し付けて形を移すこと」に立ち戻って、「最後に心に刻みつけた」くらいに解釈できます。

［第 6 文］

- the dwindling frou-frou of skirts had ended in the slam of the front door は文字通りに訳せば「徐々に小さくなっていくスカートのヒラヒラが玄関のドアの閉る音で終わった」ということになります。ただし、これはワトソンから見えた光景を表現しているものであることも考慮しつつ、もう少し目に見える形に具体化すると、「スカートのヒラヒラが徐々に小さくなっていき、最後に玄関のドアがばたんと閉った」というくらいの訳し方でもよいかもしれません。

訳 例

「それではこれ以上お時間は頂戴いたしません。ホームズさん、もっとあれこれとお教え頂けなかったからといってあなたを責めたりはできません。あなたのほうも、本人の意思を無視してまで夫が何を心配しているのかを知りたがっているからといって私を悪い女だなどとはお思いにならないで

すよね。もう一度お願いしておきます。どうか、私が来たことは他言なさらないように」

　彼女は、戸口から私たちのほうを振り返って見た。私はその美しい憑りつかれたような顔、ビクついた目、こわばった口元を今一度、心に刻んだ。そして、彼女は去っていった。

　「さて、ワトソン、女性は君の領分だ」、フワフワのスカートが徐々に小さくなっていき、表のドアがバタンと閉ると、ホームズは笑みを浮かべながらそう言った。「あの麗しい婦人の狙いは何だったのかね。本当は何が望みだったのか」

文法・語法コラム (9)

名詞句の解釈

　本節の【例題 1】では論説文のような複雑な名詞句が登場する箇所が見られました。ホームズ作品の英文を解釈する上で、名詞句の読み解きは 1 つの大きなポイントとなるかと思います。いくつか、作品から例を引いてみましょう。まずは節を用いないものです。

(1)　A chill of fear had come over me, as I thought that his absence might mean that some blow had fallen during the night.
　　　　　(Arthur Conan Doyle (1893): 'The Final Problem')
[訳] ゾッとする恐怖が私を襲っていた。彼がいないのはつまり何かよからぬことが夜のうちに起こったということではないかと考えたからだ。

(2)　This reticence upon his part had increased the somewhat inhuman effect which he produced upon me,…
　　　　　(Arthur Conan Doyle (1893): 'The Greek Interpreter')
[訳] 彼がこの点について語らないことで、彼から受けるいささか非人間的な印象はさらに強まっていた。

(3)　Any attempt upon your part to follow the carriage can only end in injury to yourself.
　　　　　(Arthur Conan Doyle (1893): 'The Greek Interpreter')
[訳] あなたがその荷車を追っても、自分が怪我をするだけですよ。

ともに下線部に動詞や形容詞から派生した名詞を中心とする名詞句が用いられており、全て文や節の主語となっていますが、名詞句の複雑さはそれぞれに異なっています。(1) の例の absence「いないこと、現れないこと」は absent の名詞形であり、「誰が」についての情報を his が補っています。この名詞句の背後に He was absent.「彼がいなかった」という文があると考えれば、「彼がいないということは、何かしら不幸な事態が夜の間に起こったということかもしれない」という訳出もしやすいでしょう。(2) では本節の【例題 1】でも登場した、reticence「黙っていること、語らないこと」が用いられていますが、主体を表す語句は所有格の代名詞ではなく、upon his part「彼の、彼の側の」という後置修飾の前置詞で表現されています。先頭の This はここにつながる場面での「ワトソンがホームズから親族の話を何も聞いていないこと」を受けているので、やはり名詞句の背後に He was reticent about this (topic).「彼がこの点について語らなかった」くらいの文があると考えれば理解も進むと思います。(3) は形としては (2) に少し似ていますが、もう一段複雑で、名詞句の中心である attempt の名詞形の attempt「試み」について、主体を on your part という後置修飾の前置詞が表し、「試み」の内容をさらに後ろの to 不定詞句が表現しています。Any が文頭にあって譲歩のニュアンスを出していること、下線部が主語となり、述語動詞が end in...「結局、...に結びつく」という因果関係をにおわせるものとなっていることから、下線部を、Even if you attempt to follow the carriage「その荷車を追いかけても」というくらいに読み替えることができるかどうかがポイントになります。

(1)〜(3) の例は前置詞句や to 不定詞のかかり方が問題になるものでしたが、関係詞節を用いた名詞句もやはり繰り返し登場しています。

(4) I could not help laughing at the ease with which he explained his process of deduction.
　　　　　　(Arthur Conan Doyle (1892): 'Scandal in Bohemia')
　　[訳] 彼がいとも簡単に推理の過程を説明したのに思わず笑ってしまった。

(5) The rapidity with which such a poison would take effect would also, from his point of view, be an advantage.
(Arthur Conan Doyle (1892): 'The Adventure of the Speckled Band')
　　[訳] そのような毒が急速に効くことも彼からすれば利点だったのだろう。

『英文解体新書』の 6.1 節でも確認した通り、(4), (5) の下線部に見られる the 性質を表す名詞 with which SV のような形は、SV with 性質を表す名詞という節が基本にあると考え立体的に捉えるとスムーズに解釈できます。いずれの訳例も ease や rapidity という名詞にこだわらずに、「... する (した)(の)」と名詞句全体を事柄に読み替えて訳していることが分かると思います。以上の例で見てきたようにホームズ作品では文や節に当たる内容が凝縮された名詞句に出会うことも稀ではなく、名詞句の読み解きがスムーズに英文を読むための 1 つの武器になると言えます。

なお、名詞句に限らずとも、そもそもホームズ作品は 100 年以上前に執筆されたものであるため、全体的に小説としては重々しいと感じられる文体が目立ちます。本節の【例題 1】のように冒頭でワトソンが事件の背景や経緯を説明的に述べているところなどは特にこの傾向が顕著です。しかし、これは大学受験レベルの文法や解釈をしっかりとこなした人にとってはむしろありがたいことだと言えるかもしれません。こと外国語となると、読み物の難しさは母語とは逆転して、堅苦しい感じのする論説文が普遍的な言葉遣いが多いために一番読みやすく、簡単そうに思える雑誌や小説のほうが土着の表現や難しい単語、熟語が出てきて手強いという点がよく指摘されます。実際、論文や仕事の文書なら何とか読めるが雑誌や小説は厳しいと語る人は少なくありません。そういう視点から見ると、硬めの文体で書かれているホームズ・シリーズは文学作品でありながら論説文に近い文体ということであり、論理的な英文を読むことに慣れている人にとっては英語の文学の入り口として適していると考えることもできます。

3.4 「瀕死の探偵」

本節で扱う「瀕死の探偵」('The Adventure of the Dying Detective') は、病に侵され生死の境を彷徨うホームズと、それを聞いてかけつけるもホームズの奇妙な行動に当惑するワトソンとのやりとりが印象的な作品です。女主人ハドソン夫人にホームズの状態を聞いて面食らったワトソンは急いでホームズのところに向かいます。やつれたホームズを見てワトソンは駆け寄りますが、ホームズは「近づくな」と言います。スマトラ島のクーリー病にかかって接触感染の危険があるからだと説明します。なお、本作は時系列

的には「最後の事件」の前に位置づけられるものになりますが、発表され
たのは本書で取り上げている短編作品の中でも最も後になるのでここに配
置しています。

例題1 ［★★★☆☆］

₁I have so deep a respect for the extraordinary qualities of
Holmes that I have always deferred to his wishes, even when I
least understood them. ₂But now all my professional instincts
were aroused. ₃Let him be my master elsewhere, I at least was
his in a sick room.

(Arthur Conan Doyle (1913): 'The Adventure of the Dying Detective')

［文 脈］ 何とか助けようとするワトソンと頑なに拒むホームズ。しかし、ワト
ソンは今回ばかりは、と心を決めます。

［語法・構文］
- **the extraordinary qualities**：「驚くべき能力」
- **defer to...**：「...に敬意を払う、従う」
- **least...**：「全く...ない」
- **my professional instincts** は「私のプロとしての直観」という意味ですが、
  当然ここでは医師であるワトソンの「医師としての直観」ということです。

ポイント

［第1文］
- have so deep a respect「それほどの深い敬意」を見たら、「どれほどか？」
  と考えて後ろにその説明を期待するのはもはやお約束。後に続く that 節
  を見て予想の正しさを確認しましょう。
- なお、この第1文は現在形で表現されていますが、第2文以降は過去形
  になっていることに気づいたでしょうか。第1文は執筆している時点で
  の一般論としての視点、第2文は執筆の対象となっている場面に視点を
  合わせているからだと判断できます。この判断があれば now の適切な訳
  し方も見えてくるはずです。

［第 3 文］

- 短いけれども注意が必要な文です。まず、Let him be...のところ、動詞から始まるため命令文の可能性が頭をよぎりますが、その後にコンマ (,) があって、I (S) ...was (V) という主語と述語動詞の形が続くため、前半の Let...elsewhere は従属的なものと考えなければならないということが分かります。ここから、第 2 章の［文法・語法コラム (6)］で扱った命令の形を用いた譲歩構文の一種だと見抜くことができたかがポイント。「たとえ、他の場所では彼が主人であっても」→「たとえ、他の場所では彼に従うとしても」ということですね。

- 主節となる I at least was his in a sick room. も面白いところです。his が his master を指す所有代名詞であることはここまでが問題なく読めている人であればすぐに理解できるでしょう。最後に in a sick room とあることから前半の elsewhere「他の場所」は「病室以外の (全ての) 場所」ということが判断できますね。

- この elsewhere と in a sick room の関係を理解していれば、at least が in a sick room を修飾して、「他の場所では ... でも、少なくとも病室では」という形で前半と後半の対比の構造をより明確にする役割を果たしていることも見えてくるかと思います。

（訳　例）

　ホームズの驚くべき能力に本当に深い敬意を抱いているので、私はこれまで全く理解できない時でさえ、彼の望んだことにはいつも従ってきた。しかし、この時は医者としての直観が全力で告げていた。他のどの場所で彼に従うとしても、少なくとも病室では私に従ってもらわねばと思った。

　ホームズは東洋には多くの病があり専門ではないワトソンには治療できないと言います。医師としての能力を疑われるような発言に傷つきつつもワトソンは熱帯病の権威を知っているのでその人を連れてこようとドアに向かいますが...。

例題2 [★★★★☆]

> ₁Never have I had such a shock! ₂In an instant, with a tiger-spring, the dying man had intercepted me. ₃I heard the sharp snap of a twisted key. ₄The next moment he had staggered back to his bed, exhausted and panting after his one tremendous out-flame of energy.
>
> ₅"You won't take the key from me by force, Watson, I've got you, my friend. ₆Here you are, and here you will stay until I will otherwise."
>
> (Arthur Conan Doyle (1913): 'The Adventure of the Dying Detective')

[文　脈]　ワトソンがドアに向かった瞬間、何が起こったのでしょうか。場面をしっかりと把握しましょう。

[語法・構文]
- **intercept...**：「... の前を遮る」
- **the sharp snap**：「カチッという音」
- **The next moment**：「次の瞬間」
- **stagger**：「よろよろと歩く」
- **exhausted and panting** は状態を表す分詞構文で「力を使い果たし、ぜえぜえと言いながら」という形。
- **outflame**：「無茶をすること」
- **by force**：「力づくで」

ポイント

[第1文]

- Never have I had such a shock では、もちろん、否定と such が絡んでいることに敏感になる必要があります。such a shock「そのような衝撃」と言っているからには「どのような衝撃か?」と考えて、後ろに as I had at this time「この時感じたような」を補えるのが正しい読み方です。実際に「この時」に何が起こったのかは第2文以降で説明されています。なお、訳例では感嘆符があることも意識して、少し工夫をしてみました。

［第 6 文］

- 後半の until I will otherwise が少し難しいところ。「さもなければ私が意図するまでは」などと適当に訳してお茶を濁してはいけません。まずは will が「意図する、望む」を意味する動詞として使われていることを確認しましょう。次に otherwise ですが、この単語には「さもなければ」「それ以外の点 (形) で」を意味する用法に加え、動詞の目的語の位置にきて「そうではないように、そうではないと」を意味する用法があります (例: think otherwise「そうではないと思う」、choose otherwise「そうしないほうを選ぶ」)。ここはその用法で、will otherwise「そうではないことを望む」という意味になっています。ではその「そう」の部分は何を受けているかと言うと、当然、文の前半の here you will stay「あなたがここに残る」ことですね。

（訳　例）

　その時の衝撃と言ったらもう。一瞬で虎のように跳ねて瀕死の彼が私の前を遮っていたのだ。鍵を回すカチャリという鋭い音が聞こえた。次の瞬間、彼はよろめきながらベッドに戻っていて、無理をして力を使いきったせいでぜえぜえとあえいでいた。

　「ワトソン、力づくでは鍵を奪うなんてことはしないだろう。友よ、僕の勝ちだ。君はここにいるんだ、そして、僕がいいと思うまでここで待ってもらう」

　やがて、ホームズの希望を聞いて、ワトソンはカルヴァートン・スミスという男を呼びに行きます。亡くなったスミスの甥の件で彼を疑っていて対立関係にあるものの、この病に唯一詳しい人物だとホームズは説明します。やってきたスミスとホームズの会話から、徐々に事態の真相が明らかになっていきます。病は治せない、自分の送った箱の仕掛けでこの病気に感染したのだとホームズを嘲笑するスミス。しかし、もちろん、ホームズはそんな箱の仕掛けに引っかかるほど愚かではありません。瀕死のホームズの望みに答えてスミスが灯をつけ「何か他に欲しい物はあるか」と尋ね

ると、返ってきたのは「では、マッチと煙草も一本もらえるかな」という
いつも通りのホームズの声でした。仰天するスミス。そこにモートン警部
が駆け込んできます。

例題3 [★★★★☆]

₁The officer gave the usual cautions.

₂"I arrest you on the charge of the murder of one Victor Savage," he concluded.

₃"And you might add of the attempted murder of one Sherlock Holmes," remarked my friend with a chuckle. ₄"To save an invalid trouble, Inspector, Mr. Culverton Smith was good enough to give our signal by turning up the gas. ₅By the way, the prisoner has a small box in the right-hand pocket of his coat which it would be as well to remove. ₆Thank you. ₇I would handle it gingerly if I were you. ₈Put it down here. ₉It may play its part in the trial."

(Arthur Conan Doyle (1913): 'The Adventure of the Dying Detective')

[文 脈] 唖然とするスミスをモートンが逮捕します。

[語法・構文]
- **the usual cautions**：「逮捕前のいつも通りの（お決まりの）注意の言葉」
- **on the charge of...**：「...の容疑で」
- **one Victor Savage** というのはスミスの甥のこと。one が人名につくと、「という人物」というニュアンスになりますが、ここは逮捕の宣言文の形式に従ったものなので、あえて訳す必要はないかと思います。3 行目の one Sherlock Holmes も同じ用法。
- **with a chuckle**：「クスクスと笑いながら」
- **our signal** という語句から、灯がモートン警部が入ってくる際の合図だったことが分かります。
- **it would be as well to 不定詞**：「...したほうがよい」
- **gingerly**：「慎重に」

ポイント

[第3文]

- you might add of... まで読んだところで、add of などという言い方があっただろうかと疑問に思った人もいるかもしれません。その違和感は正しく、そういう時には改めて構造を確認してみることが大切です。ではどのように考えればよいでしょうか。

- スミスがホームズを罠にしかけて殺そうとしていたという文脈、それから、one Sherlock Holmes という言い方がポイントです。one があることからこの部分が逮捕の宣言文の一部となっている可能性に目を向けると、of the murder of one Victor Savage「ヴィクター・サヴェッジの殺害」と of the attempted murder of one Sherlock Holmes「シャーロック・ホームズの殺害未遂」が同列のものとなっているという考えに至ることができるのではないでしょうか。

- ここまでが見えれば、この add は「(容疑の内容に) 加える」という意味であり、of the attempted murder of one Sherlock Holmes というのは mention の用法、つまり、この言葉そのものを指していて、直前の宣言文の on the charge につながるものだということが理解できると思います。「それに「シャーロック・ホームズ殺害未遂の」(という言葉) を加えてもいいね」ということです。

[第4文]

- かなり丁寧な言い方になっていますが、当然これはここまでホームズをやっつけたと思って嘲笑っていたスミスに対するあてこすりですね。

- To save an invalid trouble をあまり考えずに「不当な手間を省くために」などとやってはいけません。ここは、save (**V**) an invalid (**O₁**) trouble (**O₂**) で「病人 (である自分) に手間をかけないために」ということ。ここにも「お優しいことに」(good enough) というニュアンスを込めて皮肉を効かせているわけです。

訳　例

警部はお決まりの注意を口にすると、「おまえをヴィクター・サヴェッジ

殺害の容疑で逮捕する」と言い放った。

「「シャーロック・ホームズ殺害未遂の」を付け加えてもいいね」と私の友人はクスクスと笑いながら言った。「警部、カルヴァートン・スミス氏は、病人に手間はかけさせまいとご親切に灯をつけて合図を送ってくれたんですよ。ところで、犯人はコートの右ポケットに処分したほうがよい小箱を持っています。ありがとう。私なら慎重に扱いますよ。ここに置いて下さい。裁判で役に立つかもしれません」

文法・語法コラム (10)

use と mention

さて、第1章に続き、本章でも2回ほど mention の用法で言葉そのものを指している例、つまり、その語やフレーズの本来の文法的な役割に関係なく、「... という言葉、言い方」という意味の名詞句として使用している例が出てきました (3.3 節の【例題2】と 3.4 節の【例題3】)。上でも言及した通り、言葉を本来の役割で使う use と、その言葉自体を指す名詞として使う mention の区別については前著『英文解体新書』の 6.5 節で詳しく扱いましたが、幸い読者の方にも好評価だったようです。今回の例題のように mention されている語句に引用符や斜体字などのサインがない場合は特に混乱を生みがちで、実際に翻訳書などでも use と mention を混同して誤訳をしてしまっている例が見受けられます。

とはいえ、この区別を学習書の中で取り上げたのは、もちろん『英文解体新書』が初めてではありません。実質的にこれと同じことに注意を促したものはかなり古くから存在します。例えば学習英文法書の古典的名著、細江逸記 (1926)『英文法汎論』の第四章「相等語句」では、名詞相当語句として「引用語、句、文句、又は文」を次のような例とともに紹介しています。

(1) *'Impossible'* was not in Napoleon's dictionary.
   [訳]「不可能」はナポレオンの辞書にはなかった。
(2) I do not like your *'If I could.'*
   [訳] 私はあなたの「できたら」が好きではない。
   (細江逸記 (1926)『英文法汎論』p.39 ([訳] は引用者))

本書で言うところの語や語句に対する mention の用法に注意を促している

ことが見て取れます。しかも、「引用符号は必ずしも要せない」という点にも触れ、さらにシェイクスピアの『お気に召すまま』から以下のような例を引いています。

(3)　Was is not is. —Shakespeare.
　　　[訳]「だった」というのは「だ」というのとは違う。
　　　　　　　　(細江逸記 (1926)『英文法汎論』p.39 ([訳] は引用者))

mention の用法に注意を促す視点は古くから存在したということが分かりますね。

　ちなみに、(1) の例文では impossible という形容詞を mention で主語にしているわけですが、これと似た例が一昔前にインターネット上で話題になったことがあります。ある大手企業のテレビ CM でモハメド・アリ選手の Impossible is nothing. という言葉がキャッチフレーズに用いられた際のことです。Nothing is impossible. でないと文法的におかしい、とか、CVS の倒置ではないか、といったようなやや的外れの議論がなされていたように思いますが、文脈を見ると、アリ選手はこの一文が含まれる一節を、Impossible is just a big word…と、はっきりと impossible がどういう言葉かということを説明する形で始めており、続く全ての文も「impossible という言葉 (あるいは概念)」を主語にしたものとなっていることが明白です。したがって、問題の文の impossible も、この言葉自体を mention したものであり、「「不可能」という言葉なんて、取るに足りないものだ」と言おうとしているわけです。細江逸記先生がこの CM を見ていれば、ネットの議論もすぐに解決したかもしれませんね。

Chapter 4

チャレンジャー教授

4.1 『失われた世界』(1)

4.2 『失われた世界』(2)

4.3 『毒ガス帯』

4.4 『霧の国』

4.5 「分解機」

Every problem becomes very childish when once it is explained to you.
—'The Adventure of the Dancing Men'

　　コナン・ドイルと言えばシャーロック・ホームズを生み出した推理
小説作家というイメージが強いですが、頑固を絵に描いたような科学
者チャレンジャー教授が登場する SF 冒険シリーズもインパクトがあ
ります。太古の生物が生息する南米の奥地へと冒険に繰り出す『失わ
れた世界』(*The Lost World*) は、『ジュラシック・パーク』の原作者で
あるマイケル・クライトンを初めとして、数多くの現代作家にも影響
を与えており、ドイルをジュール・ヴェルヌや H. G. ウェルズと並ぶ
SF のパイオニアと評する声もあります。本章ではホームズとはまた
違った SF 作家としてのドイルの一面を楽しみつつ、課題文に取り組
んでもらえればと思います。一般的に言って、ホームズ作品よりやや
難しい文が多いので、ホームズを読んだ後に挑戦する英文としてふさ
わしいかもしれません。

4.1 『失われた世界』(1)

　　意中の女性グラディスにプロポーズをしようとするも、英雄になれる人
でなければ自分は恋に落ちないと一蹴されてしまった主人公のジャーナリ
スト、マローンは、男を上げるための冒険を求めてチャレンジャー教授と
出会います。太古の生物を目撃したという信じがたい話をするチャレン
ジャー教授。教授の体験の真偽を確かめるための探検に同行することになっ
たマローンは、南米の奥地を舞台とする大冒険に巻き込まれることとなり
ます。【例題 1】はマローンがグラディスに英雄的な活躍をする人でなけれ
ば恋には落ちないと言われ、プロポーズの機会のおあずけを喰らってしまっ
た直後の場面。決意を新たにするマローンの描写になっています。

例題 1　[★★★★☆]

> ₁And so it was that I found myself that foggy November eve-
> ning pursuing the Camberwell tram with my heart glowing
> within me, and with the eager determination that not another
> day should elapse before I should find some deed which was
> worthy of my lady. ₂But who in all this wide world could ever

have imagined the incredible shape which that deed was to take,
or the strange steps by which I was led to the doing of it?

(Arthur Conan Doyle (1912): *The Lost World*)

[文　脈]　絶対に大きなことを成し遂げて彼女を振り向かせてやるぞと決意を固めるマローン。

[語法・構文]
- **And so it was that...**は分裂文で、it was so that...のso が前に出た形。「まさにこうして . . .」という意味。
- **found myself** は pursuing...と結びついて、find oneself ...ing「思わず . . . している、気づくと...している」という形を作っていますが、途中のthat foggy のところで混乱しないようにしましょう。ここの that は「あの、その」という名詞を限定する用法で、that foggy November evening 全体は時を表す副詞要素として機能しています。
- **the Camberwell tram**:「キャンバーウェルの路面電車」
- **that deed was to take** の was to は「. . . することとなった、. . . する運命となった」というニュアンス。

(ポイント)

[第 1 文]
- 後半にある 2 つの with の後の形に注意が必要です。1 つ目は with my heart glowing...と続くことから、with の付帯状況の構文だと判断します。
- 2 つ目は the eager determination の後に determination「決意」の内容を表す that 節が続く形ですが、この that 節内の解釈がポイント。determination「決意」の内容を表しているのだから、そこには決意をしたマローンの意図が込められているはずだという発想があれば、should は「意志」を表し、not another day should elapse というのは「もう 1 日とて過ぎさせはしない」という意味だと読み解けます。
- しかし、「もう 1 日とて過ぎさせはしない」と言うだけでは漠然としすぎていて意味がまとまらないので、どういう条件で「1 日とて過ぎさせはしない」のか、と後ろの before 以下に目を向ける感覚が大切。ここは 2.3 節の【例題 2】で見た構造に似ていますね。
- before 節の中は、should が意図を表す would の意味であることを確認すれば、特に複雑な箇所はなく、「彼女にふさわしい何かしらの行いを見つ

ける」と解釈できるので、この that 節の伝えようとするところは「もう1日とて過ぎさせることなく、彼女にふさわしい行いを見つける」→「1日と待たずに彼女にふさわしい何かしらの行いを見つける」という決意だと分かります。

［第 2 文］

- who in all this wide world という強められた疑問詞に「could... have＋動詞の過去分詞形」の形が続く修辞疑問文のよくあるパターン。「世界広しといえども一体誰が予想できただろう」という意味になります。仮定法過去完了の形になっているのは、実際に誰かがそれを予想しようとしたわけではないので、「仮に誰かが予想しようとしたとしても」という仮定のニュアンスを込めてのことです。

- the incredible shape which... と the strange steps by which... は名詞句を中心に据える傾向の強い英語らしい表現。それぞれ、「その行いが結果として取ることとなった信じられない形」、「その行いをなすことへと私が導かれていった数奇な過程」と訳しても間違いではないのですが、「その行いが結果としていかに信じられない形を取ることとなったか」、「いかに数奇な段階を経てその行いをなすことへと至ったか」と感嘆文の節のように訳したほうが日本語として通りがよくなるかもしれません。

（訳　例）

　こうして僕は、気がつけばあの霧の深い 11 月の夜に、やる気を燃え立たせ、1日と待たずに彼女にふさわしい何かを見つけてやるという勢いでキャンバーウェルの路面電車を追っていた。しかし、世界広しといえども一体誰が予想できたと言えようか。その何かが結果としていかに信じられない形をとることとなり、また、いかに数奇な運命に導かれ僕がその行いをなすに至ったかを。

　さて、次の例題ではついにチャレンジャー教授が登場します。教授宅にインタビューに行くことになったマローンは、マスコミ嫌いの教授への対

策として研究熱心な学生のふりをして取り入ろうとしますが、嘘を見破っ
た教授は怒り心頭、彼に跳びかかり二人はもみ合いになって家の外に転が
り出てしまいます。しかし、通りかかった警察官に「自分も悪かった」と
して教授を突き出さなかったことでマローンは教授から話を聞く許可を得
ます。以下は南米でメイプル・ホワイトという人物が遺したというスケッ
チブックを教授から見せられ、そこに描かれている巨大生物について意見
を求められているシーンです。

例題2 [★★★★☆]

~1~"Well, what do you think of that?" cried the Professor, rub-
bing his hands with an air of triumph.

~2~"It is monstrous—grotesque."

~3~"But what made him draw such an animal?"

~4~"Trade gin, I should think."

~5~"Oh, that's the best explanation you can give, is it?"

~6~"Well, sir, what is yours?"

~7~"The obvious one that the creature exists. ~8~That it is actually
sketched from the life."

~9~I should have laughed only that I had a vision of our doing
another Catharine-wheel down the passage.

(Arthur Conan Doyle (1912): *The Lost World*)

[文　脈]　マローンは巨大生物の絵を前に驚きの声を上げます。

[語法・構文]
- **trade gin**:「交易用のジン酒」
- **I should think** の should は控えめな意見を表現する際に用いられるもので
「たぶん ... だと思うのですが」くらいの意味。
- **from the life**:「実物から、実物をモデルに」
- **Catharine-wheel** は「回転花火」を指しますが、ここは二人がもつれ合って
転がることをたとえたもの。

ポイント

● 1つ1つは短い文で構成されているので、マローンが巨大生物の絵を見た際のやりとりであるということを前提として読めば難しい箇所は少ないと思います。ただし、会話文であるため省略的な表現が多いことには注意が必要です。

[第7〜8文]

● マローンに What is yours?「あなたの解釈は何」と尋ねられて、教授が答えた、The obvious one that the creature exists. は名詞句のみで構成された文ですが、My explanation is... というのを前に補って考えるとよいでしょう。one は explanation を指しています。また、第8文も that 節のみから構成される不完全な文で、これもやはり the obvious one の内容を補足的に説明しています。

[第9文]

● 少し厄介なのは最後の一文。I should have laughed は一人称の文において should を would の意味で用いる用法だと判断し、I would have laughed「私は笑っていただろう」とほぼ同義だと考えましょう。

● 問題はその次で only that 以下をどう解釈するか。何となく that があるので、「...だと言って笑った」みたいな感じだろうとごまかしてはいけません。以下、ここで使われている only that の用法を知らない人がどう推測していけばよいかを少し説明してみます。そもそも、should（＝would）have laughed は仮定法過去完了の形なのでマローンは実際には笑っておらず、ある仮定のもとであれば「笑っていただろう」と言っているのです。ではその仮定とは何なのでしょうか。

● 描かれている教授の人物像から、彼の解釈を笑えばどういうことになるかというのもヒントにしてみましょう。that 以下の a vision of our doing another Catharine-wheel down the passage のところを、our doing... が「意味上の主語＋動名詞」（⇨『英文解体新書』1.4節）になっていることに注意して読み解くと、「私は自分たちが再びもつれあって廊下を転がっていくイメージを持った」となります。勘のよい人ならこれが教授の解釈を笑っ

てしまい、怒らせてしまった場合の結果について言及したものではない
かと気づくのではないでしょうか。

- そこで、こういうイメージが浮かんだからこそ笑わなかった→こういう
  イメージが浮かんでいなければ笑っていただろう、ということだと解釈
  すると、仮定法の説明もできるし文意も通ります。となると、only that
  に「...ということがなければ」を意味する接続詞の用法があれば全てう
  まくいくということになります。この only that の従属接続詞の用法は辞
  書にもきちんと掲載されていますが、知識がない人でもそういう用法が
  あるのではないかという仮説までは辿りつけるということです。ちなみ
  に、but that..., save that... にも同様の用法があるので、ついでに覚えて
  おきましょう。

- なお、ここまでの構造が読めても、翻訳するとなると少し難しい文です
  ね。直訳は、「もう一度教授ともみ合いになって廊下を転がっていくイ
  メージが浮かんでこなければ、私は声を出して笑っていただろう」といっ
  た感じになると思いますが、笑ったか笑わなかったかよりも、直前の取っ
  組み合いのイメージが浮かんできたことに力点があるとすると、どのよ
  うな訳し方があるでしょうか。訳例も参考にしてみて下さい。

訳 例

「さて、どう思うかね」勝ち誇ったような様子で手をこすり合わせながら、
教授は大きい声でそう尋ねた。

「怪物みたいですね、恐ろしいです」

「しかし、なぜ彼はそんな生物の絵を描いたのだろう」

「交易用ジン酒でも飲んでいたんでしょうかね」

「ああ、そんな説明しか思いつかないのか」

「じゃあ、あなたはどう解釈するんです」

「この生物は実在するという明白な解釈さ。この絵は実物を写生したもの
なんだよ」

思わず吹き出しそうになったが、もう一度教授ともみ合いになって廊下
を転がるのは御免だった。

続いては科学者たちが集う学会にて登場するマレー教授の描写を読んでみましょう。

例題3 ［★★★★☆］

> ₁Professor Murray will, I am sure, excuse me if I say that he has the common fault of most Englishmen of being inaudible. ₂Why on earth people who have something to say which is worth hearing should not take the slight trouble to learn how to make it heard is one of the strange mysteries of modern life. ₃Their methods are as reasonable as to try to pour some precious stuff from the spring to the reservoir through a non-conducting pipe, which could by the least effort be opened.
>
> (Arthur Conan Doyle (1912): *The Lost World*)

[文　脈]　チャレンジャー教授が発見について語る予定の学会へ招待されたマローン。その会で議長のマレー教授が姿を現した場面です。

[語法・構文]
- **inaudible**：「（音声が不明瞭で）聞き取れない」
- **is worth hearing**：「聞く価値がある、傾聴に値する」
- **take the trouble to 不定詞**：「努力して（労力をかけて）... する」
- **some precious stuff**：「何らかの貴重な資源」
- **reservoir**：「貯蔵庫」
- **a non-conducting pipe** の conduct は「（熱・電気などを）伝える」という意味で、全体は「詰まったパイプ」となります。
- **by the least effort** は最上級表現の the least に even「... でさえ」のニュアンスが含まれていて「ごくわずかの努力をするだけでも」という意味になることを確認しましょう。

ポイント
- 3 文それぞれに構造上、解釈上のポイントがあります。

［第 1 文］
- 第 1 文は短いですが、後半で少し注意が必要。he has the common fault

「彼にはありがちな欠点がある」というところまで読んで、具体的にはどのような欠点なのだろうと疑問を抱くことができるのが大切な力。直後の of most Englishmen「たいていの英国人男性の」は同じ欠点を持っている人の説明なので、その後にさらに欠点の中身の説明が続くはずだと考えて、the common fault ... of being inaudible「何を言っているか分からないという ... ありがちな欠点」というつながりを読み解きます。

[第2文]

- 第2文は構造、語法ともにまさに往年の受験英文を彷彿させるような一文。解釈の腕の見せ所です。Why on earth から文が始まるため、疑問文の可能性を思い浮かべるかもしれませんが、その直後に、people と主語らしきものが続くため、これは疑問詞節だろうと考えながら読み進めていきます。people を修飾する who have something to say「言うべき内容を持っている」の something にさらに which 以下の関係代名詞節がかかっている形。この which の節が終わったところで、should not...が登場するため、why の疑問詞節の中の骨格は、people (S) should not take (V) だということが分かります。なお、この should は「一体どうして ...」と驚きなどの感情を表現するもの。

- take の目的語の the slight trouble to learn how to make it heard では、元になっている take the trouble to...の熟語に注意するとともに、make (V) it (O) heard (C)「それを聞かせる→人々に聞いてもらうようにする」の make OC の構造もしっかりと把握しましょう。heard の後に出てくる is に万が一戸惑っても、この英文は Why...という疑問詞節から始まる英文だと当たりをつけていたことを思い出し、[Why...heard] (S) is (V) one of the strange mysteries (C) という骨格を把握できるのが実力です。

［第2文の主語 (S) の構造］

S		
疑問詞 (Why…)		
S	V	O

people　　　　　　　　should not take the slight trouble to…heard

└{who have something to say

　　└(which is worth hearing)}

［第3文］

- 第3文は文意の解釈力が試されます。第2文で話す内容は持っているのに話すスキルを学んでいない人のことを批判的に述べているのですから、Their methods are as reasonable as…のところを文字通りに「彼らのやり方は ... と同じくらい合理的（妥当）だ」と肯定的なニュアンスで解釈すると違和感があります。ここは「 ... 」の部分に明らかに理にかなっていないたとえを持ってきて、「それと同じくらいの妥当性だ」、と表現することでむしろ their methods の非合理性を強調するレトリックではないかと疑ってかかるのが理想。

- この前提があれば、後に続く「泉から湧き出る貴重な液体資源を中の通っていない管（a non-conducting pipe）を使って貯蔵庫に流し込もうとすること」というやや突拍子もない内容も、誰がどう見ても理にかなっていないことを分かりやすく表現したものとして納得できるでしょう。さらに、「中の通っていない管」を補足的に説明する、which could by the least effort be opened「ほんのわずかな努力ですら中が通るようにすることができる」の部分は、「少し学びさえすれば上達するのにそれもどうしてしないのか」（why…should not take the slight trouble）という第2文の内容と対応していると考えることができます。

訳　例

失礼ながら言わせてもらうと、マレー教授にはたいていのイギリス人に

ありがちな、何を言っているか聞き取れないという欠点がある。傾聴に値することを語れる人々が、どうして他人様（ひとさま）に聞かせる話し方を身につけるためのわずかの労力を惜しむのかというのは現代世界の奇妙な謎の一つだ。彼らの話し方と言ったら、せっかく泉から貴重な液体が湧き出ているのにそれを貯蔵庫に送り込むのにつまった管を使っているも同然、しかもほんのわずかな労力でつまりを解消できるのに、である。

文法・語法コラム (11)

たとえを用いた否定のレトリックについて

本節の【例題3】の as reasonable as... に見られたような、話題にしている事柄がいかに馬鹿げているか、いかに妥当ではないかを、どう見ても成立しない、うまくいくはずがない別の事柄をたとえにして強調するレトリックはよくあるものです。気づいた方もいるかもしれませんが、いわゆるクジラの構文はまさにその典型的な例です。

（1）A whale is *no more* a fish *than* a horse is.
　　［訳］クジラは馬が魚ではないのと同様に魚ではない。

これは、クジラを魚だと考えることがいかにおかしいかを、馬を魚であると考えることを引き合いに出して聞き手に伝えようとしているわけです。同様のレトリックを表現するのに用いられる構文に might as well A as B の構文があります。

（2）You *might as well* throw the money away *as* spend it on things like that.
　　［訳］そんなものにお金を使うくらいなら捨てたほうがマシだ。

この場合、たとえになっているのは前半の throw the money away「お金を捨てる」のほう。この英文の well は reasonably「妥当に」とほぼ同義で、文字通りの解釈は「そのようなことにお金を使うなら、それと同じくらい妥当にお金を捨ててもよい」となります。誰が見てもおかしいと思う「お金を捨てること」と妥当性が同じくらいだと表現することによって、結果として「そのようなことにお金を使う」ことがいかにもったいないことかを強調し

ているわけです。

　クジラの構文や might as well の構文と聞くと、いかにも受験英語チック
なマニアックな構文だというイメージを持つかもしれません。しかし、どう
見てもあり得ない、効果のない事柄をたとえに用いて無意味さを強調するレ
トリック自体は日常生活にも溢れています。例えば、「のれんに腕押し」「馬
の耳に念仏」「猫に小判」「二階から目薬」「豚に真珠」などの諺も全てそう
です。

　さて、no more…than のクジラの構文や might as well A as B の構文は例
外はあるものの、上述のタイプのレトリックであると最初から疑ってかかっ
てもよい表現形式です。一方、【例題3】のように、単純な as…as の形は文
字通りの意味で解釈するほうが一般的で、今回のようなケースでは文脈から
特殊なレトリックが使われていることを読み取る必要があり、その分、難し
いと言ってもよいでしょう。現代英語でも as…as を用いたこのレトリック
の用法はそれなりに見られますが、文字通りではなく皮肉的な意味を込めて
いるということを表現するために、as の前に about を入れるパターンが多
くなっています。

(3)　That makes *about as much* sense *as* looking up an English word in
　　a French dictionary.
　　［訳］それって、英単語をフランス語の辞書で調べるようなものです
　　よ。

about as … as の形の時には特に注意しておくとよいかもしれません。

4.2　『失われた世界』(2)

　本節では『失われた世界』の後半を扱います。教授の発見の真偽を確か
めるため、主人公のマローンは懐疑的なサマリー教授やロクストン卿とと
もに南米のアマゾン流域に探索に行き、「失われた世界」に辿りつきますが、
仲間だと思っていた案内人の裏切りに遭い、帰路を絶たれてしまいます。何
とかこの場所の全体像を知りたいと一行が考えていたところ、マローンが
巨大なイチョウの木に登れば見渡せるのではないかという案を思いつき、そ

の作戦を実行して、「失われた世界」の地図を作ることに成功します。この活躍で気をよくしたマローンはさらにみんなを驚かせようとある作戦に出ますが...。

例題1 [★★★★☆]

₁I had not gone a hundred yards before I deeply repented my rashness. ₂I may have said somewhere in this chronicle that I am too imaginative to be a really courageous man, but that I have an overpowering fear of seeming afraid. ₃This was the power which now carried me onwards. ₄I simply could not slink back with nothing done. ₅Even if my comrades should not have missed me, and should never know of my weakness, there would still remain some intolerable self-shame in my own soul. ₆And yet I shuddered at the position in which I found myself, and would have given all I possessed at that moment to have been honorably free of the whole business.

(Arthur Conan Doyle (1912): *The Lost World*)

[**文　脈**]　中心に大きな湖があり、そこに生物らしきものがいることを観察したマローンは、寝ている他のメンバーを置いて、一人で湖の探索に出かけます。しかし、すぐにその勇み足を後悔します。

[語法・構文]
- **had not 動詞の過去分詞形 before...**:「〜もしないうちに ... した」
- **rashness**:「軽率さ」
- **overpowering**:「圧倒的な、抗いがたい」
- **simply could not...**:「絶対に ... なんてできなかった」
- **slink back**:「こそこそ戻る」
- **with nothing done** は with の付帯状況の構文で、「何もなされない状態で」
  →「何も成し遂げずに」という意味。
- **miss 人**:「人がいないことに気づく」
- **shudder at...**:「 ... にぞっとする、震える」
- **the whole business** の business は「今やっていること」程度の意味。

ポイント

［第 2 文］

- 基本の型は難しくないですが、述語動詞である may have said の目的語の that 節が 2 つあり、それが that… but that…という形で but によって結ばれている点に注意しましょう。
- 1 つ目の that 節では、too…to 不定詞「…すぎて〜できない」、2 つ目の that 節では fear of seeming afraid「怖がっていると見えることの恐怖」といった表現がポイントとなります。

［第 5 文］

- Even if … should の形から「万が一…だとしても」という意味を理解するのと同時に、前半の should not have missed と後半の should never know の使い分けには注意したいところ。マローンは一行を離れ一人で探索をしているので、仲間はマローンがいなくなっていることにすでに気づいている可能性があります。そこで should not have missed me「私がいないことにまだ気づいていない」といった言い方をしていると考えられます。
- there would still remain…は there 構文で be 動詞以外の動詞が使用されている形。still は文頭の Even if 節を補強する役割で「たとえ…だとしても、それでもなお」という感じ。

［第 6 文］

- 前半の the position in which I found myself は「自分がいることに気づいた状況」だと明らかに遠まわしな言い方になるため、「自分が置かれている状況」くらいに処理したいところ。
- would have given の部分では仮定法過去完了に注意し、「（できるなら）与えただろう」と解釈して、どういう仮定を前提にそれを言っているのか、後ろに目を向けます。そうすると、to have been honorably free…という to 不定詞句があるため、これに仮定のニュアンスが含まれていて、「…から名誉を保ったまま自由になるためなら」という意味になっているのではないかと判断しましょう。

- 上の解釈から、would have given の give は単に「与える」というよりは「差し出す」という感じで、give up「あきらめる」にも通じる用法だと理解できます。なお、この give と to 不定詞を用いた would give all (everything) to...「...するためなら全てを差し出すだろうに」→「何に変えても...したいのに」というのは定型表現と言ってもよいもので、少し古めの文学作品にはよく出てきます。

(訳　例)

　100ヤードも行かないうちに軽率だったと深く後悔した。この記録のどこかですでに言ったかもしれないが、僕は想像力がたくましすぎて本当に勇敢な人間にはなれないのに、臆病に思われるのはどうしようもないくらい嫌なのだ。これが今や僕を前へと駆り立てる力となっていた。何も成し遂げずにこそこそと帰るなんて絶対にできない。たとえ、仲間たちが僕がいなくなったことに気づいていなくて、臆病風を吹かしたということを一生知ることがなくとも、自分の心の中に耐えがたい恥の気持ちが残ってしまうだろう。しかし、それなのに、自分の置かれている状況におびえ、不名誉とならずにこの探索をやめられるのなら、その時点で手元にあるもの全てを差し出したっていい（それくらいこの探索をやめたい）と感じていたのだ。

　さて次は【例題1】の少し後の場面です。ライフルではなくショットガンを持ってきてしまったことに気づいたマローンの動揺を描いています。

(例題2) [★★★☆☆]

　₁Again the impulse to return swept over me. ₂Here, surely, was a most excellent reason for my failure—one for which no one would think the less of me. ₃But again the foolish pride fought against that very word. ₄I could not—must not—fail. ₅After all, my rifle would probably have been as useless as a

> shot-gun against such dangers as I might meet.
>
> (Arthur Conan Doyle (1912): *The Lost World*)

[文　脈]　すでに勇み足を後悔していたマローンですが、さらに恐怖心が増して、逃げ出したい気持ちが強くなってしまいます。

[語法・構文]
- **the impulse to return**:「帰りたいという衝動」
- **sweep over…**:「(感情などが)…に襲い掛かる、…を圧倒する」
- **Here**「ここに」は直前の「ライフルを持ってこなかったこと」を受けたもの。
- **a most excellent reason**:「極めてまっとうな(優れた)理由」
- **that very word** の「まさにその言葉」は、failure「失敗」を受けたもの。
- **After all**:「どっちみち」

ポイント

[第 2 文]
- 第 2 文以下はマローンの心の声を表現した文章なので訳例では自分への語り掛けのような文体にしています。
- one for which…以下に注意が必要です。one は直前の a most excellent reason…を受け直したもの。no one would think the less of me の think the less of…の部分はこの形を見たことがなくても、think much of…「…を大したもんだと思う、高く評価する」などから連想し、「…の評価を下げる、の価値をより低く見積もる」くらいのニュアンスではないかと推測したいところ。
- ただし、the less と the が付いていることも見落としてはいけません。この the は 1.2 節の[文法・語法コラム (2)]でも登場した「その分だけ」を意味する副詞であり、理由を表す前置詞句 for which「それ(その失敗の理由)ゆえに」と呼応していることをきっちり理解しましょう。つまり、one for which…me の部分は「それゆえに私の価値を低く見積もる人は誰もいないだろう失敗の理由」という意味になります。

[第 5 文]
- ここは、would have been と仮定法過去完了の形になっていますが、その理由は間違えてショットガンを持ってきてしまっていて、ライフルは手

元にないから。my rifle の部分に「もしライフルがあったとしても」という仮定が込められていると考えて読むと分かりやすいと思います。ショットガンしかないことからくる恐怖を鎮めようと、自分自身に語りかけているイメージで読んでみましょう。

（訳　例）

また、引き返したいという衝動が襲ってきた。これ（銃を間違えたこと）は間違いなく失敗の立派な理由になる。それで僕の評価が下がることもないだろう。しかし、ここでもまた、愚かなプライドがその言葉に抵抗した。失敗はできない、してはならない。どっちみち、ライフルがあったところで僕を待ち受けるような危険にはショットガン同様、無力なはずだ。

結局、マローンは勇気を振り絞って何とか中央の湖に辿りつき、様々な生物を目撃して、かつ、洞窟に見えた光から原住民らしきものの存在を確信します。

（例題3）　［★★★☆☆］

> ₁I set off, therefore, in high spirits, for I felt that I had done good work and was bringing back a fine budget of news for my companions. ₂Foremost of all, of course, were the sight of the fiery caves and the certainty that some troglodytic race inhabited them. ₃But besides that I could speak from experience of the central lake. ₄I could testify that it was full of strange creatures, and I had seen several land forms of primeval life which we had not before encountered. ₅I reflected as I walked that few men in the world could have spent a stranger night or added more to human knowledge in the course of it.
>
> (Arthur Conan Doyle (1912): *The Lost World*)

［文　脈］　マローンはその発見を仲間たちに伝えることを思い描きながら、意気

揚々と来た道を引き返します。

[語法・構文]

- **set off**：「出発する」
- **in high spirits**：「意気揚々と、勢い勇んで」
- **a fine budget of news** の budget は「(物の) 集まり、一束」の意味で文語的な用法です。
- **foremost**：「真っ先の、一番の」
- **the fiery caves**：「火がともっている洞穴」
- **troglodytic**：「穴居人の、原人の」
- **primeval** は「原始時代の」という意味ですが、ついでに -eval という接尾辞が「時代、年代」を表すことは知っておいてもよいかもしれません。medieval「中世の」という単語の仕組みも理解できますし、coeval「同年代の」のような単語も忘れにくくなるでしょう。

ポイント

［第 2 文］

- Foremost of all, of course, were …は、前文の「仲間たちへと持って帰る知らせ」を念頭に置いた Foremost of all「その中でも真っ先に」という表現から、最も重要な内容である the sight…に情報が流れるよう CVS の倒置構文が用いられた形です。動詞が were であるのは後ろにある主語名詞句が、the sight と the certainty の 2 つとなっているからです。

［第 3 文］

- 比較的短い一文ですが、speak from experience of the central lake は少し注意が必要なところ。speak という言葉から何について語るのかと考え、speak…of the central lake「中央の湖について語る」というつながりを把握して、from experience が「実体験から」という意味になっていることをつかむのがポイント。

［第 5 文］

- I reflected (as I walked) that…と reflected が後ろの that 節につながっていくという基本的な構造をまずは確認しましょう。
- that 節の中は、否定語と比較級が組み合わされ、than 以下の比較対象が省略された典型的な形となっています (⇨『英文解体新書』4.3 節)。have

spent a stranger night「より奇妙な夜を過ごした」、added more to human knowledge「人類の知識をより増大させた」といった比較表現から、何と比較してそう言っているのかを考えるのが大切。そうすれば、than I did then「私がその時にしたのより」という内容を補って考えることができ、「これほど（この時に私がしたほど）奇妙な夜を過ごした人も、これほど人類の知識を増大させた人もまずいない」という解釈に辿りつくことができるでしょう。

(訳 例)

　それゆえ、意気揚々と僕は歩き始めた。自分が素晴らしい仕事をやってのけ、仲間たちのところにたっぷりとよいニュースを持ち帰っていると感じていたからだ。もちろん、その中でも真っ先に、火の光で照らされた洞穴を見たこと、何かしらの原住民がそこに間違いなく住んでいると確信したことを伝えたかった。しかし、それに加えて、直にこの目で見たこととして中央の湖について語ることもできる。湖には奇妙な生物がたくさん棲息していて、これまでに見たことのないようないくつもの原始の地形を見たというのも証言することができる。歩きながら、これほど奇妙な一夜を過ごした人も、またその過程でこれほど人類の知識に貢献した人もまずいないだろうと考えた。

4.3　『毒ガス帯』

　本節では、チャレンジャー教授が登場する小説の第2作、『毒ガス帯』(*The Poison Belt*) を扱います。『失われた世界』の一行がチャレンジャー教授に呼び出されて彼の家に行ってみると、地球が人類にとって有害な毒性エーテルの雲の中を通過しようとしていること、そのエーテルを中和するのに酸素が有効であるといったことを聞かされます。教授の家に来るまでにすでに奇妙な現象を経験していたメンバーたちは、毒ガス帯を抜けるまで外の様子を観察しながら教授の家に待機しようとしますが、外界では人や生物がどんどん倒れていき、死屍累々の状態となっていきます。まずはマロー

ンが教授のところに行く前の、会社でのワンシーンから。上司からあなた
にしかできないある男を取材する仕事があると依頼され、マローンが聞き
返すところ。

例題1　[★★★☆☆]

₁"You don't mean Professor Challenger?" I cried.

₂"Aye, it's just him that I do mean. ₃He ran young Alec Simp-
son, of the *Courier*, a mile down the high road last week by the
collar of his coat and the slack of his breeches. ₄You'll have read
of it, likely, in the police report. ₅Our boys would as soon inter-
view a loose alligator in the zoo. ₆But you could do it, I'm
thinking—an old friend like you."

(Arthur Conan Doyle (1913): *The Poison Belt*)

[**文　脈**]　まさかチャレンジャー教授のことじゃないでしょうね？　とマローン
が聞き返しているシーンです。

[語法・構文]
- **Aye**:「はい」
- **the *Courier*** 『クーリア』紙は架空の新聞の名称。
- **run 人 by the 体の一部**:「人を体の一部を持って引きずり回す」
- **the high road**:「大通り」
- **breeches**:「ズボン」
- **will have read** の will は推量「...だろう」の意味で、過去の事柄に対する
  推量「...しただろう」という意味を表現しています。
- **our boys** の boys は「同僚、仕事仲間」の意味。
- **loose**:「放し飼いにしてある、野放しの」
- **you could do it** の you には「あなたなら」という仮定の意味が込められて
  います。

ポイント

[第2文]
- 分裂文であることに注意。ただし、him は直前に出てきた Challenger を
  受ける代名詞なので、情報の流れを崩さないよう、「まさに彼ですよ、私

が言っているのは」といった訳し方の工夫ができるとよいですね。

[第 5 文]

- この文の would as soon の部分が本例題のポイント。もし戸惑ったとした
  ら構造的な視点から考えてみましょう。would には願望のニュアンスが
  あり、as soon というのは「同じくらいすぐに」という意味なので、would
  as soon... というのは「同じくらいすぐに...したい」という意味になり
  ます。

- そこで、何と同じくらいなのかを文脈から考えて、as interview Challenger
  「チャレンジャーをインタビューするのと」という内容を補って考えるこ
  とが大切。つまり、ここの文字通りの意味は「彼らはチャレンジャーを
  インタビューするのと同じくらいすぐに動物園で放し飼いにされたワニ
  にインタビューしたい」ということになります。

- 当然、動物園で放し飼いにされたワニをインタビューするというのは命
  の危険が伴う、絶対に誰もやりたくない行為です。それと比べても、チャ
  レンジャーのインタビューを特に先にやりたい（そちらのほうが望まし
  い）とは思わない、ということになるため、いかにチャレンジャーをイン
  タビューしたくないのかという内容が読み取れます。これも 4.1 節で見
  た、あからさまな例をたとえにして、ネガティブな内容を強調するレト
  リックの一種だと言えます。少し古い英語では、might as well に加え、
  would as soon や had sooner という形がこのレトリックでよく用いられま
  した。現代でも「むしろ...したい」という意味で would rather... という
  表現が使われますが、この rather も起源を辿れば、sooner という意味で
  す。

訳 例

　「まさか、チャレンジャー教授じゃないでしょうね？」と私は叫んだ。
　「ああ、まさに彼のことだ、私が言っているのは。先週、『クーリア』紙
の若いアレック・シンプソンのコートの襟とズボンのすそを引っ張って大
通りを 1 マイル引きずり回したらしい。警察の報告書でたぶん、読んだだ
ろ。うちの記者たちは動物園で放し飼いにされているワニをインタビュー

するほうがまだマシだって言うだろうよ。でも、お前ならできるだろ、古い友人のお前なら」

　さて、次は教授宅で待機する一行のワンシーンからです。ついに毒性エーテルの魔の手が迫り、チャレンジャー教授の妻は気を失って倒れてしまいます。教授は酸素を使い、なんとか彼女の意識を回復させますが、このまま苦しまずに死なせてくれればよかったのに、なぜ蘇生させたのかと妻から責められます。

例題2　[★★★☆☆]

> ₁"Because I wish that we make the passage together. ₂We have been together so many years. ₃It would be sad to fall apart at the supreme moment."
>
> ₄For a moment in his tender voice I caught a glimpse of a new Challenger, something very far from the bullying, ranting, arrogant man who had alternately amazed and offended his generation. ₅Here in the shadow of death was the innermost Challenger, the man who had won and held a woman's love.
>
> (Arthur Conan Doyle (1913): *The Poison Belt*)

[文　脈]　教授が人間らしい一面を見せているシーンです。

[語法・構文]
- **make the passage** は「通過をする」ということですが、「この世」から「あの世」への通過ということなので、端的には「死ぬ」ということです。
- **wish that** の後ろの節が仮定法の形になっていないのは、これが実現を前提にした願望だからと言えるでしょう。
- **It would be sad to...** は形式主語構文であると同時に、to 不定詞句に仮定のニュアンスが込められた形。
- **at the supreme moment**：「いよいよという時に」
- **bullying**：「高圧的な、支配的な」
- **ranting**：「怒鳴りがちの」
- **in the shadow of...**：「... の危険にさらされて、... の不安の中で」

- **innermost**:「内奥の、最奥の」

（ポイント）

［第4文］

- a new Challenger のところ、固有名詞は対象が1つに定まるため、一般的にaが付いたり、複数形になったりすることはありませんが、例えば、同じ名前の人間が複数いたり、人名をその人物に近い属性を持つ人間一般を表すための普遍的な名詞として使ったりする場合には例外となります。今回の場合はさらに特殊でChallenger という人物の中に複数の人格のようなものが存在するニュアンスを表現しているため、「チャレンジャーの新しい顔、新しい一面」くらいの訳し方が考えられます。

- さらにその後に続く、something…はa new Challenger の同格的な言い換えとなっていて、who 節の内部の alternately「交互に」は amazed と offended に呼応し、「驚かせる」と「怒らせる」を「交互に」やっていた人物、ということになります。

［第5文］

- Here in the shadow of death was…は文頭に副詞句及び前置詞句が出て、主語 (S) と動詞 (V) が入れ替わった形。最も重要で重い情報を最後に持ってくるための倒置で、その流れを意識した訳し方をしたいところ。

（訳 例）

「死ぬときは一緒だからだよ。こんなに長いこと、一緒にいたんだ。いざという時に離れ離れになるなんて悲しいだろう」

一瞬、その優しい声の中に、チャレンジャー教授のこれまでにない一面を垣間見た。周囲の人間を驚かせては怒らせるということを繰り返していた高圧的でやかましく傲慢な人物の姿はそこにはなかった。死の危険を目前にしてそこにあったのは、チャレンジャーの内奥の姿、一人の女性の愛を手にし、それを手放さなかった男の姿だった。

次の【例題 3】ではチャレンジャー教授が一行に食事をすすめるシーンが描かれています。

例題3 ［★★★☆☆］

> ₁"By the way," said he, "man does not live upon oxygen alone. ₂It's dinner time and over. ₃I assure you, gentlemen, that when I invited you to my home and to what I had hoped would be an interesting reunion, I had intended that my kitchen should justify itself. ₄However, we must do what we can. ₅I am sure that you will agree with me that it would be folly to consume our air too rapidly by lighting an oil-stove."
>
> (Arthur Conan Doyle (1913): *The Poison Belt*)

[文　脈]　再び頭痛を訴える妻の声を聞き、新たに酸素ボンベを空けたチャレンジャー教授。酸素だけでは生きていけない、と一行に食事をすすめるものの、火は使えないと説明するところ。

[語法・構文]
- **live upon (on) …**：「 . . . で生きていく、 . . . を主食とする」
- **reunion**：「再会の集い、同窓会」
- **my kitchen should justify itself** は注意が必要。これが、had intended「意図していた」に続く that 節の内部であることから、should は教授の「意図」を表すものとして考えましょう。また、justify oneself は「名分を立てる、存在理由を示す」というくらいの意味ですが、「台所に名分を立てさせる」ではよく意味が分からないので、料理を作るという台所の役割を考慮し、「台所を使って諸君をもてなす、料理を振る舞う」くらいに解したいところ。
- **we must do what we can** は「できることをしなければならない」が直訳ですが、ここは「できることしかできない」というニュアンス。
- **it would be folly to consume our air…**では、it…to の形式主語構文であると同時に to 不定詞句に仮定のニュアンスが込められ、would がそれを受けていることにも注意しましょう。「 . . . するとすれば愚かなことだろう」という解釈。
- **oil-stove** は「石油ストーブ」ではなく、料理用の「石油コンロ」のこと。

ポイント

［第3文］

- I assure you that... の that 節の内部の構造に注意しましょう。when から始まるので、おそらくは副詞節を作る接続詞だと判断して、when が従える範囲を見極める姿勢で読んでいき、I **(S)** had intended **(V)** という that 節内の核となる部分を捉えます。

- when 節の内部では、invited you to... の to... に当たるものが2つ、and で並列された形になっていますが、特に2つ目の to what I had hoped would be an interesting reunion の把握がポイントになります。

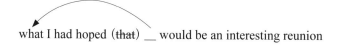

what I had hoped (~~that~~) __ would be an interesting reunion

という連鎖関係詞節の構造を見抜いて「私が面白い同窓会になるだろうと期待していたものに」という意味をしっかりと把握することが大切。なお、後の［文法・語法コラム (12)］で詳細に述べますが、この部分の核は to a reunion「同窓会に」ということであり、what...an interesting というのはそこに留保や限定を加えたもので、what 自体には a reunion の代用をするくらいの役割しかありません。名詞に複雑な意味的限定を加える方法としては、関係代名詞節を用いた後置修飾がまず思い浮かぶかもしれませんが、このように what を用いて前から限定を加えるパターンもよく見られるものなので注意が必要です。

- また、この文では2か所ある過去完了の用法 (had hoped, had intended) にも気をつけたいところ。これは一行を家に招待する前のことを述べていて、その後に変化が起きていることをほのめかしています。

訳 例

「ところで」と彼は言った。「酸素だけでは人は生きていけん。夕食時をもう過ぎている。面白い同窓会になってくれればと諸君を私の家に招待した時、間違いなくここのキッチンを使って料理を振る舞うつもりだった。しかし、無理はできない。石油コンロに火をつけて酸素を必要以上に急速に

Chapter 4　チャレンジャー教授

消耗するなんて愚かなことだというのは諸君もきっと同意してくれるはずだ」

　毒性エーテルを中和できる酸素の残りも少なくなり、とうとう、もっても後数時間という状態となります。教授たちのやりとりからお互いの人生でやり残したことに話題は移ります。

例題4　[★★★★☆]

> ₁"What about you?" I asked.
> ₂"Well, it just so happens, that I was tidied up and ready. ₃I'd promised Merivale to go to Tibet for a snow leopard in the spring. ₄But it's hard on you, Mrs. Challenger, when you have just built up this pretty home."
> ₅"Where George is, there is my home. ₆But, oh, what would I not give for one last walk together in the fresh morning air upon those beautiful downs!"　(Arthur Conan Doyle (1913): *The Poison Belt*)

[文　脈]　マローンがロクストン卿に「あなたは何かあるのか」と聞き返しているシーンです。

[語法・構文]
- **it just so happens that...**:「偶然 . . . である」
- **be tidied up**:「整理されている、片付いている」
- **Merivale** はロクストン卿の妻の名か。
- **a snow leopard**:「ユキヒョウ」(動物名)
- **be hard on 人**:「人に過酷な」
- **when you...**の when 節は単純に「. . . の時に」ではなく、「. . . なのに」という残念な気持ちが込められたもの。
- **where George is, there is my home.** では、George がチャレンジャー教授の名前を表しています。なお、この文では「ジョージがいるところ、そこが私の家」と where...と there が呼応した形になっていますが、このように what, when, where などの疑問詞節で表現した内容を、代名詞 that や副詞 then, there で受け直す構造が古い英語では今よりも一般的に用いられていました。現在では、Where there is a will, there is a way.「為せば成る」など

の格言でのみ見られる形です。

- **downs**：「丘陵」

(ポイント)

[第6文]

- 4.2 節の【例題 1】で取り上げた表現、would give all (everything) to...「...するためならどんなものでも差し出す（それほど...したい）」の復習になっていたのですが、気づきましたでしょうか。ただし、ここは、what would I not give と否定疑問文の形になっていて、文字通りの意味は「何を差し出さないだろうか」となります。反語的な修辞疑問文なので、話者が暗に意図しているのは「どんなものでも差し出すだろう」ということになります。

- また、願望の対象となるものが to 不定詞句ではなくて、for が従える前置詞句で表現されているのもポイントですね。「最後に一緒に散歩をするためなら何を差し出さないものがあるだろうか」→「最後に一緒に散歩をするためなら、どんなものでも差し出すだろうに」となります。

(訳 例)

「あなたはどうなんです」と私は尋ねた。

「そうだね、たまたま私は身の回りの整理ができて、準備ができているんだ。メリヴェイルに春になったらユキヒョウを見にチベットに行こうと約束していてね。しかし、チャレンジャー夫人、あなたはおつらいでしょう。こんなに素敵なお家を建てたばかりなのに」

「ジョージのいるところが私の家です。でも、ああ、新鮮な朝の空気の中、あの美しい丘陵を最後にもう一度だけ二人で散歩をできたらどんなにかよいでしょう」

文法・語法コラム (12)

what を用いて前から名詞句を限定する方法

本節の【例題 3】で what を用いて前から限定するようなパターンの言い

回しがあるという話をしました。同様の例をいくつか確認してみましょう。

(1) She made [what appeared to be **a reckless proposal**].
    [訳] 彼女は無茶に思える提案をした。
(2) This experiment was conducted in [what you may view as **an old-fashioned manner**].
    [訳] この実験はあなたには古臭いと思えるかもしれない方法で行われました。

[　] 内の語句に目を向けると、いずれの例でも下線部を無視して [　] の直前の語がそのまま太字の部分につながっても文の構造は成り立ちます。いわば、太字の部分こそが表現の核であり、下線部分はそれを限定したり、留保を加えたりするための説明にすぎないということです。

　実際、その証拠として、このタイプの what 節には主語になった時、動詞は太字部分に当たる名詞のほうに一致するといった特徴（→ (3)）や、通常の what の関係代名詞節は使えないはずの、there 構文の主語としても使うことができるといった特徴（→ (4), (5)）があります。以下の例のうち (5) は 2 章で扱った「まだらの紐」からの引用です。

(3) [What seem to be **birds**] are flying in the sky.
    [訳] 鳥に見えるものが空を飛んでいる。
(4) There was [what seemed to be **a desk**] in the corner.
    [訳] 角に机のようなものがあった。
(5) ...out from a clump of laurel bushes there darted [what seemed to be **a hideous and distorted child**],...
(Arthur Conan Doyle (1892): 'The Adventure of the Speckled Band')
    [訳] 月桂樹の茂みの中から異様な姿をした気味の悪い子供のようなものが飛び出してきた。

4.4 『霧の国』

　さて、本節ではチャレンジャー教授のシリーズの最後の長編、『霧の国』(*The Land of Mist*) を扱います。この物語は教授の娘のイーニッドとこれまで

のシリーズでもおなじみのマローンの体験が中心で、教授自身の登場シーンは前の2つの作品ほどは多くありません。また、晩年降霊術に傾倒したドイルが降霊術やスピリチュアリズムの布教を目指した一冊とも言われており、SF作品というよりはむしろオカルト色の強いものとなっています。科学の価値を信奉し、降霊術を馬鹿げたナンセンスとして受け入れなかったチャレンジャー教授が、物語の進行とともにその信念を突き崩されていく流れとなっていて、本シリーズのファンの間でも評価の分かれる作品です。まずは物語の冒頭近くの一節を取り上げます。本作の主要人物である娘のイーニッドが登場するシーンでもあります。

例題1 ［★★★☆☆］

$_1$But he was not the same man, and if it had not been for the help and comradeship of his daughter Enid, he might have never rallied from the blow. $_2$She it was who, with clever craft, lured him into every subject which would excite his combative nature and infuriate his mind, until he lived once more in the present and not the past. $_3$It was only when she saw him turbulent in controversy, violent to pressmen, and generally offensive to those around him, that she felt he was really in a fair way to recovery.

(Arthur Conan Doyle (1926): *The Land of Mist*)

［文 脈］　時が経ち、妻の死という悲しい出来事を経験したチャレンジャー。彼に訪れた変化と、その中での娘との関係を描写している場面。

［語法・構文］
- **if it had not been for ...**:「. . . がなかったとしたら」
- **comradeship**:「同志、同胞、仲間であること」
- **rally from...**:「(気の落ち込みなどから) 立ち直る」
- **the blow** は妻を失ったことで受けた打撃のことを指しています。
- **with clever craft**:「巧みな技術で」
- **lure A into B**:「A を B に誘いよせる」
- **combative nature**:「闘争本能」
- **turbulent**:「荒々しい、荒ぶった」
- **be in a fair way to...**:「うまく . . . しそうなほうに向かっている」

ポイント

［第 2 文］

- She it was who... は It was she who... という分裂文から、さらに「紛れもなく」という意味を付与するために she が前置された形。このような分裂文の焦点部の前置は焦点部が重い情報を持たず前の文脈との結びつきが強い承前語句の際に特に生じる傾向があります。
- 後半の until は , so that... に近い感じで捉えて「その結果 ... する」と訳したほうがスムーズな訳になるでしょう。コンマ (,) に続く until 節を結果に近い意味で用いるケースは少なくありません。

［第 3 文］

- It was only when... という形で始まっていることから分裂文の可能性を予想し、around him の後の that で、その予想が正しかったことを確認します。
- only when 節の内部では、she (**S**) saw (**V**) him (**O**) turbulent... (**C₁**) violent... (**C₂**) , and generally offensive... (**C₃**) という第 5 文型の構造をしっかりと把握しましょう。

訳 例

　しかし、以前と同じとはいかなかった。娘のイーニッドがそばにいて支えてくれていなかったとしたら、その傷から二度と立ち直ることができなかったかもしれない。他ならぬ彼女が巧妙に手を尽くして、教授の闘争本能をかきたてそうなテーマ、心に火をつけそうないろいろなテーマに誘い込み、彼は再び過去ではなく今を生きるようになったのだ。議論で荒ぶっていたり、新聞記者を手荒く扱ったり、周囲の人にとかく攻撃的に振る舞っている姿を見て初めて、彼女は教授がしっかりと回復に向かっていると感じられるのだった。

　イーニッドはマローンと協力してロンドンに存在する宗教の教派についての記事を書いています。以下は神秘的なものを否定する父のチャレン

ジャーと会話しているワンシーン。チャレンジャーの皮肉っぽい言い回し
を味わいましょう。

例題2 ［★★★☆☆］

> ₁"Do you conceive that a logical brain, a brain of the first
> order, needs to read and to study before it can detect a manifest
> absurdity? ₂Am I to study mathematics in order to confute the
> man who tells me that two and two are five? ₃Must I study phys-
> ics once more and take down my *Principia* because some rogue
> or fool insists that a table can rise in the air against the law of
> gravity? ₄Does it take five hundred volumes to inform us of a
> thing which is proved in every police-court when an impostor is
> exposed?"
>
> (Arthur Conan Doyle (1926): *The Land of Mist*)

[文　脈]　馬鹿にしたような口調で語る教授に娘が文献を少しでも読んだことが
あるのかと聞いています。そんなものは読む必要がないということを皮肉っぽく
主張するチャレンジャーらしさが見える一節です。

[語法・構文]
- **the first order**：「第一級」
- 第1文の **needs to ... before it can〜** のところは注意が必要。このように
  主節で「必要」や「命令」を表す語句が用いられ、従属節の before 節の内部
  に can などの「可能」を表す語句が含まれている場合、その before 節には
  「〜するためには」と so that 節に近いニュアンスが出ます。
- **Am I to study...** は「義務」を表現する be to 不定詞の形が疑問文になった
  もの。
- **confute**：「反駁する」
- ***Principia*** はアイザック・ニュートンの著した『プリンキピア・マスマティ
  カ』のこと。
- **rogue**：「ごろつき、ならず者、詐欺師」
- **Does it take five hundred volumes to...** の直訳は「...するために500
  冊の本が必要か」ということで、要するに「500冊の本を読まないと...でき
  ないのか」ということです。
- **impostor**：「詐欺師」

(ポイント)

- これだけ畳みかけるように並べられていると気づきやすいと思いますが、本例題は全ての文が疑問文です。しかも、何らかの答えを求める通常の疑問文ではなく、むしろ、疑問の形式を使って否定をほのめかす修辞疑問文の形になっています。
- この疑問文のうち、第2文以降に出てくる内容は全て「たとえ」であり、常識的に考えれば否定的にしか答えられない内容です。チャレンジャーは明らかに No と言わざるを得ない疑問文を重ねることで、ここで問題となっている最初の問いもそれに等しい→つまり明らかに馬鹿げている、ということを皮肉っぽくほのめかしているわけですね。
- 文法的には疑問文の形ではあっても、ここで用いられているレトリックは紛れもなく 4.1 節の［文法・語法コラム (11)］でも確認した「話題にしている事柄がいかに馬鹿げているか、いかに妥当ではないかを、どう見ても成立しない、うまくいくはずがない別の事柄をたとえにして強調するレトリック」というわけです。

(訳　例)

　論理的な頭脳の持ち主、しかも第一級の頭脳の持ち主が、本を読んだり研究したりしないと、明らかに馬鹿げた間違いを見つけることができないとでも思うのかね。数学を研究しないと、2＋2＝5 だと主張する人を反駁できないとでも。テーブルが重力の法則を無視して宙に浮くことができるとどこかの詐欺師や馬鹿が言い張っているからといって物理学を学び直して『プリンキピア』を出してこなきゃいけないのかね。500 冊の本を読まないと、詐欺師の正体が暴かれるたびに法廷で証明されているようなことを知ることもできないのかね。

　次の例題はチャレンジャー教授が心霊主義者の代表（心霊現象を扱う新聞の編集長ジェイムズ・スミス）との討論会に臨むつもりがあるということを主張し、そう決意した経緯を綴った言葉を紹介している場面です。

例題3 [★★★★☆]

₁"I am well aware," he wrote, "that by such condescension I, like any other man of science of equal standing, run the risk of giving a dignity to these absurd and grotesque aberrations of the human brain which they could otherwise not pretend to claim, but we must do our duty to the public, and we must occasionally turn from our serious work and spare a moment in order to sweep away those ephemeral cobwebs which might collect and become offensive if they were not dispersed by the broom of Science." ₂Thus, in a most self-confident fashion, did Goliath go forth to meet his tiny antagonist, an ex-printer's assistant and now the editor of what Challenger would describe as an obscure print devoted to matters of the spirit.

(Arthur Conan Doyle (1926): *The Land of Mist*)

[**文 脈**] 第1文の such condescension の condescension は「自分より低い位置にいる人のところまであえて降りていくような態度」のことを意味し、ここでは「科学者の自分が心霊主義者と議論しようとすること」をそう表現しています。

[**語法・構文**]
- **standing**:「立場、地位」
- **run the risk of ...ing**:「...する危険をおかす」
- **aberrations**:「異常な考え方、逸脱した考え方」
- **otherwise** は「さもなければ」で、ここでは by such condescension を受けて、「科学者が対等に議論するというようなことがなければ」という意味になっています。
- **not pretend to 不定詞**:「あえて...はしない、偽って...することはない」
- **ephemeral**:「つかの間の、はかない」
- **cobweb**:「蜘蛛の巣、混乱」
- **collect** はここでは他動詞の「集める」ではなく「集まる、たまる」の意味。
- **the broom of Science** の of は同格を表し、「科学という名の箒」というくらいの意味。
- **Goliath** は旧約聖書のサムエル記に登場するペリシテ人の巨人。羊飼いの少年ダビデとの一騎打ちの闘いに挑み敗れたとされています。
- **go forth**:「出陣する、戦いに出向く」

- **ex-printer's assistant**：「印刷所の元助手」
- **obscure**：「世に知られていない、無名の」
- **devoted to...**：「. . . に集中した、. . . ばかり取り上げている」

(ポイント)

［第 1 文］

- which 以下の関係詞節が brain や aberrations ではなく a dignity を先行詞としている点、また、節の主語である they が aberrations を指している点に注意したいところです。
- 後半の and we must 以下のところ、cobwebs は「混乱した考え方」を比喩的に表現したものですが、後に続く関係詞節の表現 might collect and become offensive「溜まっていって不快になるかもしれない」や、さらにその中の if 節で出てくる the broom of Science「科学という名の箒」は「蜘蛛の巣」という文字通りの意味も踏まえたものになっているため、訳出には少し工夫が必要です。

［第 2 文］

- did Goliath go という語順は Thus という副詞に引っ張られ、「so＋副詞句」や否定語句が前置された時と同様、疑問文と同じ語順が生じたもの。
- his tiny antagonist はゴリアテと対決した少年ダビデをイメージしたもので、ゴリアテがチャレンジャー教授を指しているように、ここでは教授の論敵のジェイムズ・スミスのことを指しています。実際に聖書では巨人のゴリアテが羊飼いのダビデに敗れており、その点からもこの討論の行く末が予想できますね。
- what...の構造は前節で扱った what を用いて名詞句を前のほうから限定する方法で、the editor of an obscure print...「. . . ある名もない新聞紙（＝印刷物）の編集長」という核を捉えることが重要。その「名もない新聞紙」というのはチャレンジャー教授の視点による描写であるということを断るためにこの構造が用いられています。

(訳 例)

彼の文面はこうだった。「このように同じところまで降りていってしまう

と、同様の地位の科学者の例に漏れず、人間の頭脳の倒錯が生み出した、愚かでとんでもない思想に通常ならそれらが装うこともできないようなある種の威厳を与えてしまう恐れがあることはよく分かっている。しかし、私たちは大衆に対しての義務を果たさねばならず、時にはまじめな研究の手を止め、時間を割いて一時的に現れるそれらの混乱のクモの巣を一掃せねばならない。科学という名の箒でとり払わねば、溜まっていって不快になってしまうそれらのクモの巣を」。こうして自信満々の様子で巨人ゴリアテは出陣し、小さな論敵、すなわち、ある新聞紙——チャレンジャーに言わせれば心霊現象ばかり扱っている名もない新聞紙だが——でかつて印刷助手を務め、今は編集長になっている人物を迎え撃ったのだった。

　取材の中で降霊術の価値を痛感し、心霊主義に理解を示す記事を書いたマローンでしたが、新聞社のオーナーのコーネリアスが記事の方向性を変えるようにと命じます。放蕩な暮らしをするコーネリアスの身勝手な言い分に腹を立てたマローンは、こちらから辞めてやると編集長に啖呵を切って部屋を出てきてしまいます。

例題4 [★★★☆☆]

1"Eh, man, it's that Irish blood of yours. 2A drop o' Scotch is a good thing, either in your veins or at the bottom o' a glass. 3Go back, man, and say you have reconseedered!"

4"Not I! 5The idea of this man Cornelius, with his pot-belly and red face, and—well, you know all about his private life—the idea of such a man dictating what folk are to believe, and asking me to make fun of the holiest thing on this earth!"

6"Man, you'll be ruined!"

(Arthur Conan Doyle (1926): *The Land of Mist*)

[文　脈]　ここは直属の上司でスコットランド人でもあるマカードルが憤るマローンをなだめようとしている場面。

183

[語法・構文]
- **man** は間投詞で使うと、驚きや失望などを表します。
- **it's that Irish blood of yours** の that は周知のものを表現する語法で「例のアイルランド人の血」という感じになります。
- **A drop of Scotch** はスコットランド人の血とスコッチウィスキーの掛詞。アイルランド人は喧嘩っ早い、スコットランド人は金にうるさい、という固定観念が背景にある言い回しであることを読み取りましょう。
- **reconseedered** は正しくは reconsidered ですが、マカードルの訛りを表現するためにこのような綴りになっています。
- **pot-belly**:「太鼓腹」
- **be ruined**:「破産する」

(ポイント)

［第 2 文］

- ここはアイルランド人は気性が荒く、スコットランド人は穏やかというステレオタイプに由来する言い回しになっています。(アイリッシュウィスキーに?) スコッチウィスキーを少し加えるとおいしくなるように、気性の穏やかなスコットランド人の血を少しもらうと丁度よいということをほのめかしていると考えられるので、訳文ではそのニュアンスが伝わるように工夫しています。

［第 5 文］

- The idea of...から文が始まるため、この名詞句が文の主語となるだろうと予想しつつ読み進めます。直後に出てくる this man Cornelius を The idea of につなげても少し意味がまとまらないので、「コーネリアス」が「どうする」話だろうという疑問を持てることが大切。
- 直後には with を用いた前置詞句で Cornelius の説明が続き、さらに 2 つ目の and の後も説明が続くと思いきや、ここでダッシュ (—) を用いた挿入表現が入ってきます。この挿入部分は「あなたも彼の普段の生活ぶりはよく知っているだろう」ということで、詳細を省くための断りを入れた形。
- 挿入部分が終わったところで、もう一度 the idea of が出てくるので、長い説明が入ったために文の最初の構造を改めて確認するための繰り返し

表現であると判断しましょう (⇨『英文解体新書』7.1 節)。

- the idea of such a man dictating... とここで「of＋意味上の主語＋動名詞」が登場し、「コーネリアスのような男が ... dictate するという考え」という形で、ようやく the idea の中身が見えてきます。

- dictating... and asking... という動名詞句の並列関係を見抜き、ようやく The idea of から始まる長い名詞句が終わって、この文の述語動詞が出てくるはずと期待したところで、文そのものが終わってしまいます。ここで、この文は動詞を持たない、つまり述語のない名詞句のみで構成された文だということが判断できます。

- 文全体が大きな名詞句であるとは言っても、そのまま「...という考え」と訳して終わりというわけにはいきません。前文で「考え直すことはしない」と強く言っていることを考慮すると、この名詞句は、どうしてマローンが考え直すのを拒んでいるかの理由になっていると判断できますね。訳にはその点を反映させるとよいでしょう。

[第 5 文の構造]

The idea of this man Cornelius...

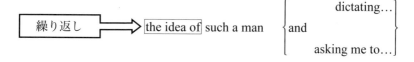

（訳 例）

　「うわあ、君の例のアイルランド人の血だな。スコットランドの血を一滴もらうのも悪くないぞ。スコッチをグラスの底に一滴足すとうまいだろ。戻れ。な。戻って、考え直しましたと言え」

　「嫌です。あのコーネリアスが、太鼓腹で赤ら顔で、しかも、いや、あなたも彼のプライベートはよく知っているでしょう、そんな男が人々に何を信じるべきかを命令し、僕にこの世で最も神聖なものを馬鹿にした記事を書くよう言っているなんて考えると」

　「ああ ...。身を滅ぼすぞ」

4.5 「分解機」

　ここまでチャレンジャー教授の登場する長編を 3 編、扱ってきましたが、本節では短編の「分解機」('The Disintegration Machine') を題材としてみたいと思います。どんな物体でも分子レベルにまで分解し、また元に戻すことができる恐ろしい機械を開発したと主張するテオドール・ネモールのところへ、マローンとチャレンジャーが調査に行く話です。マローンがチャレンジャーを訪問するところから物語は始まります。間違い電話で仕事を邪魔された教授はご機嫌斜め。訪問したマローンに対しても記事に自分のことを「最も偉大な科学者の<u>一人</u>」と書いたのはどういうわけか、と文句をつけてきます。

例題 1 ［★★★☆☆］

> ₁"My dear young friend, do not imagine that I am exacting, but surrounded as I am by pugnacious and unreasonable colleagues, one is forced to take one's own part. ₂Self-assertion is foreign to my nature, but I have to hold my ground against opposition. ₃Come now! ₄Sit here! ₅What is the reason of your visit?"
>
> (Arthur Conan Doyle (1929): 'The Disintegration Machine')

［文　脈］　マローンが「最も偉大な科学者」とすべきだった、と返したことで少し空気が変わります。

［語法・構文］
- **exacting**：「厳しい、やかましい」
- **pugnacious**：「喧嘩っ早い」
- **take one's own part**：「自分を擁護する、自分の領分を守る」
- **be foreign to...**：「... にとって異質の、相容れない」
- **hold one's ground**：「... の立場を守る」

ポイント

［第 1 文］

• 後半、surrounded as I am by...のところがポイントです。本来、be 動詞の後ろにくるべき surrounded が as の前に出ている形ですね。一般的に as をこのような語順を入れ替えた形で使う場合、譲歩的な意味となることが多いのですが、今回の場合、「私は . . . に囲まれているのだが」とすると、その後の「自分を守らなければならない」という趣旨の内容とスムーズにつながりません。「喧嘩っ早い」「理屈の通じない」同僚に囲まれているのであれば、「自分を守らなければならない」のは当然に思えるからです。そこで、ここではこの構文が原因、理由の意味で使われているのでは、と発想転換する必要があります。ちなみにこれは、2.4 節の【例題 2】でも出てきたパターンですね。

訳 例

「若き友よ、私のことを口やかましい人間だとは思わないで欲しい。だが、喧嘩腰の理屈の通じない同僚に囲まれていると、どうしても自分の領域は守らなければならないのだ。自己主張は本来、私の性には合わないが、反対勢力に対しては立場を守る必要がある。さあ、来たまえ、ここにかけなさい。なぜ訪問してきた」

テオドール・ネモールのもとにやってきた教授とマローン。どんな物体をも分解することも元に戻すこともできる分解機の開発に成功したと豪語するネモールは、教授に対し、その力をあなた自身に使って実証してみましょうか、この装置の椅子に座る勇気はありますか、と挑発します。

例題2 ［★★★☆☆］

1"You shall not go," I said. 2"Your life is too valuable. 3It is monstrous. 4What possible guarantee of safety have you? 5The nearest approach to that apparatus which I have ever seen was the electrocution chair at Sing Sing."

　6"My guarantee of safety," said Challenger, "is that you are a witness and that this person would certainly be held for manslaughter at the least should anything befall me."

　7"That would be a poor consolation to the world of science, when you would leave work unfinished which none but you can do. 8Let me, at least, go first, and then, when the experience proves to be harmless, you can follow."

(Arthur Conan Doyle (1929): 'The Disintegration Machine')

[文　脈]　挑発に乗ろうとした教授に対し、マローンが諫めるシーンです。

[語法・構文]
- **You shall not go.** の shall は典型的な話者の意志を表現する shall「．．．させる」。ここでは否定形なので「．．．させない」の意味となる。
- **What possible guarantee of safety have you?** のところ、一般的には do you have となるべきですが、have は助動詞に近いこともあり、be 動詞と同じように疑問文で倒置されることがあります。
- **approach**：「近いもの」
- **Sing Sing** はアメリカのニューヨーク州にある「シンシン刑務所」のこと。
- **hold 人 for ...**：「人に．．．の責任を取らせる」
- **at the least**：「最低でも」
- **befall** 人：「人に（主によからぬことなどが）起こる」
- **poor consolation** は「貧しい慰め」が直訳ですが、「慰めにならない」というニュアンスで考えたほうが分かりやすいかもしれません。
- **none but you**：「あなた以外の誰も．．．ない」

(ポイント)

［第 5 文］
- that apparatus は目の前に見えている「分解機」のことであり、それに限定の関係代名詞節 which...がかかるのは奇妙だと考えて、which...が the nearest approach「最も近いもの」を修飾していることを見抜くのが大切。

［第 6 文］
- まず、said Challenger という部分は発話者を示す挿入的要素なので、一

度、ここを括弧に入れて、My guarantee of safety **(S)** is **(V)** that... **(C)** という構造を把握するのがポイント。また、**(C)** に当たる部分では、that という接続詞を標識にして、that... and that...という並列関係をしっかりと捉えましょう。

- さらに、2つ目の that 節内では、後半で登場する should anything befall me のところを、唐突に should が出てくることからスムーズに if 節と同じ機能を持つ倒置形だと分かったかどうか。

[第7文]
- when 節は単純に「...時に」ではなく、「...なのに」というニュアンス。
- leave **(V)** work **(O)** unfinished **(C)** の構造は、leave や keep といった SVOC の形を採る代表的な動詞が出てきたら意識する、という読み方をしていれば難しくないはずです。
- work「仕事(研究)」を「完成させないままにする」とは言っても、それだけでは少し漠然としているな、と思ったとすればそれは正しい読み方で、きっちり後から which...が work に説明を加えます。

訳例

「行っちゃダメですよ」と僕は言った。「あなたの命は重すぎます。これは恐ろしい機械だ。どこに安全の保証があるんです。私がこれまでに見た中でこの装置に一番近いのはシンシン刑務所の電気椅子ですよ」

チャレンジャー教授はこう返した。「私の安全の保証は君が証人であるということ、万が一私の身に何か起これば、この人物は最低でも確実に虐殺の罪に問われるということだ」

「そんなのが科学界にとって救いになりますか、あなたしかできない研究が完成しないままになってしまうのに。せめて、私に先に試させて下さい。それで害がないと分かれば、後に続けばいいでしょう」

Chapter 5

19 世紀の冒険小説

5.1 ポー「モルグ街の殺人」

5.2 スティーヴンソン『ジキル博士とハイド氏』

5.3 ハガード『ソロモン王の洞窟』

5.4 H. G. ウェルズ『月世界最初の人間』

5.5 トウェイン『アーサー王宮廷のヤンキー』

Education never ends, Watson. It is a series of lessons with the greatest for the last.
　　　　　　　　　—'The Adventure of the Red Circle'

　本章ではコナン・ドイルと同時代、あるいはそれより少し前の時代に活躍した英米作家の推理、冒険、SF 小説を題材にします。主に 19 世紀の作家となりますので、英語は骨がありますが、4 章までの特訓で培ってきた英文解釈力を思いっきりぶつけるつもりで取り組んでもらえればと思います。5.1 節はエドガー・アラン・ポー、5.2 節はロバート・ルイス・スティーヴンソン、5.3 節はヘンリー・ライダー・ハガード、5.4 節は H. G. ウェルズ、そして、5.5 節はマーク・トウェインの作品をそれぞれ取り上げます。

5.1　ポー「モルグ街の殺人」

　コナン・ドイルが生み出したシャーロック・ホームズは今や名探偵の代名詞的キャラクターとなっています。探偵と言われてまず思い浮かべるのがホームズだと言う人も多いのではないでしょうか。確かに、次々に襲い掛かってくる難事件を明晰な頭脳で快刀乱麻を断つかのごとく解き明かしていく姿は印象的で、まさに探偵のイメージにふさわしいかもしれません。しかし、鋭い観察力と分析力で他人の考えや行動などをいとも容易く見抜き、周囲の人間をあっと驚かせた探偵の元祖は実はエドガー・アラン・ポー (Edgar Allan Poe, 1809–1849) の描いたオーギュスト・デュパンだと言われており、その人物像はホームズにも少なからず影響を与えたとされています。実際、1.1 節でも見たように『緋色の研究』の中には、ワトソンがホームズの推理に対して「まるでエドガー・アラン・ポーのデュパンのようだ」と評するシーンが出てきます。本節ではこのデュパンが初めて登場した作品である「モルグ街の殺人」('The Murders in the Rue Morgue', 1841) を題材として、元祖探偵の妙技を楽しみつつ、英文を読み解いていきたいと思います。最初に取り組むのは、自分から見れば他人の考えていることなど全て御見通しと豪語し、実際にそれを証明してみせることがよくあったと語り手がデュパンの説明をしている部分の抜粋です。ホームズとワトソンのやりとりそのものではないか、と思われる方もいるかもしれません。

例題1 [★★★☆☆]

₁We were strolling one night down a long dirty street, in the vicinity of the Palais Royal. ₂Being both, apparently, occupied with thought, neither of us had spoken a syllable for fifteen minutes at least. ₃All at once Dupin broke forth with these words:—
"He is a very little fellow, that's true, and would do better for the *Théâtre des Variétés.*"

₄"There can be no doubt of that," I replied unwittingly, and not at first observing (so much had I been absorbed in reflection) the extraordinary manner in which the speaker had chimed in with my meditations.

(Edgar Allan Poe (1841): 'The Murders in the Rue Morgue')

[文　脈] 語り手がデュパンとのやりとりの様子を伝えています。デュパンが語り手の考えていることをいとも簡単に見抜いてしまうところを確認しましょう。

[語法・構文]
- **in the vicinity of...**:「...の近くに」
- **the Palais Royal** は「パレ・ロワイヤル」で、パリにある劇場のことです。
- 第2文、**Being both...** から始まっているので、分詞構文ではないかと当たりをつけ、文の主語 (**S**) と述語動詞 (**V**) の登場を待ちます。この姿勢で読んでいけば、neither of us (**S**) had spoken (**V**) a syllable (**O**) という骨組みが問題なく見えるでしょう。
- 述語動詞が **had spoken** となっているのは、ここで描かれているシーンに至るまでの約15分間のことを表現しているからです。
- **break forth with...**:「...で突然沈黙を破る」
- *Théâtre des Variétés*:「テアトル・ド・ヴァリエテ、演芸館」
- **unwittingly**:「意識せずに、思わず、特に考えずに」
- **observe** はここでは「気づく」くらいの意味。
- **chime in with...**:「一致する、ピッタリと合う」
- **meditations**:「黙想、黙って考えること」

ポイント

[第4文]
- 語り手のセリフから始まっている点はよいとして、I replied unwittingly,

and not at first observing…のところで、後半が observing と分詞句になっ
ているところから、これは replied した時の状況を説明する語句であり、
and によって unwittingly と並列されているという点を把握しましょう。
「思わず、そして、最初は…に気づかずに」という感じですね。

- （　　）で囲まれている部分が挿入的な表現であることはすぐに分かりま
すが、ここが、so much had I been absorbed in reflection と倒置の形に
なっていることから、so…that 構文の特殊形 (that 節の内容を前に出し、後
から so…で理由を説明する形) を想起し、この（　　）の部分が「それほど
自分の考えに集中していたからだ」と、直前の not at first observing「最
初は気づかなかった」という部分の理由を説明している点を理解できた
かがポイントです。

- observing の目的語に当たる the extraordinary manner in which…の部分
は訳出の点で少し工夫が必要です。how 節には以下のように「…こ
と、…の」と訳したほうがうまくいく、ほぼ that 節と変わらない用法が
あります。

　　I remember how he talked excitedly about the game.
　　［訳］彼が興奮気味にそのゲームについて語っていたのを覚えている。

how 節と意味的に近い the way in which 節や the manner in which 節にも
これは当てはまります。ここの the extraordinary manner in which 節もそ
のタイプで、「…の驚くべき方法」とするよりは、「…という驚くべき
こと」といった形で訳すほうがスムーズな日本語になるでしょう。

訳　例

　ある夜、私たちはパレ・ロワイヤルの近くの長く汚い路地をぶらついて
いた。ともに物思いにふけっていたみたいで少なくとも 15 分は一言も発し
ていなかった。突然デュパンが次のような言葉で沈黙を破った。「あいつは
確かに背が低いからな。テアトル・ド・ヴァリエテのほうが向いているだ
ろうよ」
　「ああ、間違いないね」と、私は何の気なくそう答え、最初はデュパンの

その言葉が自分の考えていたことにピタリと一致しているという驚くべき事実に気がつかなかった (それほど、自分の考えに集中していたからだ)。

例題2 [★★★★☆]

₁In an instant afterward I recollected myself, and my astonishment was profound.

₂"Dupin," said I, gravely, "this is beyond my comprehension. ₃I do not hesitate to say that I am amazed, and can scarcely credit my senses. ₄How was it possible you should know I was thinking of—?" ₅Here I paused, to ascertain beyond a doubt whether he really knew of whom I thought.

₆—"of Chantilly," said he; "why do you pause? ₇You were remarking to yourself that his diminutive figure unfitted him for tragedy."

(Edgar Allan Poe (1841): 'The Murders in the Rue Morgue')

[**文　脈**] 【例題1】の直後の部分です。デュパンの言葉に驚いた語り手が、一体どうやって!? と確認するシーン。まだ本当に見抜かれているのか半信半疑の状態です。

[**語法・構文**]
- **recollect oneself**:「(はっと気づいて) 冷静になる」
- **do not hesitate to say**:「ためらうことなく ... する」
- **can scarcely credit my senses** は直訳すれば「ほとんど自分の感覚が信用できない」となりますが、「感覚」とは言ってもここではデュパンの言葉が信じられないということなので、「耳を疑う」くらいの意訳をしてもよいところ。
- **beyond a doubt**:「疑いのない形で、間違いなく」
- **his diminutive figure unfitted him for tragedy** は典型的な無生物主語構文で、his diminutive figure「彼の低い身長」を「彼の背が低いこと」と考えて解釈しましょう。

ポイント

［第4文］

- この文から第6文にかけてが本例題のポイントとなるところです。第4文では、最も重要な情報となるはずである文末のofの目的語が表現されないままになっています。【例題1】から読んできた人であればその理由も見当がつくと思いますが、ここでは直後の第5文で語り手自身が to ascertain beyond a doubt whether he really knew of whom I thought「本当に私が考えている人物が誰か分かっているのかを間違いなく確かめるため」と説明を加えています。

［第6文］

- これに対し、第6文は of Chantilly「シャンティリのことを」と問題の人物名を補うデュパンのセリフで始まっています。この of は第4文の語り手のセリフの中の thinking of の of を言い直したものであり、語り手の言い残した文の一部を話し相手であるデュパンが補って文を完成させるような形になっています。この例は語り手が意図的に不完全な文を発しているケースですが、実際の会話でも話しているほうが言い間違えたり、言葉がうまく出てこなかったりした場合に聞き手が部分的に言葉を補う、ということはよくある現象であり、そういう会話らしいやりとりが見られる一節になっています。

- ちなみにこの【例題1〜2】で描かれているのが、1.1節の【例題4】でホームズが「浅い」と酷評していたデュパンのトリックですね。

訳　例

すぐにハッと我に返り、とてつもなく驚いた。

「デュパン」、私は真剣に切り出した。「理解不能だよ。正直に言って驚いている。耳を疑いそうだ。一体どうして分かったんだい。僕が考えているのが...」ここで私は少し間をおいた。誰のことを考えていたか本当に分かっているのかを確かめるためだ。

「シャンティリのことだって」と彼は言った。「どうして先を言わないんだい。彼の身長は低いから悲劇には向かないって考えていたじゃないか」

さて、続いては事件現場の描写です。モルグ街の母娘の親子が住む家屋での悲鳴を聞きつけ、近隣の人間が閉じられたドアをこじ開けて家に入ってみると、両者が無残な遺体で見つかります。事件を報じた『ガゼット』紙の記事という体裁を取っている一節からの抜粋です。

例題3　[★★★★☆]

₁After a thorough investigation of every portion of the house, without farther discovery, the party made its way into a small paved yard in the rear of the building, where lay the corpse of the old lady, with her throat so entirely cut that, upon an attempt to raise her, the head fell off. ₂The body, as well as the head, was fearfully mutilated—the former so much so as scarcely to retain any semblance of humanity.

(Edgar Allan Poe (1841): 'The Murders in the Rue Morgue')

[文　脈]　娘の遺体の後、母親の遺体がどのように発見されたかを説明しています。

[語法・構文]
- **make one's way into...**:「 ... に進む」
- **a small paved yard**:「石敷きの小さな庭」
- **A as well as B**:「B だけじゃなく A も」
- **mutilated**:「切断されて」
- **the former** は「前者」という意味で、ここでは直前に並べられた、the body と the head のうち、the body のほうを指しています。
- **semblance**:「見せかけ、風体」

ポイント

[第 1 文]

- 第 1 文の後半以降が特に問題になります。まずは、where lay...のところ、建物を出て「庭」に進んでいるシーンを描写しているので、この where は a small paved yard を説明するものだ、とすぐに把握したいところ。
- where lay the corpse の形は、there lay...と同様、新しい情報である節の

197

主語の the corpse を後に持ってくるための倒置。関係詞は直前に出てきた名詞を受けるという意味で、読み手、聞き手が最も意識している情報を指すものなので、そこから新しい情報へとスムーズにつなげるためにこの種の倒置構文はよく生じます (⇨『英文解体新書』2.1 節)。

- with her throat so entirely cut ... は with の付帯状況の構文。ここは文字通り、「...の状態で」という意味で、lay the corpse「遺体が横たわっていた」際の状態を説明していると解釈するのが適切でしょう。so entirely cut「それほど完全に切り裂かれて」とあることから、「どれほどか?」と考えて後ろの that...に目を向けます。that 以下の内容はグロテスクですね。

[第 2 文]
- 第 2 文は第 1 文ほど息は長くないですが、ダッシュ (—) に続く部分、the former so much so のところは、やはり前半の内容に追加説明を加える独立分詞構文的な形になっていて、the former (being) so much mutilated と考えると分かりやすいかと思います。もちろん、ここでも、so much mutilated「それほど切断されて」と来たら次に「どれほどか?」と考え、so と as scarcely to 以下の関係を見抜きましょう。ここは、so...as to 不定詞「〜するほどに...」の as to の部分に scarcely という否定の副詞が入り、「ほとんど〜しないほどに...」となった形です。

（訳　例）

　家の中の隅々までくまなく調べたが、それ以上何も見つからず、一行が建物の裏の石敷きの庭へと出たところ、そこには老婦人の死体が横たわっていた。喉がパックリと切り裂かれていたため、体を起こそうとすると頭が落ちた。体も頭部同様に恐ろしいほどに切り裂かれていて、ほとんど人間の原形をとどめていなかった。

　次の例題はデュパンの推理を描写した一節から。叫び声を聞いて現場に乗り込んだ複数名の証言に基づいて考察しています。

例題 4 [★★★★☆]

> ₁I remarked that, while all the witnesses agreed in supposing the gruff voice to be that of a Frenchman, there was much disagreement in regard to the shrill, or, as one individual termed it, the harsh voice.
>
> ₂"That was the evidence itself," said Dupin, "but it was not the peculiarity of the evidence. ₃You have observed nothing distinctive. ₄Yet there *was* something to be observed. ₅The witnesses, as you remark, agreed about the gruff voice; they were here unanimous. ₆But in regard to the shrill voice, the peculiarity is—not that they disagreed—but that, while an Italian, an Englishman, a Spaniard, a Hollander, and a Frenchman attempted to describe it, each one spoke of it as that *of a foreigner*. ₇Each is sure that it was not the voice of one of his own countrymen. ..."
>
> (Edgar Allan Poe (1841): 'The Murders in the Rue Morgue')

[**文　脈**] 犠牲者となった母と娘が何者かに殺害されたということを結論づけた上で、証人たちが建物の中で聞いたという 2 つの声（しゃがれ声と甲高い声）について変なことに気づいたかとデュパンが語り手に尋ねた直後の場面です。

[語法・構文]
- **gruff**:「しゃがれた」
- **in regard to...**:「...に関して」
- **shrill**:「甲高い」
- **term**:「...と名付ける、...と呼ぶ」
- **here**:「この点では」
- **unanimous**:「満場一致の」
- **speak of O as C**:「O を C だと言う」

ポイント

[第 1 文]
- that 節内では先頭の , while を節内に挿入された副詞節のサインと見極めて、この while 節が終わったところで that 節の核となる SV が登場する

はずだ、という予測のもと読み進め、there was **(V)** much disagreement **(S)** という節内の骨格を捉えましょう。

- 大きなポイントは much disagreement の後ろに続く in regard to という前置詞の目的語の部分。the shrill「甲高い」という「冠詞＋形容詞」の形があるからには、後ろに voice などの名詞がこないと文法的にも意味的にもまとまらないと考えることが大切。直後に or があるため、shrill or... という形で... に別の形容詞が入ってくるはずだと予測し、as...の部分は挿入表現だろうと括弧でくくる発想を持てるかどうか。そうすると、as 節がコンマ (,) で区切られたところで、the harsh という「冠詞＋形容詞」の形が出てきて、以下のような構造を捉えることができます。

［第 1 文の文末の構造］

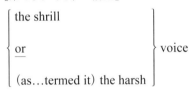

- なお、as one individual termed it の it は the shrill voice のことを指し、「一人がその声をそう呼んだように」という意味になって、the harsh voice を説明します。つまり、これは証言をした人の一人は他の皆が「甲高い (shrill) 声」と言ったものを「とげとげしい (harsh) 声」と表現したことを意味しています。

［第 6 文］

- ダッシュ (—) をヒントにして、The peculiarity **(S)** is, **(V)** not that...but that 〜 **(C)**「変な点は... ではなく、〜ということだ」という構造を把握することが大前提。but 以下の that 節では第 1 パラグラフの第 1 文と同様、先頭の ,while を節内に挿入された副詞節のサインと見極めて、each one **(S)** spoke **(V)** という節の骨格を捉えましょう。

訳 例

　私はしゃがれた声がフランス人の声だったと考える点では証人全員の意見が一致しているが、甲高い、あるいは一人の証人に言わせれば耳障りな声のほうについては意見がバラバラだと言った。

　「それは証言そのものだ」とデュパンは言った。「でも、証言の変な点じゃない。君は特異なところには気づかなかった。けど、気づくべきところが確かにあったんだ。君の言う通り、証人はしゃがれた声については一致している。この点は全員、同じだ。けれど、甲高い声については、妙なのは彼らの証言がバラバラなことではなく、イタリア人、イギリス人、スペイン人、オランダ人、フランス人がその描写を試みたのに、みながその声を外国人の声だと説明したことだ。みな、それが同国人の声ではなかったと確信しているんだ」

5.2　スティーヴンソン『ジキル博士とハイド氏』

　本節では、冒険小説、伝奇小説で知られる 19 世紀のイギリス作家、ロバート・ルイス・スティーヴンソン (Robert Louis Stevenson, 1850–1894) を取り上げます。スティーヴンソンの英文は 20 世紀の半ばに出版された受験対策本『訳注英米作家選』(南雲堂) でも「将来の入試問題」としてバートランド・ラッセルやサマセット・モームの英文とともに紹介されており、往年の大学受験英文の潜在的な出典の一人であった作家です。ここで題材とする『ジキル博士とハイド氏』(*The Strange Case of Dr. Jekyll and Mr. Hyde,* 1886) は、二重人格をテーマとした古典的名著であるとともに、70 回に渡って映画化されるなど極めて人気の高い伝奇小説です。100 頁に満たない中編的な作品ということもあって、19 世紀の冒険小説や伝奇小説をとにかく何か 1 つ読み通したいという人にはおススメできる作品でもあります。

　ジキル博士から謎の男ハイドに遺産を相続させるという趣旨の遺書を託されていた弁護士のアターソンはジキルがハイドに何かしら過去の弱みを握られ、恐喝されているのではないかと考えます。

例題1　[★★★★☆]

₁And the lawyer, scared by the thought, brooded awhile on his own past, groping in all the corners of memory, lest by chance some Jack-in-the-Box of an old iniquity should leap to light there. ₂His past was fairly blameless; few men could read the rolls of their life with less apprehension; yet he was humbled to the dust by the many ill things he had done, and raised up again into a sober and fearful gratitude by the many he had come so near to doing yet avoided.

(Robert Louis Stevenson (1886): *Dr. Jekyll and Mr. Hyde*)

[文　脈]　怖くなり、自分にも人に付け込まれるようなまずい過去がなかっただろうかと思いを巡らしているところ。冒頭の the lawyer はアターソンを指しています。

[語法・構文]

- **brood on...**：「...をじっと考え込む」
- **grope**：「手さぐりで探す」
- **lest...should...**はここでは懸念や恐怖を表す副詞節で「...しやしないかと」といった意味。
- **Jack-in-the Box**：「びっくり箱（ふたを開けると人形が飛び出すおもちゃ）」
- **iniquity**：「不公正、不当、非道」
- **leap to light**：「明るみに出る」
- **be humbled to the dust**：「屈辱を受ける、非常に恥ずかしい思いをする」
- **a sober and fearful gratitude** は少し訳しにくいところ。sober は「ハッと正気に戻った」、fearful は「おびえを感じさせる」くらいの意味。つまり、「ハッと気づいて、ゾッとしながらも感謝していること」が直訳になります。
- **come near to ...ing**：「ほとんど（危うく）...しそうになる」

ポイント

[第1文]

- 主語の lawyer の後ろに挿入された分詞構文や、後半の groping 以下の分詞構文に注意しましょう。leap to light there は「そこで明るみに出る」が直訳ですが、「そこで出てくる」くらいに捉えてよいところ。
- some Jack-in-the-Box of an old iniquity では、an old iniquity「過去の悪

行」がひょっと姿を現す様子を表現するためのたとえとして Jack-in-the-Box を用いていることを理解して訳したいところです。

［第2文］

- 1つ目のセミコロン (;) 以下が否定と比較の対象の省略が重なった形（⇨『英文解体新書』4.3節）になっています。less apprehension と比較の形が来たら「何と比較してそう言っているのか」と問う姿勢が大切。with less apprehension「より心配することなく」の後ろに than he could を補って考え、「彼ほど自分の人生の巻物を心配なく読める人はまずいない (few people)」という趣旨を捉えましょう。

- ここまでの例題でも何度か登場していますが、このタイプの比較構文は文のトピック（文がまさに説明しようとしている対象）が省略されて明示されないという難しさがあります。例えばこの文でもあくまでトピックは the lawyer であり、彼の過去に傷がないということを伝えようとしているわけですが、few men ... apprehension には「彼」を表す言葉が全く登場しません。しかし、その点を逆手に取るならば、his past「彼の過去」の話をしていたのに突然、few men という否定的な意味を持つ漠然とした主語が登場するということから、このタイプの構造を予測することも可能だということです。このあたりは 1.2 節の【例題3】で説明したことなどもヒントになるでしょう。

- Yet 以下の後半では、過去分詞の形から humbled to the dust と raised up again into a sober and fearful gratitude という2つの句を等位接続詞の and が結びつけているのを把握した上で、by the many ill things he had done と by the many he had come so near to doing yet avoided の意味的な対比にも目を向けましょう。前半ではやってしまったことに恥じ入っている様が、後半では思いとどまった行為を想像して安堵している様子が浮かんでくるのではないでしょうか。

- なお、he had come so near to doing yet avoided の部分は he had come so near to doing (and) yet (he had) avoided と補って考えたいところ。

[第 2 文後半の構造]

```
           ┌ humbled to the dust by…
           │
he was     ┤  and
           │
           └ raised up again into a sober and fearful gratitude by…
```

（訳 例）

　弁護士はそう考えて恐ろしくなり、しばらく自分の過去のことをよく思い返して、ひょっとして過去の何かしらの道徳に悖る行為がびっくり人形よろしく飛び出してきやしないかと記憶の隅々まで探ってみた。彼の過去はかなり非の打ち所のないもので、これほど不安を感じずに人生を振り返ることができる人も稀だろうと思えるほどだった。それでも、彼はやってしまった悪行を思い返しては恥辱を感じ、同時に、やりかけたが何とか踏みとどまったことに危なかったとヒヤッとしつつも感謝するのだった。

（例題 2）　[★★★★☆]

> ₁A week afterwards Dr. Lanyon took to his bed, and in something less than a fortnight he was dead. ₂The night after the funeral, at which he had been sadly affected, Utterson locked the door of his business room, and sitting there by the light of a melancholy candle, drew out and set before him an envelope addressed by the hand and sealed with the seal of his dead friend.
>
> (Robert Louis Stevenson (1886): *Dr. Jekyll and Mr. Hyde*)

[文 脈]　ジキル博士とアターソンの共通の友人であるラニョン博士は、ジキルの恐ろしい秘密を知った後、調子が悪くなり、すぐに亡くなってしまいます。ラニョン博士が残した一通の手紙をアターソンが確認しているシーンです。

[語法・構文]
- **take to one's bed**：「床に臥す」
- **in something less than a fortnight**：「2 週間足らずで」
- **be sadly affected**：「悲しみの感情を抱いている」

- **melancholy candle** の melancholy はいわゆる転移修飾 (transferred epithet) と呼ばれるもので、candle そのものではなく candle を描写する書き手の気持ちを転移して表現しています。He pointed an angry finger at me. などと同様です。
- **seal**:「印章、封をする」

ポイント

［第2文］

- 息が長く、並列関係から問題になる部分が満載です。The night after the funeral…は時の副詞句だと判断し、Utterson (**S**) locked (**V**) the door…という骨格を理解するのが大前提。and の後には sitting…という分詞句らしきものが続きますが、これと対になる分詞句や形容詞句が and の前に存在しないことから、sitting…candle までは分詞構文の挿入だと考えて、locked… and drew out…という並列関係をつかみましょう。
- さらに、この drew out 以下の部分も注意が必要。何を引き出したのかと考えて後ろに目的語を期待しますが、and set…という形が続きます。set にもやはり目的語があるはずなので、before him を飛び越えて、an envelope が drew out と set の共通の目的語になっていることを見抜くのがポイント。ちなみに、この before は in front of と同じ空間的な意味です。
- an envelope に続く、addressed by…は過去分詞句による後置修飾だとすぐに判断できるとして、その後も慎重に。突然、the hand と出てくれば、「何の hand?」と疑問に思う姿勢が大切です。後ろから何か説明が加えられるのではないかと予想しながら読み進めるからこそ、and の後に続く sealed with the seal of his dead friend の of his dead friend が the hand と the seal の両方を修飾していることがスムーズに理解できるのです。

［名詞句の構造］

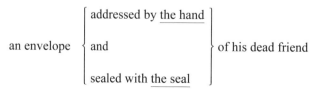

（訳　例）

　1週間の後、ラニョン博士は床に臥し、2週間足らずで亡くなってしまった。悲しみにくれた葬儀の日の夜、アターソンは執務室に中から鍵をかけ、憂鬱な火をともす蠟燭のそばに腰かけ、一通の封筒を取り出して目の前に置いた。亡くなった友の手で宛先が書かれ、彼の印章とともに封がなされたものだった。

　さて、次は様子がおかしくなったジキル博士をアターソンが見にいくところ。その道中を描いています。

（例題3）　[★★★★☆]

　₁The wind made talking difficult, and flecked the blood into the face. ₂It seemed to have swept the streets unusually bare of passengers, besides; for Mr. Utterson thought he had never seen that part of London so deserted. ₃He could have wished it otherwise; never in his life had he been conscious of so sharp a wish to see and touch his fellow-creatures; for struggle as he might, there was borne in upon his mind a crushing anticipation of calamity.

(Robert Louis Stevenson (1886): *Dr. Jekyll and Mr. Hyde*)

[文　脈]　ジキル博士が部屋に籠ったままで様子がおかしいので一緒に見てくれないかと執事のプールに頼まれたアターソンはジキルのもとへと向かいます。

[語法・構文]
- **flecked the blood into the face**：「血で頰が赤らむ状態にさせた」
- **besides** は節の最後で用いられていますが、直前の節の内容に「加えて、しかも」という意味。
- **deserted**：「ひっそりとした、人がいない」
- **otherwise**：「そうでない状態の」
- **struggle**：「(何かに抵抗して)あがく、もがく」
- **...be borne in upon ～**：「. . . が～に確信される」

ポイント

［第 2 文］

- seemed to have swept the streets unusually bare of passengers のところに
ついて、unusually bare of passengers が the streets を後置修飾していると
考えて、「異常なほど人のいない通りを風が吹いていたようだ」のように
解釈したという方はいないでしょうか。実はここの unusually bare of
passengers は単なる後置修飾ではなく、風が swept the streets「通りを吹
き荒れた」ことの「結果」を表していて、「風が吹いたせいで、異例なほ
どに通りから通行人がいなくなってしまった」という内容になっている
と考えられます。

- というのも、seemed to have swept という形から、ここで表現している風
の動き (have swept) はアターソンの視点よりもさらに前の出来事を指して
いることになりますが、前後の文脈から、アターソンの視点の時点でも
風が吹いていて人がいないことは明らかなので、ここで「しかも、異常
なほど人のいない通りを風が吹いていたようだ」のように、わざわざ過
去の時点のことをとりたてて表現する理由が見当たらないからです。

- 逆に、この unusually bare 以下を結果として捉え、It...besides までを「風
のせいで人がいなくなってしまった」ということを表現したものだと考
えれば、直後の for から始まる、判断の根拠を示す内容にもスムーズにつ
ながります。

- 第 2 文の後半、he had never seen that part of London so deserted の箇所
は、so deserted「それほどに人がいない、人気がない」という語句から
「どれほどか？」と考えて、deserted の後ろに as it was then「その時ほど」
を補って考えるのが大切。

［第 3 文］

- セミコロン (;) 以下、never in his life という否定語句が先頭に出ているた
め、後ろでは疑問文と同様の語順になるはずだという意識を持ちながら
読み進めましょう。そうすれば、had he been conscious のところはスムー
ズに読み解けるはず。さらに so sharp a wish「それほど強く望む気持ち」
では、第 2 文の後半と同じく、「どれほどか？」と考えて、as he was con-

scious then「その時彼が意識していたほど」を補って考えます。

- 後半の for 以下では、突然、動詞らしき struggle が登場して少し戸惑ったとしても、as he might と続くことから、be that as it may「いずれにせよ」や try as he may「どれほど努力しても」と同タイプの命令文による譲歩構文ではないかと判断しましょう。

- さらに、there was borne in upon his mind...のところでは、情報の流れに合わせて主語 (**S**) と動詞句 (**V**) の順番を入れ替えるという there 構文の機能を思い出し、was borne (**V**) a crushing anticipation of calamity (**S**) という関係をしっかりと押さえることが大切。

(訳　例)

　風のせいで会話をするのも困難なほどで、血流で頬が赤くなった。しかも、この風が通りから通行人を一掃してしまったかのようだった。というのも、ロンドンのこのあたりの場所としてはかつて見たことがないほどにガランとしていたからだ。思わずもっと人がいてくれればと願いそうだった。人生でこの時ほど、他の人を目にしたり、触れたりしたいという気持ちを痛切に感じたことはなかった。というのも、どう抗おうとも、彼の心に確信とともに恐ろしい惨劇の予感が迫ってきたからだ。

　さて、次の例題はジキル博士自身による記録となっている最終章の冒頭近くからの抜粋で、快楽を徹底して追求したいという気持ちもあったが、同時に高潔に生きたい、人前で体裁を保ちたいという思いもあり、前者の側面を隠しながら生きてきたという内容に続く箇所です。

(例題4) [★★★★☆]

　₁Though so profound a double-dealer, I was in no sense a hypocrite; both sides of me were in dead earnest; I was no more myself when I laid aside restraint and plunged in shame, than when I laboured, in the eye of day, at the furtherance of knowledge or the relief of sorrow and suffering.

(Robert Louis Stevenson (1886): *Dr. Jekyll and Mr. Hyde*)

[文　脈]　ジキルの二面性とそれに対する彼自身の分析に注目しましょう。

[語法・構文]
- **double-dealer**：「二重人格者」
- **hypocrite**：「偽善者」
- **dead** はここでは副詞で「全く、完全に」という意味です。
- **lay aside...**：「...を脇に置く、横にどける」
- **plunge in shame**：「恥ずべき行為に身を委ねる、耽溺する」
- **labour at...**：「...に精を出す、苦心する」
- **in the eye of day**：「白日のもと、人の目に触れながら」
- **furtherance**：「促進、助成」
- **relief of sorrow and suffering** は直訳すれば、「悲しみや苦痛の軽減」ということですが、これは医者としての彼の仕事をやや抽象的な言葉で言い表したものでしょう。

ポイント

- I was in no sense a hypocrite.「私はいかなる意味でも偽善者ではなかった」という表現があります。「偽善者」とは外面では善とされる行為をしていても、それを本心から行っているわけではない人に対して用いられる言葉なので、「偽善者ではなかった」というのは、裏に快楽を追求する自分の一面もあったとは言っても表に出していた自分が嘘だったわけではない、というニュアンスで理解することができます。この解釈の裏付けは、1つ目のセミコロン (;) 以下の部分で、both sides of me were in dead earnest「両方の面が完全に正直なものだった」とはっきり表現しているところからも得られます。
- 本英文で特にポイントとなるのは、2つ目のセミコロン (;) 以下の部分です。I was no more myself when...than when 〜という、いわゆるクジラの構文の形になっているため、何も考えずに機械的に訳そうとすると、「〜の時に私が私自身ではなかったのと同様、...の時にも私は私自身ではなかった」のような訳が出てきかねません。しかし、この文の2つのwhen 節が上で言う both sides of me, すなわち、「快楽を追求する自分」と「高潔でまじめな自分」をそれぞれ具体的に言い換えた内容になっている

ことを見落としてはいけません。この点を踏まえると、「私自身ではな
かった」という否定的な訳は明らかに直前の文脈と矛盾するおかしな解
釈になってしまいます。

- ここで、クジラの構文、no more...than 〜の形には than 以下に明らかに
成立しない例を置くことで、前半の内容が馬鹿げていることを際立たせ
る標準タイプのものに加え、逆に前半に明らかに成立する例を置いて、後
半が成立することを強調するタイプのものがあることを思い出せたかど
うかがポイントです（⇨『英文解体新書』5.2 節）。

- この文章では上の「偽善者ではなかった」という言葉からも読み取れる
ようにジキルは両面ともに本当の自分だったと指摘しつつも、その力点
は「表に出ていたまじめな自分も本当の自分だった」というほうにあり
ます。したがって、この「表の自分」に対応する内容を述べた than 以下
の部分こそ重要な点であり、「高潔な行為（後半の when 節で表現されて
いる内容）を行っていた時に比べ、快楽を追究する行為（前半の when 節
で表現されている内容）を行っていた時の自分のほうがより自分自身だっ
たというわけではない」と表現することで、結果として「恥ずべき行為
をやっている時の自分と同じくらい、高潔な行為をやっている時の自分
も本当の自分自身だった」という意図を伝えようとしていると読み取る
ことができます。

訳 例

　このように私は甚だしい二重人格者ではあったが、決して偽善者ではな
かった。その両面が全く正直な私の姿だった。自制心を押しのけて恥ずべ
き行為に身を委ねていた時の私が私自身であったように、人々の目に映っ
ていた私、知識の追求に勤しみ、悲しみや苦痛を軽減しようと精を出して
いた時の私もやはり私自身であったのだ。

文法・語法コラム (13)

クジラの構文の特殊なパターン

　本節の【例題 4】ではクジラの構文 no more...than 〜の解釈が定訳となっ

210

ている「〜ではないのと同様に . . . ではない」を反転し、「 . . . であるのと
同様に〜である」と読まなければならない英文を扱いました。この読みが必
要となる場合は定訳のケースに比べると非常に稀であり、しかも、クジラの
構文の亜種とされる not...any more than 〜の形の場合、この解釈はできま
せん。一方、この any more than を使った亜種では以上の二例とは全く別の
解釈のパターンがあるので少し触れておきましょう。次の英文を読んでみて
下さい。

> But you must be careful of assuming that their voice represents all Japa-
> nese people. After all, New Yorkers do not represent all Americans any
> more than Parisians represent all French people.
> ［訳］しかし、彼らの意見が日本人全員を代表していると思いこまないよ
> うに注意しなければならない。つまるところ、ニューヨーク市民がアメリ
> カ人全員を代表しているわけでもなければ、パリ市民がフランス人全員を
> 代表しているわけでもないのだから。

第 2 文で not...any more than の形が使われていますが、この英文が伝えよ
うとしているのはどういうことでしょうか。4.1 節の［文法・語法コラム
(11)］でも詳しく見たように、標準タイプのクジラの構文は than 以下の内
容をたとえにして<u>前半部の内容が成立しない</u>ということを強く主張するもの
ですが、【例題 4】で確認した特殊なパターンは、前半部をたとえにして<u>than
以下のことが成立する</u>ということを主張するものになっていました。ある意
味では真逆の解釈ですが、文の一部（後半もしくは前半）をたとえにして残
りの部分について何かを述べているという点では共通しています。

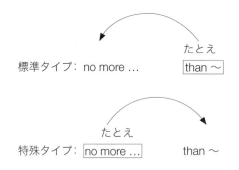

しかし、上の any more than の例に目を向けるとどうでしょうか。この文は
全体として否定的な意味を持っているという点では標準タイプに近いです

が、パリとフランスの例を引き合いに出して、ニューヨークとアメリカのことを説明しようとしているのでもなければ、逆にニューヨークとアメリカの例を使ってパリとフランスの関係を説明しようとしているわけでもありません。むしろ、アメリカの例、フランスの例、その両方がたとえであり、本当に説明したいことは、前文で示されている their voice doesn't represent all Japanese people「彼らの声が日本人全員を代表しているわけではない」という点です。つまり、この英文は構造上クジラの構文の亜種であり、また、前半も後半も否定の解釈になるという意味では標準タイプに準ずるものですが、話者や書き手がこの文を使って主張しようとしている内容は、前半部にも後半部にもなく、前の文から補わなければならないという興味深い文例になっています。当然、もしこの文を翻訳するとすれば「パリの人がフランス人全員を代表しているのではないのと同じように、ニューヨークの人がアメリカ人全員を代表しているわけではない」というアメリカに主眼があるような標準タイプの訳し方ではミスリーディングで、「ニューヨークの人がアメリカ人全員を代表しているわけでもなければ、パリの人がフランス人全員を代表しているわけでもない」とアメリカとフランスの話がともに直前の文の日本の話のたとえであって同列のものである、ということが分かるような訳し方が理想的ということになります。

[第 3 のパターン]

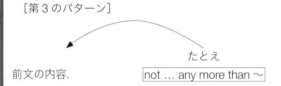

たとえ

前文の内容.　　　not … any more than 〜

not…any more than のクジラの構文の亜種が用いられる場合には、この第 3 のタイプもあり得ると知っておくと解釈の際に有効でしょう。

5.3　ハガード『ソロモン王の洞窟』

　ヘンリー・ライダー・ハガード (Henry Rider Haggard, 1856–1925) という作家名を聞いて、ピンとくる人はそんなに多くないかもしれませんが、昭和生まれの人ならば、シャロン・ストーンが出演していた『ロマンシング・

アドベンチャー／キング・ソロモンの秘宝』(1985) という映画を記憶している人もいるのではないでしょうか。あるいは平成以降に生まれた人でも、『リーグ・オブ・レジェンド』(2003) という映画でショーン・コネリーが演じたアラン・クォーターメインという人物に聞き覚えがあるという人はいるでしょう。実は、『キング・ソロモンの秘宝』の原作を著し、冒険家アラン・クォーターメインを生み出したのが他ならぬハガードです。主にアフリカを舞台とした冒険小説を多く残したハガードは、アラン・クォーターメインのシリーズの他に 2000 年を超えて生き続ける魔女アッシャをテーマにした作品も手掛けており、その作品群は『インディ・ジョーンズ』シリーズを始め、現在も様々な形で映画や小説などに影響を与えています。ここでは、その中から特に知名度の高い『ソロモン王の秘宝』(*King Solomon's Mines*, 1885, クォーターメイン・シリーズの代表作) の抜粋を読んでみましょう。冒険家アラン・クォーターメインが行方不明となった弟を探すヘンリー卿とともにソロモン王の秘宝を手がかりとして旅に出るも、秘境に住まう部族と出会うことで想像を絶する事態に巻き込まれてしまうというストーリーです。

例題1 ［★★★☆☆］

1"It's a queer story, Mr. Quatermain," said Sir Henry. 2"I suppose you are not hoaxing us? 3It is, I know, sometimes thought allowable to take a greenhorn in."

4"If you think that, Sir Henry," I said, much put out, and pocketing my paper—for I do not like to be thought one of those silly fellows who consider it witty to tell lies, and who are for ever boasting to new comers of extraordinary hunting adventures which never happened—"why there is an end to the matter," and I rose to go.　　(H. Rider Haggard (1885): *King Solomon's Mines*)

［文　脈］　行方不明の弟の手がかりを求めてグッド大佐とともに冒険家のクォーターメインのもとを訪れたヘンリー卿。手がかりの 1 つとしてソロモン王の財宝について書かれた手記の内容を読み上げたクォーターメインに対し、信じられ

ないといった反応をしているところです。

［語法・構文］
- **I suppose…?**:「 . . . ですよね?」
- **hoax**:「嘘などでからかう」
- **allowable**:「許される、正当な」
- **take in**:「だます」
- **greenhorn**:「新人、新参者、経験がない人」
- **(be) put out**:「腹を立てて、気分を害して」
- 第 4 文の **why** は間投詞として用いられており抗議のニュアンスを表現しています。

（**ポイント**）

［第 4 文］

- 途中にダッシュ（—）で挟まれた理由を表す挿入節が入っているため、かなり息の長いものになっています。まずは、挿入部分をくくって考えるのも 1 つの手でしょう。

- much put out, and pocketing my paper は I said の際の状況を説明する（過去分詞と現在分詞を用いた）分詞構文で、「非常に腹を立てて、手記をポケットにしまい込みながら」という意味になります。

- ダッシュ（—）の部分を一度無視して考えると、there is an end…の箇所が If you think that という従属節に対応する主節となっていることにスムーズに気づくことができるでしょう。その際、間投詞として用いられている why には注意したいところです。

- 挿入節の中では I do not like to be thought one of those…という形から、think OC が受身になって、be thought (to be) C となっていることを見抜きましょう。また、those silly fellows を修飾する関係代名詞節が 2 つ、and で結ばれ、who… lies and who…happened となっていることをしっかりと把握するのがポイントです。

- 1 つ目の関係代名詞節では consider OC と it と to 不定詞の形式目的語構文がポイントになります。また、2 つ目の関係代名詞節では boasting「自慢している」というのは「誰に」「何のことを」自慢するのか、と考えて、to newcomers「新参者に」、of extraordinary hunting adventures「異常な狩りの冒険について」という前置詞句の役割を見極めましょう。for ever boasting ... の for は「...を求めて」ぐらいのニュアンス。

〔訳 例〕

「奇妙な話ですね、クォーターメインさん」とヘンリー卿は言った。「嘘をおっしゃっているんじゃないでしょうね。初心者はたまにからかってやれという考えもあるんでしょうが」

「ヘンリー卿、もしそうお考えなら...」、私はかなり腹を立て、手記をポケットにしまいながらそう切り出した。というのも、嘘をつくのをしゃれていると考えていて、経験のない者にありもしないとんでもない狩りの冒険談を吹聴してまわっている愚かな奴らと一緒にされたくなかったからだが、「もしそうお考えなら、いいですよ、この話はおしまいです」と言って、私はその場を去ろうと立ち上がった。

さて、結局、ヘンリー卿はグッド大佐とともにソロモン王の秘宝を目指していた弟を探しに行くことを決心し、クォーターメインに同行を依頼します。

例題2 [★★★☆☆]

₁"Mr. Quatermain," said the former, "I am well off, and I am bent upon this business. ₂You may put the remuneration for your services at whatever figure you like in reason, and it shall be paid over to you before we start. ₃Moreover, I will, before we start, arrange that in the event of anything happening to us or to you, that your son shall be suitably provided for. ..."

(H. Rider Haggard (1885): *King Solomon's Mines*)

[文 脈] 幼い息子のことがあって気が進まない彼にヘンリー卿が太っ腹な条件を提示しているところ。第1文の the former はヘンリー卿のことを指していると考えて読んでみて下さい。

[語法・構文]

- **well off**:「富んで、金持ちで」
- **be bent upon (on) ...**:「...を決心している、...に本気である」
- **remuneration for...**:「...に対する報酬」
- **your services** はここではクォーターメインがヘンリー卿を手伝うことを指しているので、それが分かるように訳す必要があります。
- **figure**:「数字」
- **in reason**:「無理のない範囲で、常識の範囲内で」
- 第2〜3文の **shall** はともに「話者(ヘンリー卿)の意志」を表現しています。
- **provide for** 人:「人に(衣食住などの)必要なものを提供する」

（ポイント）

[第3文]

- I (**S**) will arrange (**V**) という骨格を捉え、さらに後ろに that が続くことから、arrange that 節「that 以下の手配をする、お膳立てをする」という表現が使われていると判断しましょう。

- that 節内の主語を期待しますが、直後には in the event of... という少し長めの前置詞句が続きます。この前置詞句では、of 以下が anything (意味上の主語) happening (動名詞) という形で「of＋意味上の主語＋動名詞」のパターンになっていることに注意が必要。

- to you で前置詞句が従えている範囲が終わり、that 節内の主語が出てくるかと思いきや、that your son... という並びで主語名詞句らしき your son の前に明らかに接続詞として使われている that が再び登場します。ここで、in the event...の前置詞句が長くなったために arrange that 節の that をもう一度言い直した冗長な繰り返しの例 (⇨『英文解体新書』7.1節) だと判断できることが大切。

（訳　例）

　「クォーターメインさん」、ヘンリー卿は切り出した。「私は裕福です。そしてこの件に真剣です。一緒に来てくれるなら報酬は可能な限りいくらでも好きな額を言って頂いてかまいません。出発前にお支払いするようにしましょう。さらに、万が一私たち、いや、あなたに何かが起きてしまった場合、息子さんが生活していく上で必要なものをしっかり受け取れるように、出発前にお膳立てもしておきましょう。...」

300 年前にソロモンの秘宝を目指したポルトガル人ホセ・ダ・シルヴェストラの地図に従い、ソロモンの街道に入った一行。グッド大佐が髭を剃ったところで見知らぬ部族 (ククアナ族) に囲まれてしまいます。

例題3 [★★★★☆]

₁"Greeting," answered the man, not, indeed, in the same tongue, but in a dialect so closely allied to it that neither Umbopa nor myself had any difficulty in understanding it. ₂Indeed, as we afterwards found out, the language spoken by this people is an old-fashioned form of the Zulu tongue, bearing about the same relationship to it that the English of Chaucer does to the English of the nineteenth century.

(H. Rider Haggard (1885): King Solomon's Mines)

[文 脈] 代表者と思しき男にズールー語で話しかけたところ、言葉が通じ、やりとりが始まります。ウンボパ (Umbopa) は一行の従者を務める現地人です。

[語法・構文]
- **Greeting** は「挨拶」という意味の言葉として使っているのではなく、挨拶行為そのもの。
- **not, indeed, in the same tongue, but in a dialect...** では not A but B「A ではなく B」の形を把握すると同時に、the same tongue ではないならどういう言葉なのか、と考えながら読み進め、in a dialect の後に続く説明に期待します。a dialect に続く、so closely allied to it がその期待に応えることを理解しつつ、so closely allied「それほど密接につながっている」というのが「どれほどか?」と考えて、後ろの that 節を予想しましょう。
- **bear a ~ relationship to...**:「... に対して~な関係を持っている」
- **about the same**:「およそ同じ、ほぼ同じ」

ポイント

[第 2 文]
- Indeed という副詞から始まり、すぐに as 節が続くので、この副詞節が終わった後で SV が登場するはずだと考えて読み進めます。the language (spoken by this people) **(S)** is **(V)** an old-fashioned form of the Zulu

tongue (**C**) という骨格を捉えるのは難しくないでしょう。

- 特にポイントになるのは後半の bearing 以下です。これは主語の the language を補足的に説明する分詞構文ですが、bearing about the same relationship to it（＝the Zulu tongue）と読んだところで、the same「同じ」とは何と同じということなのかと考えて、後ろに説明を求める姿勢が大切。勘のよい人ならここで、身近な言語のたとえなどがくるのではないかと予想できるかもしれません。

- 予想通り登場した後ろの that 節で、does to の does が bears を受けていることをしっかりと押さえれば、「チョーサーの英語が 19 世紀の英語に対して持っているのとほぼ同じ」ということが読み取れますね。結果的に、この分詞構文の部分が、A is to B what C is to D「A と B の関係は C と D の関係と同じ」の構文と似たような表現になっている、という点まで気づけたら素晴らしいと思います。訳例ではこの部分を後半が前半のたとえになっていることがうまく伝わるよう少し意訳しています。

（訳　例）

「こんにちは」と答えたその男の言葉は、全く同じ言葉というわけではなかったが、ズールー語と非常に近いためにウンボパも私もたやすく理解できた。実際、後から分かったことだが、この部族の言葉はズールー語の古語で、ズールー語にとっては 19 世紀の英語から見たチョーサーの英語みたいなものだったのだ。

　物語も佳境、自分はかつて追放されたククアナ族の王族イグノシであると身分を明かしたウンボパに、嘘ではないことを証明してほしいとククアナ人たちが迫ります。

（例題 4）［★★★★☆］

1Thoroughly wearied out, we were soon sound asleep, and slept till Ignosi woke us about eleven o'clock. 2Then we got up, washed, and ate a hearty breakfast, not knowing when we should get any more food. ₃After that we went outside the hut and stared at the sun, which we were distressed to observe presented a remarkably healthy appearance, without a sign of an eclipse anywhere about it.

(H. Rider Haggard (1885): *King Solomon's Mines*)

[文　脈]　クォーターメインたちはグッド大佐の機転で翌日に日食が起こるはずだということに思い至り、「明日、太陽を空から消してみせる」と言い放ちます。ここはその後の一場面。

[語法・構文]
- **wearied out**:「疲れ果てて」
- **ate a hearty breakfast** は「食欲旺盛に朝食を食べた」ということ。ここの hearty は 5.2 節の例題で触れた転移修飾の例です。
- **not knowing...**は分詞構文で、直前の ate...の部分の理由を説明しています。

（ポイント）
- 第 1 文、第 2 文ともに構造的、解釈的に特に難しいところはなく、疲労困憊で熟睡した後、次にいつ食べられるか分からないので朝食をたらふく食べた、という流れはすんなりと読み取れるのではないでしょうか。

[第 3 文]
- which 以下について、関係代名詞節を which we are distressed to observe で区切ってこれが the sun を説明していると見なすと、後ろの presented ...の説明がつかなくなってしまいます。ここから、連鎖関係詞節の応用形 (⇨『英文解体新書』6.2 節) を想起し、この関係代名詞 which は observe の目的語ではなく、observe の目的語である that 節の内部の主語に当たるものではないか、と考えられたかどうかが鍵。つまり、この関係詞節は文末まで続くということになります。訳し方としては非制限用法なので前から訳し下してしまってよいでしょう。

［関係代名詞節の構造］

…the sun, which we were distressed to observe (that) that 節内の主語
presented…

- 上の解釈から presented a remarkably healthy appearance「際立って健全
な様子を見せていた」のは the sun ということになるので訳出は少し工夫
が必要になりますね。例えば「いつもにも増して明々と輝いていた」な
どは意訳しすぎでしょうか。

訳　例

疲れ果てていた私たちはすぐに深い眠りにつき、目を覚ましたのは 11 時
頃、イグノシが起こしに来た時だった。起きて顔を洗い、次にいつ食事に
ありつけるかも分からないので朝食をたらふく食べた。その後、小屋の外
に出て、太陽のほうに目をやったが、太陽はいつにも増して明々と照って
いて、日蝕の兆候などどこにもないのにひどく不安を覚えた。

　ウンボパ（イグノシ）の王座奪還のため、魔女ガグールとツワラ王の圧政、
王の息子スクラガの残忍な振る舞いに苦しむ人々を味方につけ、王の軍勢
との戦いに一行は臨みます。

例題5　［★★★★☆］

　₁Half an hour or more was allowed to elapse between the set-
ting out of the horns or wings of the army before any movement
was made by the Greys and their supporting regiment, known as
the Buffaloes, which formed its chest, and were destined to bear
the brunt of the battle.　(H. Rider Haggard (1885): *King Solomon's Mines*)

［文　脈］　兵糧攻めを企むツワラ王に対し、イグノシは三又に軍勢を分け、中央

の軍勢が敵軍の攻撃を受けている間に、両脇からツワラに攻撃をしかけることを
提案し、その作戦を実行します。

[語法・構文]
- **the horns or wings of the army**：「軍の両角、いわば両翼」
- **the Greys**：「白髪連隊（ククアナ国の軍の中でも最強の部隊）」
- **the Buffaloes**：「水牛連隊」
- **which** の先行詞は the Greys と their supporting regiment の両方であることに注意。また、**its chest** の its は the army を指します。ここでは the army を体にたとえていて、左右の部隊を両翼、中心の部隊を胸と表現していることを捉えましょう。
- **bear the brunt of...** は現在でもニュースや新聞などで頻繁に使われるイディオムで、「（攻撃など）の矢面に立つ、を真正面から受ける」という意味。

(ポイント)

- Half an hour or more was allowed to elapse は「30 分かそれ以上の時間が過ぎるのを許された」というのが直訳です。ただし、時間を過ぎさせた→その間、何もしなかった、というニュアンスなので「30 分程度、時間が過ぎるのを待った」などとしてもよいところ。
- between が続き、その後に the setting out という動作名詞がくるため、A and B という形を期待しますが、両翼から中心となる白髪連隊に視点が移るところで登場するのは接続詞の before になっています。ここから、between A and B のように離れた語句が相関し合って 1 つの単位を成している相関構文では構文の途中での入れ替わりによるブレンドが起きやすいということ（⇨『英文解体新書』7.2 節）を想起し、この部分が、between A and B の形で表現し始めたけれども、途中でその意識が希薄となって before 節に切り替わった形だと把握できたかどうか。訳出としては、「両翼の活動開始」と「中央の活動開始」の間に 30 分強の時間を取ったということが分かるように訳せば比較的に柔軟な訳し方が可能だと思います。

(訳例)

　軍の両角、いや両翼となる部隊が行動を開始してから 30 分強程度の時間を置いて、白髪連隊とそれを援護する「水牛連隊」として知られる部隊が動き始めた。彼らは軍の胸部となって、戦闘の矢面に立つことになる連隊だ。

　白髪連隊とともに中心で戦うヘンリー卿は一騎当千の強さで次々に敵を
なぎ倒します。そこについにツワラ王が登場し、息子スクラガの敵でもあ
るヘンリー卿に闘いを挑みます。

例題6　［★★★★☆］

> ₁"Where art thou, Incubu, thou white man, who slew Scragga
> my son—see if thou canst kill me!" he shouted, and at the same
> time hurled a tolla straight at Sir Henry, who, fortunately, saw it
> coming, and caught it on his shield, which it transfixed, remain-
> ing wedged in the iron plate behind the hide.
> 　₂Then, with a cry, Twala sprang forward straight at him, and
> with his battle-axe struck him such a blow upon the shield, that
> the mere force and shock of it brought Sir Henry, strong man as
> he was, down upon his knees.
>
> (H. Rider Haggard (1885): *King Solomon's Mines*)

[文　脈]　作中最強クラスの二人による一騎打ちの描写を味わいましょう。

[語法・構文]
- Where art thou の thou は二人称の代名詞が単数と複数とで形が違った時代
  の二人称単数の主格の形、art はそれに対応する be 動詞の変化形です。現在
  では聖書などの古い文体でのみ見られるものですが、本作ではズールー語やそ
  の古語のセリフの際に、通常のセリフとは異なる雰囲気を出すためにあえてこ
  のような表現法が用いられています。
- **Incubu**「インクブ」はヘンリー卿のズールー語での名前。
- **see if thou canst kill me** は直訳すれば「私を殺せるか確かめてみよ」とい
  うくらいですが、「私を殺せるか」くらいでもよいところ。canst は can が二
  人称単数の thou に対応して変化した形。
- **tolla**:「投げ槍」
- **transfix**:「串刺しになる」
- **remain wedged**:「突き刺さったままである」
- **hide**:「(盾の前部を構成する) 獣皮」

ポイント

[第 1 文]

● Where art thou...はその直後の行動から明らかに聞き手であるヘンリー卿
がどこにいるか分かって発せられているものなので、「そこにいるのか」
「そこか」くらいの感じで訳すのがよいと思います。

[第 2 文]

● 第 2 パラグラフは迫力ある戦闘シーンの描写の息遣いを感じたいところ
です。Twala **(S)** sprang... **(V₁)** and...struck **(V₂)** という骨組みをしっか
りと把握した上で、struck him such a blow のところでは such a blow「そ
れほどの一撃」から「どれほどの?」と考えて、後ろの that 節との関係を
押さえます。

● また、strike の用法が、struck **(V)** him **(O₁)** such a blow **(O₂)** という第
4 文型の用法であるのと同時に、「strike + 人 + on the 体などの一部」→
「人 の ... を打つ」が使われていることにも注意しましょう。

● that 以下ではコンマ (,) で挟まれた strong man as he was の部分を譲歩節
「彼は強い男だが」の挿入として適切に処理し、brought **(V)** Sir Henry
(O) down upon his knees「ヘンリー卿に膝をつかせた」という核となる
部分を捉えるのがポイント。

● the mere force and shock ...は典型的な無生物主語構文。「単に ... しただ
けで ...」というように日本語訳を工夫したほうがよいでしょう。

訳 例

　「そこか、インクブ、息子スクラガを討った白き者よ。我を討てるか!」
王はそう叫び、同時にヘンリー卿めがけて投げ槍を放った。ヘンリー卿は
幸いそれに気づいて、盾で受けとめたが、槍は盾に突き刺さり、獣皮を貫
いて鉄板に串刺し状態になった。
　さらに、ツワラは叫び声をあげながら一直線にヘンリー卿に飛びかかる
と、戦斧で盾の上から強烈な一撃を食らわせた。その威力たるや凄まじく、
衝撃だけでヘンリー卿ほどの猛者が膝をついてしまった。

文法・語法コラム (14)

thou という人称代名詞について

　上でも言及しましたが、かつて英語には二人称においても単複の区別があり、二人称単数の代名詞 thou が存在していました。

	単数	複数
主格	thou	ye
所有格	thy (thine)	your
目的格	thee	you
所有代名詞	thine	yours

表　1

　しっかりと学んだ西洋語が英語のみという人の場合、二人称に単数と複数の区別があって、しかも、単数の二人称代名詞が主語の場合にそれに合わせて動詞の形が特定の変化をする、というルールは意外かもしれません。実際、現代英語では二人称に単複の区別はなく、また、普通の現在形の文に関する限り、人称代名詞の種類によって動詞の形が変わるのは三人称単数の (代) 名詞が主語の時のみであることを考えれば当然です。しかし、これはヨーロッパ諸語の中でも現代英語の特徴であり、必ずしも一般性の高いルールではありません。例えば同じゲルマン語派に属するドイツ語と比較してみると、その違いは一目瞭然です。下の表は、love him とそれに当たるドイツ語の動詞句が一～三人称の単複の代名詞を主語とした場合の文の形を示しています。

		英語	ドイツ語
単数	一人称	I love him.	Ich liebe ihn.
	二人称	You love him.	Du liebst ihn.
	三人称	She loves him.	Sie liebt ihn.
複数	一人称	We love him.	Wir lieben ihn.
	二人称	You love him.	Ihr liebt ihn.
	三人称	They love him.	Sie lieben ihn.

表　2

この表を見れば、ドイツ語では二人称に単複の区別があること、また、人称代名詞によって様々に動詞が形を変えていることが分かると思います。

　今回登場した thou 及び、それに伴う動詞の活用（be 動詞の場合は art, have の場合は hast, それ以外は主に -t, -st, -est を語尾につける）はかつて英語にあった特徴が一部の特殊な文脈で活用された例だということになります。シェイクスピアの作品などでも使用例を確認できますが（例: Wherefore art thou Romeo?「どうしてあなたはロミオなの」）、聖書では表1のルール通り単複でこれらを使い分けている一方、シェイクスピアではそのような区別はなく、thou をより親密な相手に語り掛ける場合の二人称（いわゆる親称）として用いる傾向があると大塚高信著『シェイクスピア及聖書の英語』（研究社）は指摘しています。いずれにせよ、現代英語にはまず登場しない表現ではありながら、英語圏で育ったならばどこかしらでは目にしたことのある形ということになるでしょう。日本語母語話者が「拙者」とか「ござる」、「汝」のような言葉を使わずとも理解できるのと同様に、英語の母語話者であれば難なく理解できるレベルのものだと言えます。

破格的な構造について

　4.4 節に続き、本節でも破格的な構造が登場しました。主に 20 世紀以降の文章を中心に扱った前著『英文解体新書』では破格の例はほぼ全て口頭での言葉の書き起こしだったので、前著を読んだ人はドイルやハガードといった伝統的な作家の文章の中に破格が登場することに驚いた人もいるかもしれません。

　実は破格は口語にのみ現れる、それゆえに音声や動画が自由に視聴できるようになった 21 世紀特有の文法問題というわけでは決してありません。破格（anacoluthon）や構文のブレンド（blending）は 20 世紀前半に出版された伝統的な文法書や言語学辞典の類でも必ずと言ってよいほど扱われているテーマであり、主に書き言葉を主たる研究対象としていた往年の文法書の著者たちも規範文法から逸脱する現象に大いに興味を持っていたことが分かります。例えば1940年に出版された市河三喜編『英語學辭典』（研究社、1940）には Anacoluthia（破格構文）の説明として以下のような内容が記載されています。

　　文の文法的構成が錯合し照應關係の破れる現象をいふ。かゝる文を ana-coluthon といふ。非文法的構成は同義の2構文が混成した場合（most of any; No sooner had he started before...）にも生ずるが、これは混成

（blending）と呼ばれ、anacoluthia とは區別される。卽ち破格構文は繼時的混成で、混成は同時的破格構文といへる（Sweet, *History of Language* 9）。混成は吾々があることを言はうとする時、同じ意味の、併し文法上異つた二つの形式が同時に頭に浮び、その各〻の一部分が混合して非論理的な構文となつたものであり、anacoluthia はある構造で始めた文がそれと異なつた他の構造で終るものである。

（市河三喜編（1940）『英語學辭典』71–72 頁）

ここでは伝統文法家の代表格の一人であるヘンリー・スウィートの考え方が紹介されていますが、破格的な構造の中にも anacoluthon と blending という区別を設け、詳細に議論していたことが分かります。

5.4　H. G. ウェルズ『月世界最初の人間』

本節では、SF の父としてジュール・ヴェルヌとともに並び称される H. G. ウェルズ（H. G. Wells, 1866–1946）の作品を取り上げます。『タイムマシン』（*The Time Machine*, 1895）や『宇宙戦争』（*The War of the Worlds*, 1898）などといった SF の古典的名作を著したことで知られるウェルズですが、その著作の中には『世界史概観』（*A Short History of the World,* 1922）のように大変広く読まれた歴史書もあります。また、昭和中期に出版された英文解釈本である多田幸蔵『くわしい英米現代文の新研究』（洛陽社）や大橋榮三編『現代英米作家英文解釈問題選』（南雲堂）でその英文が複数、紹介されており、やはり往年の大学受験英文の花形の一人だったと見てよいでしょう。ここでは月への旅を描いた『月世界最初の人間』（*The First Men in the Moon*, 1901）を取り上げます。主人公のベッドフォードは事業に失敗し、戯曲を書いて困窮を逃れようと田舎に引きこもりますが、そこで奇妙な科学者ケイヴァーと出会います。ケイヴァーが研究している重力を遮断する物質にビジネスチャンスを見出したベッドフォードは彼の協力者となり、ケイヴァーが開発した「球体」（sphere）と呼ばれる宇宙船に乗って月へと飛び立ちます。

　二人が地球から離れ、月へと近づいていく中で、「球体」から星々や地球の形などを観察し、時間は次第に過ぎていきます。

例題1 [★★★☆☆]

　₁So slight were the exertions required of us, so easy did the practical annihilation of our weight make all we had to do, that the necessity for taking refreshment did not occur to us for nearly six hours (by Cavor's chronometer) after our start. ₂I was amazed at that lapse of time. ₃Even then I was satisfied with very little.

(H. G. Wells (1901): *The First Men in the Moon*)

[文　脈]　ここはその球体の中でいつの間にか予想外に時間が経っていたというところ。

[語法・構文]
- **exertions**:「肉体的な労力」
- **annihilation**:「消滅、なくなること」
- **refreshment**:「飲み物や軽食」
- **chronometer**:「ぜんまい時計」
- **the lapse of time**:「時間の経過」→「時間が経っていたこと」

ポイント

[第1文]

- 構造把握上はここが最も重要です。So slight の後に were the exertions という語句が続くことから、「so＋形容詞」が文頭に出たことで生じる倒置を想定するとともに、全体が so…that 構文となっている可能性にまで目を向けるのが理想。

- ただし、直後には so easy ともう1つ so を用いた表現が登場します。この so easy 以下の構造把握が本英文のヤマ。前の So slight と同じく「so＋形容詞」の形なので、後ろも同様に be＋S という形が続くかと思いきや、did the practical annihilation と do＋S の形が登場します。so easily ならよくあるパターンだが、so easy なのに did? と思った人もいるのではないでしょうか。

227

- しかし、そういう時もあわてず文の最後まできっちり確認しましょう。そうすると、後ろの構造が、the practical annihilation... **(S)** make **(V)** all we had to do **(O)**, となっていて、文脈との整合性も考えれば、make OC の C に当たる部分が so easy であり、それが前に出た形ではないかと見当をつけることができます。だとするとこの文は make を述語動詞とするわけですから、so easy の後ろに続く形が did＋SV という形になっていても何もおかしくないわけです。
- 1.1 節の［文法・語法コラム (1)］で見たように、このタイプの構文で「so ＋形容詞」が文頭に出ている場合、後ろには be＋S や助動詞＋S の形が続くことが確かに多いのですが、be 動詞以外の動詞が使われている SVC の文や今回のように SVOC の文で倒置が起きた場合は、「so＋形容詞＋do＋S」という構造になることもあるので注意しましょう。
- the practical annihilation of our weight は「体重の現実的な消滅」という直訳ではイメージが伝わりません。our weight was practically annihilated「体重がほとんど消えた」という内容を背後に持つ名詞化表現であることを捉えて訳を工夫したいところです。
- all we had to do, の後に that が登場することで、文頭の So slight のところで予想した so...that 構文は正しかったと安心しましょう。
- なお、訳例では原文の名詞化表現や無生物主語などをより平易で一般的な日本語にしていることにもご注意下さい。

［第 1 文の構造］

C	V	S
So slight	were	the exertions...

, that...

C	助動詞	S	V	O
so easy	did	the...	make	all ... do

［第 3 文］

- with very little は with very little refreshment のこと。ここは文脈からし

228

て、very little を否定的にではなく、「非常に少ないものでも」のように
解釈する必要があります。

（訳 例）

　体を動かすのにほんのわずかしか力がいらず、体重がほとんどないに等
しくて何をするにしても楽だったので、そろそろ軽く食事を取らねば、と
いう思いが頭をよぎったのは動き始めてから6時間（ケイヴァーのぜんまい
時計で）近く経ってようやくだった。こんなに経っていたのかと驚いたが、
それでもほんの少し食べれば満腹になった。

（例題2）　[★★★☆☆]

> ₁An extraordinary elation had taken possession of us. ₂Partly I
> think it was our sense of release from the confinement of the
> sphere. ₃Mainly, however, the thin sweetness of the air, which I
> am certain contained a much larger proportion of oxygen than
> our terrestrial atmosphere.
>
> 　　　　　　　　　　　　(H. G. Wells (1901): *The First Men in the Moon*)

[文　脈]　とうとう月に着陸、「球体」から外に出た二人。その環境、低重力ゆ
えの自分たちの体の身軽さに気分が高揚します。

[語法・構文]
• **elation**:「意気揚々とした気持ち、気分が高ぶること」
• **take possession of...**:「...を支配する、強い影響力を持つ」
• **terrestrial atmosphere**:「地球上の大気」

（ポイント）
[第2文]
• Partly...it was...の it は前文の an extraordinary elation を受けたもので
　「その原因（理由）は」というくらいの意味。it には苦痛や快楽などの原因
　や出所を表現する用法があります。
• our sense of release from the confinement of the sphere のところは単語の

意味をつなげていっても通りのよい日本語にはなりにくいところ。release
や confinement といった言葉を動的に捉えて、「球体に閉じ込められてい
た状態から解放されたという感覚」くらいには噛み砕きたいですね。

［第3文］

- 直前の文で自分の高揚感の理由について、Partly という表現でその一部を
語っているのですから、Mainly, however,...とくれば、その原因の主要な
部分がこの後に登場するのだろうと考え、Mainly, however, it was the thin
sweetness...というくらいに補って考える可能性も想定しておきたいとこ
ろ。

- その想定があれば、the thin sweetness 以下の部分を the thin sweetness of
the air (which...) **(S)** contained **(V)** a much larger proportion **(O)** のよう
に述語動詞を contained であると強引に解釈して、「私が確信している空
気のほのかな甘みははるかに豊富な酸素を含んでいた」などと訳してし
まうミスも防げます。

- いずれにしても上のような解釈がダメなのは、certain には前置詞などを
用いずに名詞句を後に従える用法がないからで、「私が確信している空気
のほのかな甘み」という意味にはなりえません。ここは I am certain that
節の that 節の主語の部分が which となって前に出た連鎖関係詞節と判断
する必要があります。

［関係代名詞節の構造］

the air, which I am certain (~~that~~) that 節の主語 contained...

- となると、which 以下は全て関係代名詞節ということになり、この文全
体が大きな名詞句だということになります。ただし、上で見たように、そ
もそもこの文は Partly it was...という前の文と呼応するものであるという
ことが分かっていれば、そう戸惑うこともなく、it was を補って考えられ
るでしょう。

【訳　例】

　異様なほどの高揚感が私たちを支配していた。閉じ込められていた球体からようやく外に出られたという解放感も一部にはあっただろう。しかし、主たる要因は大気のほのかな甘さだった。あの空気は地球上の空気よりもはるかに豊富な酸素を含んでいたと私は確信している。

　二人は低重力を楽しむうちに「球体」を見失ってしまいます。さらに、昆虫のような姿をした月人（Selenites）に捕えられ月の地下に連れていかれます。

【例題3】　［★★★★☆］

> ₁We remained passive, and the Selenites having finished their arrangements stood back from us, and seemed to be looking at us. ₂I say seemed to be, because as their eyes were at the side and not in front one had the same difficulty in determining the direction in which they were looking as one has in the case of a hen or a fish.
> 　　　　　　　(H. G. Wells (1901): *The First Men in the Moon*)

［文　脈］　ここは、二人を縛っている鎖を緩めた月人に対し、不用意に動きを起こさずに様子を窺っているところです。

［語法・構文］
- **having finished their arrangements** の部分では、分詞構文が挿入された形であることをしっかりと捉え、the Selenites (**S**) stood (**V**) という文の中核を見失わないようにしましょう。
- **arrangements**:「準備、手はず」
- **hen**:「めんどり」

【ポイント】

［第2文］

- I say seemed to be, because... のところがキモ。書き手や話し手が直前で自ら用いた言葉を受けて、その言葉を用いた理由を説明したり、それに

留保を加えたりする際の典型的な言い回しに、I say X because（for）...「X と言うのは ... だからだ」があります（⇨『英文解体新書』6.5 節）。この場合、X に当たる部分は表現そのものを指す mention の用法なので、その語句のもともと持っている品詞や文法的な性質にかかわらず、say の目的語の名詞句となります。

- ここもまさにその形で、seemed to be はここでは第 1 文の seemed to be looking「見ているように見えた」の seemed to be「ように見えた」という表現そのものを指し、say の目的語として使われています。「（直前の文で）「ように見えた」と言っているのは ... だからだ」ということです。

- had the same difficulty in determining the direction in which they were looking のところでは、名詞句をうまく噛み砕いて訳せるかが試されます。had the same difficulty に対して「同様に難しかった」という日本語、the direction in which...に対して「どちらの方向を ... か」という日本語がすぐ出てくるでしょうか。ウェルズの英語はこういうタイプの名詞句が多いので、解釈する際には噛み砕いて理解することが求められます。

訳　例

　私たちはされるがままに動かずにいた。月人たちは準備を終えた後に、一歩下がって立ち、こちらのほうを見つめているように見えた。「ように見えた」と言うのは月人の目は前ではなく横についているので、めんどりや魚の場合と同様、どこを見ているのか判断するのが難しかったからだ。

　重力差からくる地球人の筋力の強さを利用し月人を蹴散らしながら地下から地上へと脱出した二人。ケイヴァーはもしこの月の情報を持ちかえれば、次々と政府や国がやってきて月は大混乱になるのではないかと心配し始めますが ...

例題 4　[★★★★☆]

　₁"After all," he said, "why should one worry? ₂There is little

---

chance of our finding the sphere, and down below trouble is brewing for us. ₃It's simply the human habit of hoping till we die that makes us think of return. ₄Our troubles are only beginning. ₅We have shown these moon folk violence, we have given them a taste of our quality, and our chances are about as good as a tiger's that has got loose and killed a man in Hyde Park. ..."

(H. G. Wells (1901): *The First Men in the Moon*)

[文　脈]　上記のような心配をしつつも同時に自分たちの置かれた絶望的状況を考えると、そんな心配をしているのも馬鹿らしいとほのめかしている場面です。

[語法・構文]

- 第 2 文の **little chance of our finding the sphere** では「of ＋意味上の主語＋動名詞」の形を把握することが大切。もちろん、chance が「可能性」という意味である点にも注意したいところ。
- **down below** は脱出してきた「地下」のことを指しています。
- **be brewing**：「(問題やトラブルなどが) 今にも起ころうとしている」
- 第 3 文は、**It's...that...**が分裂文となっていることを見落とさないこと。that 節以下の内容を前提として、その条件を満たす値を指定している典型的なタイプの分裂文なので、後ろから訳し上げる形でもよいと思われます。
- **a tiger's** は a tiger's chance の省略形で、続く that 節は a tiger を修飾しています。

[第 3 文の構造]

It's
　　simply the human habit of hoping till we die
that
　　makes us think of return

ポイント

[第 5 文]

- まず等位接続詞の and を用いて節が 3 つ、A, B, and C という形で並列された構造であることを把握します。その 3 つの中で特にポイントとなるのが、our chances から始まる 3 つ目の節です。
- 自分たちの置かれた状況を悲観している文脈と、are about as good as... という語の並びから、4.1 節の [文法・語法コラム (11)] で扱った、as...

as を否定のレトリックで使う際には about が前に付いて about as…as となりやすいというルールを思い出し、ここも後ろに明らかに否定的なたとえを持ってきて、our chances が good では「ない」ことを強調するタイプのレトリックではないかと予想しましょう。

- この予想があれば、後半に出てくる虎のたとえも特に戸惑いなく理解できるでしょう。ロンドンのハイドパーク (王立公園) で檻から逃げ出した虎が人を殺してしまったら、どうなるかは目に見えています。ケイヴァーは自分たちの状況がそれと同じようなものだ、と悲観しているわけです。レトリックの効いた文ですのでこの趣旨を外さなければ、比較的柔軟に訳してもよいと思います。訳例では、やや漠然とした表現の our chances を「(月人から) 逃れる機会」と明示していることにもご注意下さい。

訳　例

彼は言った。「どっちにせよ、どうしてこんな心配なんてする必要がある。球体を発見できる可能性なんてほとんどないし、地下では刻々と事態が悪化している。帰還のことを考えてしまうのは死ぬまで希望を捨てられないという人間の性<ruby>性<rt>さが</rt></ruby>に過ぎないね。問題はまだはじまったばかりだ。月の住人達に暴力を見せ、私たち地球人の力を味わわせてしまったんだ。逃げ切ることなんてまず無理だ。檻から逃げ出してハイドパークで人を殺してしまった虎がどうなるかを考えてもみればいい。...」

5.5　トウェイン『アーサー王宮廷のヤンキー』

　マーク・トウェイン (Mark Twain, 1835–1910) という名前からはトム・ソーヤーやハックルベリー・フィンといった少年たちの冒険談を連想する人が多いと思いますが、実は SF に相当するような作品も執筆しています。19 世紀のアメリカ人がアーサー王時代のイギリスにタイムスリップしてしまうという奇想天外な作品、『アーサー王宮廷のヤンキー』(*Connecticut Yankee in King Arthur's Court*, 1889) です。6 世紀に飛ばされた兵器工場の技師ハンクが科学や文明を用いて人々を動かし、王を説得して改革を進めていくとい

う流れで、同時にハンクの考察は 19 世紀の南部アメリカを風刺したもので
あるとも解釈されています。マーク・トウェインはあの大江健三郎氏が「厄
介な英語」と評するように難しい英語の文体を用いる作家ですが、中でも
ここで扱う『アーサー王宮廷のヤンキー』は舞台の大半が 6 世紀となって
いて、トマス・マロリーの『アーサー王の死』(Le Morte Darthur [The Globe
Edition]) からの引用が数多く含まれるなど、かなり古風な表現が登場しま
す。以下の【例題 1】もまさにマロリーの『アーサー王の死』から引用され
た部分で、魔術師マーリンが周囲に何度も繰り返して聞かせている自慢話
の一節となっています。古風な言葉の役割や意味を推測しながら謎解きの
ように英文を解釈していく楽しみを味わいましょう。

例題 1 [★★★★★]

₁Whether liketh you better, said Merlin, the sword or the
scabbard? ₂Me liketh better the sword, said Arthur. ₃Ye are more
unwise, said Merlin, for the scabbard is worth ten of the sword,
for while ye have the scabbard upon you ye shall never lose no
blood, be ye never so sore wounded; therefore, keep well the
scabbard always with you.

(Mark Twain (1889): *A Connecticut Yankee in King Arthur's Court*)

[**文 脈**] 聖剣エクスカリバーを手にしたアーサー王に対し、マーリンが、剣と
鞘の効用について解説している場面です。後期中英語に属するもので現代英語と
はかなり異なる文法が登場しますが、推測しながら読んでみましょう。

[**語法・構文**]
- **whether** は which one of the two を意味する古い用法です。
- **liketh** (＝likes) も注意が必要で、「．．．にとって気にいる、望ましい」という
  意味で用いられています。ここだけでは判断できなくても、the sword or the
  scabbard? といった聞き方や、アーサー王の返しの Me liketh better...といっ
  た表現から推測したいところ。ドイツ語をご存知の人なら、gefallen「．．．に
  とって気に入る」と似たような感じだと考えると分かりやすいかもしれませ
  ん。
- **scabbard**:「(刀や剣の) 鞘」
- **ye** は主格の二人称代名詞。ここは単数として用いています (⇨ 5.3 節の [文

法・語法コラム（14）]）。
- **shall** は can に近い意味の古い用法。
- **never lose no blood** は二重否定によって否定を強調する強調否定（emphatic negation）の形。現在でも非標準の形としては存在します。
- **sore** は「甚だしく、激しく」を表す副詞としての古い用法。

（ポイント）

［第 3 文］
- 古めかしい表現が多々見られますが、構造的に難しいのはマーリンの最後のセリフのところ。特にその後半です。まずは、for...for... という 2 つの for が、ともに直前の発言に対して「というのも ...」と理由を付け加える接続詞の for であるということを把握しましょう。
- 前半は「鞘は剣の十倍の価値がある」という内容で特に複雑ではありません。その理由を述べた後半では、while... という形から始まることから、while が従える範囲を確定し、この節内の中核となる、ye **(S)** shall never lose **(V)** をしっかりと捉えます。
- be ye never so sore wounded の箇所が難所。19 世紀以前の作品を読む場合は確認しておきたい表現法です。結論から先に言うと、これは「あなたは決して傷つかない」ではなく「あなたがどれほどひどく傷を受けても（＝however sore wounded you are)」という意味になります。命令文と ever を用いて譲歩的な意味を表す構文は 2.4 節の［文法・語法コラム (6)］でも詳しく扱いましたが、実はこの構文（及び譲歩構文一般）で ever の代わりに never が用いられることが一般的だった時代がありました。齋藤秀三郎『熟語本位英和中辞典 (新版)』(岩波書店) では never so を ever so の古体と説明した上で、There is no place like home, be it never so poor. 「幾ら貧しくとも我家に越す所無し」という例を載せています。

　言語学者イェスペルセン (Otto Jespersen) の英語の否定表現を扱った 20 世紀初頭の論文によると、当時でもすでに ever が定着しつつあるという指摘があり、現代英語ではまず見ない形と考えてよいものです。古めの英語を読んでいて、ever が使用されるはずの譲歩構文で never が登場したら、この構文の可能性を疑ってみるのがよいと思います。

訳 例

「どちらがお気に召されましたか、剣か鞘か」とマーリンは尋ねた。「剣のほうを気にいったぞ」と返したアーサー王に対し、マーリンはこう言った。「それは賢明ではありません。鞘は剣の十倍の価値があります、と申しますのも、鞘を身につけている間はたとえどれほどひどい傷を負っても一滴も血を流さずに済むからでございます。ゆえに、常に鞘を肌身離さずお持ち下さい」

さて、次はタイムスリップした主人公のハンクが過去の時代でアシストしてもらっている少年クラレンスと会話する中で、現代に残してきた恋人の話になってしまう場面です。先ほどのマーリンの英語よりはかなり現代英語に近い文体になっています。

例題2 [★★★★☆]

1"In East Har—" I came to myself and stopped, a little confused; then I said, "Never mind, now; I'll tell you sometime."
2And might he see her? 3Would I let him see her some day?
4It was but a little thing to promise—thirteen hundred years or so—and he so eager; so I said Yes.

(Mark Twain (1889): *A Connecticut Yankee in King Arthur's Court*)

[文 脈] 興味津々にいろいろと聞かれるハンク。相手の女性はどこに住んでいるのか、という問いかけに続く描写です。

[語法・構文]
• **"In East Har—"** と尻切れになっているのは In East Hartford「イーストハートフォード」と言おうとして途中で思いとどまった結果です。
• **come to oneself** は古風な言い方で「我に返る」を意味します。
• **never mind** はここでは、none of your business に近い感じで、相手の質問に答えるのを拒否するための言い回しですね。
• **but a little thing**:「ほんのささいなこと」
• **thirteen hundred years or so** というのはハンクの相手の女性がハンクの時代、すなわち 19 世紀の人間であることを考えて解釈しましょう。

- **he so eager** は he was so eager と was を補って考えるべきところ。

（ポイント）

［第2〜3文］

- ここを「彼は彼女に会えるだろうか、いつか私は彼女に彼を会わせよう
とするだろうか」というような意味だと解釈してしまった人もいるかも
しれません。しかし、6世紀にいるクラレンスを19世紀のハンクの彼女
に会わせるかどうかというのは現実的な問いではありません（ハンク自
身、再会できるかも定かではない状況です）。こういった点を考慮し、こ
の第2, 3文はハンクの自問ではなく、クラレンスのセリフを表すもので
あり、"May I see her?" "Would you let me see her some day?" という問
いかけの、代名詞と時制だけが間接話法の形を取ったものだろうと判断
できるのが大切な力。1.4節にも登場した描出話法ですね。
- さらにこの英文では第4文前半の promise という語や、後半の I said Yes
という言葉が上の描出話法を見抜くための大きなヒントになっています。
第2, 3文をクラレンスの問いかけだと解釈しなければ、「約束する」とは
何のことを言っているのか、Yes とは何に対する Yes なのかが分からな
くなってしまうからです。

（訳　例）

　「イーストハー...」と言いかけて、我に返り少し当惑して言葉をつぐん
だ。そして、「今はそんなことはどうでもいい。いつか教えてやるよ」と
言った。

　で、その人に会えますか。いつか会わせてくれますか。

　1300年後くらいではあるが、約束するのは些細なことに過ぎないし、し
かも彼はこんなに会いたがっているんだ。私は「ああ」と答えた。

　さて、次は長年の奴隷同然の身から解放してやった老人と道中にて偶然
の再会をして、ハンクがショックを受けている場面です。

例題3 [★★★★★]

> ₁I rather wished I had gone some other road. ₂This was not the sort of experience for a statesman to encounter who was planning out a peaceful revolution in his mind. ₃For it could not help bringing up the un-get-aroundable fact that, all gentle cant and philosophizing to the contrary notwithstanding, no people in the world ever did achieve their freedom by goody-goody talk and moral suasion: it being immutable law that all revolutions that will succeed, must *begin* in blood, whatever may answer afterward.
>
> (Mark Twain (1889): *A Connecticut Yankee in King Arthur's Court*)

[文　脈]　不条理で酷い仕打ちを受けたにもかかわらず自分を苦しめた相手に全く怒りを覚えていない様子を見て、平和的な改革の難しさを悟っています。

[語法・構文]
- **plan out**:「綿密に計画する」
- **bring up**:「(問題などを) 持ち出す、突き出す」
- **un-get-aroundable** は get around... 「...を回避する」を丸ごと1つの他動詞のように見立て、それに un- という接頭辞と -able という接尾辞を付けて変化させた形容詞で、「回避することができない」という意味になります。現在でも unputdownable「(本などが面白すぎて) 読むのを止められない」のような熟語を丸ごと品詞変化させた単語が用いられることがありますが、そのような表現法が意外に古くからあったことが分かります。
- **cant**:「偽善的な話、聖人ぶった説教」
- **philosophizing**:「小難しい説教」
- **goody-goody**:「聖人ぶった、お利口さんの」
- **moral suasion**:「道徳への訴え」
- **immutable law**:「不変の法則」
- **answer** は「(何らかの行為や動きに) 反応する」を意味する自動詞。

ポイント

[第1文]

- wished I had gone は「wish＋仮定法過去完了の文」というお手本通りの形。偶然の再会でショックを受けて、「別の道を行っていればよかった」と後悔しています。

［第 2 文］

- for a statesman to encounter「政治家が出会うべき」という「for 意味上の主語＋to 不定詞」の形に注意しつつ、後ろの who...の関係代名詞節が statesman を修飾していることをしっかりとつかみましょう。

- なお、ここで突然 statesman「政治家、政治的指導者」という単語が出てきていることに面食らった人もいるかもしれません。ハンクが自らを恐ろしい不条理のまかり通っている時代を改革する指導者であると考えており、「(自分のように世界を変えようと考えている)指導者」という意味でこの言葉を使っていると考えられます。

［第 3 文］

- For は理由を述べる接続詞の for で it could not help bringing up the un-get-aroundable fact の部分は語句の意味が分かればそう難しいところではないはず。

- 本問のポイントはこの fact の内容を説明する that 節内にあります。まずは、コンマ (,) で挟まれた all gentle cant and philosophizing to the contrary notwithstanding をどう解釈するか。現代英語では契約書や法律文でしかあまり目にしないような形ではありますが、「名詞句＋to the contrary＋notwithstanding」というのは一応、定型表現です。to the contrary は同格の that 節を従えることができるような名詞 (belief や rumor など) を後置修飾して「そうではないという...」という意味を表すことができます。したがって、all gentle cant and philosophizing to the contrary は「そんなことはないという聖人ぶった言葉や小難しい説教」という意味になります。次に、notwithstanding です。これは despite に類似した前置詞として理解している人も多いかと思いますが、他の前置詞と異なり、名詞句に後置する形 (後置詞と呼べるかもしれません) でも使えるという特徴があります。したがってこの挿入の部分は、notwithstanding all gentle and philosophizing to the contrary と同じことを表現していると考え、「そんなことはないという聖人ぶった言葉や小難しい説教があるにもかかわらず」という意味だと解釈することができます。「そんなことはない」の「そんなこと」はこの節の中心である、no people in the world ever did achieve...

の部分を指しています。

- さらにこの that 節はまだ続き、it being immutable law that...のところで
は、独立分詞構文が用いられていること、it が後ろの that 節を受ける形
式主語となっていることも把握する必要があります。直前でコロン (:) が
用いられているため、この分詞構文は that 節の前半 (no people ... suasion)
の内容を補足的に言い換えているものだと判断できるでしょう。

(訳　例)

　私はむしろ別の道を行けばよかったと後悔した。頭の中で平和的な革命
の計画を練っている政治家が遭遇してはいけない経験だった。というのも
その経験が否が応にもはっきりとさせてしまったからだ。どれだけ聖人ぶっ
た温和な教えや小難しい説教がそんなことはないと説こうとも、偽善的な
言葉や道徳への訴えで自由を勝ち取った民はいないのだという避け難い事
実、成功する革命は、後にどうなろうとも最初は流血で始まらなければな
らないのが不変の法則であるという事実を。

　次の例題は神聖なる谷の枯れてしまった聖なる泉が舞台です。泉が枯れ
てしまい、うろたえる人々。谷の僧院では僧院長がハンクにすぐにでも魔
術を使って水を元に戻してほしいと嘆願しますが、ハンクはマーリンがす
でにその問題に対処しているのだから彼にやらせるべきだと言います。そ
れに対する僧院長の返しの言葉です。

(例題4)　[★★★★★]

1"But I will take it from him; it is a terrible emergency and
the act is thereby justified. 2And if it were not so, who will give
law to the Church? 3The Church giveth law to all; and what she
wills to do, that she may do, hurt whom it may. 4I will take it
from him; you shall begin upon the moment."

(Mark Twain (1889): *A Connecticut Yankee in King Arthur's Court*)

[文　脈]　第 1 文の it はマーリンとの契約のこと、him はマーリンのことを指しています。

[語法・構文]
- **thereby**：「それによって」
- **The Church giveth** の giveth は gives ということ。
- **give law to** は「法を与える」では意味が通りにくいので、「命令する」くらいに訳してよいでしょう。
- 第 3 文の **she** は the Church を指します。
- **she wills to do** の will は -s が付いていることからも分かる通り、「欲する、望む」という意味の本動詞です。
- 第 4 文の後半、**shall** は「話者の意志」で「 . . . してもらおう」となります。

(ポイント)

[第 3 文]
- and 以下は短いながら相当の難所です。that she may do の部分を、関係代名詞節と考えてしまったり、may があることから目的を表す副詞節「 . . . するように」だと考えてしまったりした人がいるかもしれません。
- ここはどちらでもなく、この that は直前の what she wills to do「教会がしようとすること（全て）」を受け直す代名詞で、この文は that (**O**) she (**S**) may do (**V**) という構造になっていると考えるのが正解です。実は 4.3 節の【例題 4】の解説で少しだけ触れた構造であり、詳細はこの後の［文法・語法コラム（15）］で説明します。なお、may do の may はここでは「できる」と訳すべきところ。
- さらに後に続く、hurt whom it may も注意が必要ですが、ここまで本書を読んできた人であれば、命令文の譲歩のパターンであることに気がつくのではないでしょうか。現代英語で表現するならば、whoever it may hurt「それが誰を傷つけようとも」ということですね。

(訳　例)

　しかし、私がその契約をマーリンから取り上げよう。今はとんでもなく緊急の事態だ。であれば、その行為も正当化されるだろう。たとえそうではなくとも、誰が教会に命令しようと言うのだ。教会こそが全てに命令を下す存在であり、したいと思うことはどんなことも、たとえそれが誰を傷

つけようと、することができる。契約をマーリンからは取り上げよう。あなたに今すぐ取りかかってもらいたい。

　民衆の生活を知るためにアーサー王とともに外の世界に繰り出したハンク。身分が明らかになってしまえばありのままの民を観察できないため、アーサー王にも身分を偽って農夫らしく振る舞うよう特訓します。

例題5 ［★★★☆☆]

　₁I drilled him as representing in turn, all sorts of people out of luck and suffering dire privations and misfortunes. ₂But lord it was only just words, words—they meant nothing in the world to him, I might just as well have whistled. ₃Words realize nothing, vivify nothing to you, unless you have suffered in your own person the thing which the words try to describe.

(Mark Twain (1889): *A Connecticut Yankee in King Arthur's Court*)

［文　脈］　ハンクは必死に特訓を行いますが、王にはこれまでの生き方が染み付いているため大変苦労します。

［語法・構文]
- **represent**:「 . . . を演じる、 . . . の立場でふるまう」
- **in turn**:「順番に」
- **out of luck**:「運のない、不運な」
- **dire privations**:「極度の窮乏、窮状」
- **lord**:「(驚きなどを表す) おお、ああ」
- **in the world** は nothing を強調して「全く何も」の意味を表しています。
- **realize** は「認識する」では意味が通じないので、make...real「現実のものとする」という感じで考えてみましょう。
- **vivify**:「 . . . を鮮明なものとする」
- **in one's own person**:「自分自身で」

（ポイント）

［第1文］

- drilled him as...をどう訳すかが少し難しいですね。「...するようなものとして特訓した」→「...するように特訓した」くらいの意味で捉えてよいと思います。

- 後半の people out of luck...のところでは、out of luck and suffering...misfortunes という、and で結ばれた2つの要素が people を後置修飾している形に注意しましょう。

- 第2文の前半は特に難しくありません。ポイントは後半の I might just as well have whistled のところ。ここをあまり考えずに「私は口笛を吹いたほうがよかったかもしれない」などと訳すとしっくりこないのではないでしょうか。might as well A as B「BするよりはAしたほうがましだ（BするのはAするも同然だ）」という構文自体は受験文法でもよく学ぶものですが、4.1節の［文法・語法コラム (11)］でも確認したように、この構文の要点はAの箇所に明らかに無意味な（無益な、効果のない）内容を持ってきて「Bよりもまだそのほうがマシ（Bするのはそれも同然）」と表現することでBがいかに無意味（無益、効果がない）かを強調するレトリックだということです。しかも、この構文でBに置かれる内容は文章中で話題になっている事柄であるため、しばしば、as B の部分が省略されることも忘れてはなりません。まさに今回がその形、Bに入るのは「王に言葉で説明すること」くらいの内容でしょう。

- whistle は「口笛をふく」ですが、口笛には言葉が伝えるような意味内容はありませんので、口笛を吹いても相手がそこから何かを学ぶことはありません。ここでは「そうしている（口笛を吹いている）も同然だった」と表現することで、王に対する言葉での説明に全く効果がなかったことを強調しています。

- 第3文では、realize や vivify の訳し方に注意するのと同時に、後半の unless 節の内部の形に気をつけましょう。you have suffered ときたら、「何に（よって）」苦しむのかと考え、suffered (**V**) (in his own person) the thing... (**O**) という構造を把握することが大切。

訳　例

　私は、運に見放され、極度の困難と不幸な状況に苦しんでいるあらゆるタイプの人々を順番に演じるよう王を特訓した。しかし、ああ、それは単に言葉、言葉でしかなかった。王には何の意味も持たず、私は口笛を吹いているも同然だった。言葉を聞くだけでは何も実感できないし、鮮明に何かを感じることもできない。その言葉が表そうとしているものを自分自身で味わったことがない限りは無理なのだ。

　ハンクは身分を偽って王と行動する中で、奴隷商人 (slave-driver) に売られてしまいます。王の奴隷らしからぬ鷹揚たる態度に、奴隷商人はこのままでは買い手がつかないと考え、暴力でもって態度を改めさせようとしますが...。

例題6　[★★★★★]

　₁I will only remark that at the end of a week there was plenty of evidence that lash and club and fist had done their work well; the king's body was a sight to see—and to weep over; but his spirit?—why, it wasn't even phased. ₂Even that dull clod of a slave-driver was able to see that there can be such a thing as a slave who will remain a man till he dies; whose bones you can break, but whose manhood you can't. ₃This man found that from his first effort down to his latest, he couldn't ever come within reach of the king but the king was ready to plunge for him, and did it.

(Mark Twain (1889): *A Connecticut Yankee in King Arthur's Court*)

[**文　脈**]　奴隷商人の暴力に王がどのような態度で臨んだかを説明しています。

[**語法・構文**]
- **lash and club and fist**:「鞭とこん棒と拳」
- **why** は間投詞としての用法で、「なんと」というくらいの意味。
- **phased** は fazed（怖がっている、怯んでいる）の誤綴り。トウェインはあえ

て使用しています。
- **that dull clod of a slave-driver** は、日本語で言うところの「○○のバカ」のような表現で、文法的には「バカ、ノロマ」を表す clod のほうが名詞句の中心になっていますが、実質的には a slave-driver のことを指しています。
- **manhood**：「人間であること」
- **from his first efforts down to his latest** では from A down to B という形が使われていますが、この down は、from A though X down to B「A から、X を経由して B に至るまで」のような時によく出てくるもので、A から B までの幅がかなりあることを感じさせるものです。
- **within reach of the king**：「王の手の届く範囲内に」

(ポイント)

［第 1 文］
- 具体的には明言されていませんが、lash and club and fist had done their work well「鞭やこん棒、拳がきっちりとその仕事をしていた」といった表現や、the king's body was a sight to see—and to weep over「王の体は目を見張るような、そしてそれについて涙せずにはいられないような状態になっていた」といった表現から、奴隷商人が暴力を振るい、王が怪我をしたり傷を負ったりしたことが読み取れます。

［第 2 文］
- whose bones you can break, but whose manhood you can't の whose はセミコロン (;) の前の a man を先行詞とする関係代名詞。最後の can't の後にはもちろん、break が省略されています。

［第 3 文］
- that 節内の構造が大きなポイント。he couldn't ever come within reach of the king but the king was ready to plunge for him, and did it の部分をあまり深く考えずに読むと、「奴隷商人は一度も王の手の届く範囲には近づくことができなかったが、王は彼に跳びかかる準備があり、実際に跳びかかった」と解釈してしまいがちです。しかし、勘のよい人なら、within reach of the king まで読んだ時点で、こん棒や拳で暴力を振るったはずなのに一度も手の届く範囲に近づけなかったというのはおかしいのではな

いかと違和感を覚えたかもしれません。

- この違和感をヒントに、後ろからさらに状況を限定するような説明が追加され「...の状況では近づけなかった」といった意味になるのではないかという予測が立てられたかどうかがポイント。そういう姿勢で読んでいれば、but が出てきた時に、1.2 節の［文法・語法コラム (2)］でも扱った「...することなしには」を意味する従属接続詞の but がスッと浮かんでくるのではないでしょうか。but にこの解釈を当てはめれば、王がどれだけやられてもとにかく抵抗し続けたということになり、「骨は砕けても心を砕くことはできなかった」という文脈とも見事に一致します。従属接続詞の but 自体はやや古風な言い回しですが、これに限らず英語では、最初に非常に広範囲に当てはまる（それゆえ、そのまま解釈すると情報価値がほぼなかったり矛盾をきたしたりする）表現をして、それを後ろから限定して有意な文を組み立てていくパターンがよくありますので、日本語の構造に慣れている学習者はこういった1つ1つの違和感を大切にしていかねばなりません。

- never (not ever)...but 〜の構文は「〜することなしには絶対...しない」が直訳ですが、前から解釈し「...すれば必ず〜する」とする定訳もあります。It never rains but it pours. 「降れば土砂降り」がその例ですね。ここも「王の手の届く範囲に少しでも近づこうものなら、王は必ず跳びかかる準備ができていて、実際に跳びかかったのだ」というくらいに訳してもよいかと思います。

（訳 例）

　次のようにだけ言っておこう。1週間の後には、鞭や棍棒、拳が存分にその役割を果たしたということがあからさまだった。王の体は目を見張るような、涙なくして見られないような悲惨な状態になっていた。しかし、彼の心は？ なんと、ひるんですらいなかった。この奴隷商人のような鈍いノロマでも、死ぬまで人間であり続けるような奴隷がいるということ、骨を砕くことはできても心は砕くことができない奴隷がいるということを理解した。最初から今に至るまでずっと、彼が王の手の届く範囲に少しでも近づこうものなら、必ず王は跳びかかる準備ができていて、実際に跳びかかっ

ていったのだ。

---

notwithstanding という前置詞について

　本節に登場した notwithstanding という前置詞は、仰々しいその見た目からも何かと注目を浴びる言葉です。いわゆる、動詞の...ing の形に由来する前置詞は他にも、considering や including などが存在するため特に珍しくはないですが、名詞句に後置させても使えるというのは notwithstanding に固有の性質です。なぜ、そういう性質を持っているのかを考える上で、この前置詞の意味を問い直してみることは有益です。

　considering や including の場合、後に続く名詞句との関係は、VO の関係です。例えば、considering this problem「この問題を考慮して」といった表現や including this problem「この問題を含めて」といった表現は、それぞれ、consider (**V**) this problem (**O**)「この問題を考慮する」、include (**V**) this problem (**O**)「この問題を含める」という動詞句が元になっていると考えることができます。では、notwithstanding の場合はどうでしょうか。notwithstanding this problem の背後には、do not withstand (**V**) this problem (**O**) という動詞句があると言えるでしょうか。withstand の意味が「...抵抗する、逆らう」というものだということを考えると、これは少し奇妙です。というのも do not withstand this problem「この問題に抵抗しない」というのは、その問題を受け入れるということになるので、「この問題にもかかわらず」とはむしろ逆の意味になるように感じられるからです。

　そこで、発想を転換してみましょう。上では considering などの例に倣って、notwithstanding と後に続く名詞句の間に本来 VO の関係があると考えましたが、そうではなくてむしろ、VS の関係があるのではないかと考えてみてはどうでしょう。つまり、notwithstanding this problem の背後には、this problem (**S**) does not withstand (**V**)「この問題は抵抗しない」という文があるのではないかということです。その場合、「何に」抵抗しないのかは明言されていません（withstand には自動詞の用法もあるので文法的にはおかしくありません）が、それを文脈で問題になっている事柄だと考えると notwithstanding this problem というのは「この問題が、（文の中で述べられている事柄に）抵抗することなく、逆らうことなく」というのが原義だということになり、「この問題にもかかわらず」という意味と符合します。

　さらにこの解釈は、上で問題になった後置詞的な用法の謎も解決してくれ

ます。「notwithstanding＋名詞句」を元々は、後ろの名詞句を主語とする分詞構文であったと考えるなら、その名残で今でも SV の語順を保った「名詞句＋notwithstanding」という形が使われることが納得できます。分詞構文の「名詞句（意味上の S）＋動詞の ing」の形が前置詞句化して、「動詞の ing＋名詞句（意味上の S）」となることなどあるのだろうか、と疑念が残るかもしれませんが、例えば、during などもその一例です。during の場合は完全に前置詞化していて、そもそも duren という動詞がすでに英語に存在しないため後置詞のように使用されることはありませんが、during と名詞句の間の関係は元々は VS の関係です。言語学者のイェスペルセンも『文法の原理』(The Philosophy of Grammar) の中で、during...や notwithstanding...は主語を持った独立分詞構文が事実上の前置詞句として認識されるようになったものであると指摘しています。

what...that の呼応について

これは【例題 4】で扱った表現ですが、現代英語から見るとかなり馴染みのない構造なのでさすがに手こずった人も多かったかもしれません。齋藤秀三郎『熟語本位英和中辞典（新版）』は「連関代名詞」の一例として、このように what と呼応する that を記述していて、What the cherry is among the flowers, that is the samurai among men. 「花は桜、人は武士」という例文も載せています。実は『ロミオとジュリエット』のバルコニーシーンのロミオのセリフにも、この構造は登場します。

（1）And what love can do, that dares love attempt.
　　　　　　　　　　　　　（William Shakespeare: Romeo and Juliet）
　　　［訳］そして、愛にできることは何でも、愛はやろうとする。

上の文を見て、後半の dares love attempt に「あれっ？」と思った人もいるかもしれません。なぜ、love dares attempt ではないのだろうか、と。第 2 章で扱った『ボヘミアの醜聞』ではないですが、これこそまさにドイツ語のような構造ですよね。実際、what...that のようなタイプの呼応自体もドイツ語においてはより一般的で、次のような言い方が珍しくありません。

（2）　　　　Was ich habe, das kann ich geben.
逐語英訳　what I　have　that can　I　give
日本語訳　私が持っているものは与えることができる。

ホームズならシェイクスピア相手にも「動詞に失礼だな、ドイツ人か」と
言ったかもしれませんね。

主要参考文献

Aarts, Bas, Jill Bowie and Gergana Popova (eds). 2020. *The Oxford Handbook of English Grammar*. Oxford University Press, Oxford.

Declerck, Renaat. 1988. *Studies on Copular Sentences, Clefts and Pseudo-clefts.* Leuven University Press, Leuven.

Declerck, Renaat, and Susan Reed. 2001. *Conditionals: A Comprehensive Descriptive Analysis*. New York: Mouton de Gruyter.

Huddleston, Rodney D., and Geoffrey K. Pullum. 2002. *The Cambridge Grammar of the English Language*. Cambridge University Press, Cambridge.

Jespersen, Otto. (1924) 1992. *The Philosophy of Grammar*. The University of Chicago Press, Chicago.

Jespersen, Otto. 2010. *Selected Writings of Otto Jespersen*. Routledge, New York.

Lambrecht, Knud. 1994. *Information Structure and Sentence Form: Topic, Focus, and the Mental Representations of Discourse Referents*. Cambridge University Press, Cambridge.

McCawley, James D. (1988) 1998. *The Syntactic Phenomena of English*. University of Chicago Press, Chicago.

Onions, C. T. 1932. *An Advanced English Syntax 6th edition*. W. Jolly and Sons Ltd., Aberdeen.

Pinker, Steven. 2014. *The Sense of Style: The Thinking Person's Guide in the 21st Century*. Penguin Group (LLC), New York.

Quirk, Randolph, Sidney Greenbaum, Geoffrey Leech, and Jan Svartvik. 1985. *A Comprehensive Grammar of the English Language*. Longman, New York.

Visser, F. Th. 1969. *An Historical Syntax of the English Language III*. E. J. Brill, Leiden, The Netherlands.

市河三喜編. 1940.『研究社英語學辭典』研究社, 東京.

伊藤和夫. (1977) 2017.『英文解釈教室 (新装版)』研究社, 東京.

井上義昌編. 1966.『詳解英文法辞典』開拓社, 東京.

江川泰一郎. 1991.『英文法解説 (改訂三版)』金子書房, 東京.

大塚高信. 1951.『シェイクスピア及聖書の英語』研究社, 東京.

大塚高信編. 1970.『新英文法辞典 (改訂増補版)』三省堂, 東京.

北村一真. 2019.『英文解体新書――構造と論理を読み解く英文解釈』研究
　　社, 東京

齋藤秀三郎. (1952) 2016.『熟語本位 英和中辞典 (新版)』岩波書店, 東京.

高津春繁. 1960.『ギリシア・ローマ神話辞典』岩波書店, 東京.

細江逸記. 1917.『英文法汎論』泰文堂, 東京.

三好助三郎. 1977.『新独英比較文法』郁文堂, 東京.

引 用 文 献
［（　）の数字はページ数を示す］

1.1 節

［例題 1］Arthur Conan Doyle. 2017. *Complete Works of Sir Arthur Conan Doyle*. Delphi
Classics, Hastings.（27）
［例題 2］Ibid.（35）
［例題 3］Ibid.（39）
［例題 4］Ibid.（51）
［例題 5］Ibid.（90）

［文法・語法コラム（1）］
（4）Arthur Conan Doyle. 2017. *Complete Works of Sir Arthur Conan Doyle*. Delphi Classics,
Hastings.（24）
（5）Ibid.（62）
（6）Ibid.（129）

1.2 節

［例題 1］Arthur Conan Doyle.［1915］2007. *The Valley of Fear*. Penguin Books, London.（13）
［例題 2］Ibid.（73）
［例題 3］Ibid.（116–117）
［例題 4］Ibid.（135）
［例題 5］Ibid.（156）

［文法・語法コラム（2）］
（8）Arthur Conan Doyle. 2017. *Complete Works of Sir Arthur Conan Doyle*. Delphi Classics,
Hastings.（72）
（9）Ibid.（168）
（10）Ibid.（189）

1.3 節

［例題 1］Arthur Conan Doyle.［1890］2007. *The Sign of Four*. Penguin Books, London.（1）
［例題 2］Ibid.（1）
［例題 3］Ibid.（28–29）
［例題 4］Ibid.（132）
［例題 5］Ibid.（151–152）

1.4 節

［例題 1］Arthur Conan Doyle.［1902］1981. *The Hound of the Baskervilles*. Penguin Books, London.（17）

［例題 2］Ibid.（52）

［例題 3］Ibid.（83）

［例題 4］Ibid.（93）

2.1 節

［例題 1］Arthur Conan Doyle.［1985］2005. *The Sherlock Holmes Mysteries*. Signet Classics, New York.（132）

［例題 2］Ibid.（134）

［例題 3］Ibid.（139）

［例題 4］Ibid.（142–143）

2.2 節

［例題 1］Arthur Conan Doyle.［1985］2005. *The Sherlock Holmes Mysteries*. Signet Classics, New York.（21）

［例題 2］Ibid.（22）

［例題 3］Ibid.（24）

［例題 4］Ibid.（26–27）

［例題 5］Ibid.（28）

［文法・語法コラム（4）］

（4）Michael Jackson's quote（https://www.azquotes.com/quote/633799）

2.3 節

［例題 1］Arthur Conan Doyle.［1985］2005. *The Sherlock Holmes Mysteries*. Signet Classics, New York.（200）

［例題 2］Ibid.（207）

［例題 3］Ibid.（207）

2.4 節

［例題 1］Arthur Conan Doyle.［1985］2005. *The Sherlock Holmes Mysteries*. Signet Classics, New York.（241）

［例題 2］Ibid.（255）

［例題 3］Ibid.（259）

［例題 4］Ibid.（266）

2.5 節

［例題 1］Arthur Conan Doyle.［1985］2005. *The Sherlock Holmes Mysteries*. Signet Classics, New York.（275）

［例題 2］ Ibid. (277)

［例題 3］ Ibid. (279)

［例題 4］ Ibid. (291)

3.1 節

［例題 1］ Arthur Conan Doyle. ［1981］2010. *The Return of Sherlock Holmes*. Pocket Penguin Classic, London. (9)

［例題 2］ Ibid. (12)

［例題 3］ Ibid. (14)

3.2 節

［例題 1］ Arthur Conan Doyle. ［1981］2010. *The Return of Sherlock Holmes*. Pocket Penguin Classic, London. (30)

［例題 2］ Ibid. (41)

［例題 3］ Ibid. (51)

［文法・語法コラム (8)］

(1), (2) Knud Lambrecht. 1994. *Information structure and sentence form*. Cambridge University Press, Cambridge. (223)

3.3 節

［例題 1］ Arthur Conan Doyle. ［1985］2005. *The Sherlock Holmes Mysteries*. Signet Classics, New York. (483–484)

［例題 2］ Ibid. (484)

［例題 3］ Ibid. (494)

［文法・語法コラム (9)］

(1) Arthur Conan Doyle. ［1985］2005. *The Sherlock Holmes Mysteries*. Signet Classics, New York. (282)

(2) Arthur Conan Doyle. 2017. *Complete Works of Sir Arthur Conan Doyle*. Delphi Classics, Hastings. (1019)

(3) Ibid. (1038)

(4) Arthur Conan Doyle. ［1985］2005. *The Sherlock Holmes Mysteries*. Signet Classics, New York. (20)

(5) Ibid. (155)

3.4 節

［例題 1］ Arthur Conan Doyle. 2017. *Complete Works of Sir Arthur Conan Doyle*. Delphi Classics, Hastings. (2324)

［例題 2］ Ibid. (2326–2327)

［例題 3］ Ibid. (2343)

［文法・語法コラム（10）］
(1)〜(3) 細江逸記. 1917.『英文法汎論』泰文堂, 東京.（39）

4.1 節
［例題 1］Arthur Conan Doyle.［1912］1995. *The Lost World & Other Stories*. Wordsworth Editions, Hertfordshire.（5）
［例題 2］Ibid.（23）
［例題 3］Ibid.（33）

4.2 節
［例題 1］Arthur Conan Doyle.［1912］1995. *The Lost World & Other Stories*. Wordsworth Editions, Hertfordshire.（109）
［例題 2］Ibid.（109–110）
［例題 3］Ibid.（113）

4.3 節
［例題 1］Arthur Conan Doyle.［1926］1995. *The Lost World & Other Stories*. Wordsworth Editions, Hertfordshire.（174）
［例題 2］Ibid.（202）
［例題 3］Ibid.（208）
［例題 4］Ibid.（218）

［文法・語法コラム（12）］
(5) Arthur Conan Doyle.［1985］2005. *The Sherlock Holmes Mysteries*. Signet Classics, New York.（151）

4.4 節
［例題 1］Arthur Conan Doyle.［1926］1995. *The Lost World & Other Stories*. Wordsworth Editions, Hertfordshire.（241）
［例題 2］Ibid.（244）
［例題 3］Ibid.（371）
［例題 4］Ibid.（398）

4.5 節
［例題 1］Arthur Conan Doyle.［1926］1995. *The Lost World & Other Stories*. Wordsworth Editions, Hertfordshire.（424）
［例題 2］Ibid.（429）

5.1 節
［例題 1］Edgar Allan Poe.［1843］2003. *The Fall of the House of Usher and Other Writings*. Penguin Classics, New York.（146）

［例題2］ Ibid.（146）
［例題3］ Ibid.（150）
［例題4］ Ibid.（160）

5.2 節

［例題1］ Robert Louis Stevenson. ［1886］2012. *Dr. Jekyll and Mr. Hyde.* Signet Classics, New York.（63）
［例題2］ Ibid.（83）
［例題3］ Ibid.（88）
［例題4］ Ibid.（111）

5.3 節

［例題1］ Henry Rider Haggard. ［1885］2007. *King Solomon's Mines.* Penguin Classics, London.（26）
［例題2］ Ibid.（28）
［例題3］ Ibid.（84）
［例題4］ Ibid.（130）
［例題5］ Ibid.（159）
［例題6］ Ibid.（166–167）

［文法・語法コラム（14）］
市河三喜編.［1940］1951.『研究社英語學辭典』研究社, 東京.（71–72）

5.4 節

［例題1］ H. G. Wells. ［1901］2005. *The First Men in the Moon.* Penguin Classics, London.（43）
［例題2］ Ibid.（64）
［例題3］ Ibid.（93）
［例題4］ Ibid.（130）

5.5 節

［例題1］ Mark Twain. ［1889］1998. *The Connecticut Yankee in King Arthur's Court.* Oxford World's Classics, Oxford.（27）
［例題2］ Ibid.（77）
［例題3］ Ibid.（141）
［例題4］ Ibid.（159）
［例題5］ Ibid.（223）
［例題6］ Ibid.（282）

索　引

〔欧文〕

〈A〉

A is to B what C is to D　218
a＋固有名詞　89, 171
about as…as　→　as…as
albeit　99
and（それでいて、それなのに）　101
anything approaching to　36
Ariadne's thread　→　アリアドネの糸
as　12, 48–49, 86, 92, 106
　　譲歩を表す〜（C as SV）　76, 223
　　理由を表す〜（C as SV）　94, 187
as…as　92, 158, 160, 233–234
　　about〜　160, 234
as much　42, 104
as the story goes　45
at（感情の理由）　35
attentions　52

〈B〉

band　58
be about to 不定詞　46
be on the point of …ing　46
be to 不定詞　179
before（空間的な意味）　81, 205
before 節　179
but　（関係代名詞）　30;（従属接続
　　詞）　25, 29–30, 247
but that…　155

〈C〉

can hardly be exaggerated　69
certain　230
chance（可能性）　233

consider OC　214
considering　248
could hardly fail to 不定詞　106
cut the Gordian knot　→　ゴルディア
　　スの結び目を断つ
CVS　166

〈D〉

-derma　33
Don't you dare…　65
during　249

〈E〉

Elementary, my dear fellow　14
enough　18
-eval（接尾辞）　166
ever　20
ever so　236

〈F〉

Far be it from me to disagree.　55
for　（接続詞）　45, 82–83, 135, 236,
　　240;（前置詞）　3, 215
for 意味上の主語＋to 不定詞　52, 240

〈G〉

go a long way　78
go far　78
go（to）the length of …　74–75,
　　77–79
God bless you.　55
God forbid（!）　46–47, 55

〈H〉

had sooner　169

hardly a day has passed that…not　51
have＋O＋動詞の原形　25
have to　59
he to whom…　60
hence　32
herculean　89
hereby　31
hither　31
home　33
how dare SV?　52, 53
how 節の訳し方　194
hypo-　33

〈I〉
I say X because (for)…　232
if 節の訳し方　104, 108–109
Impossible is nothing.　148
in prospective　42
in the way in which…　106
including　248
it（苦痛・快楽の原因・出所）　229
it is no exaggeration to say that…　73
it is not too much to say that…　73
it was …before～　76
it was not until …that～　130
it was only when… that～　130

〈L〉
lest　27, 30, 43, 115, 202
let　54, 79, 80
line　101
Long live the King!　55

〈M〉
Mac-　17
make OC　157, 228
mal-（接頭辞）　3, 119
many a＋単数名詞　24
may　48, 54
may as well　134
May＋SV　48

mention の用法　38, 134, 146, 147–148, 232
might as well A as B　159–160, 169, 244
moment（重要性）　67, 134

〈N〉
never　236
never (not ever)…but～　29, 247
never so　236
nevertheless　28–29
no more …than ～　210–211
not A but B　4, 200, 217
not…any more than～　211–212
notwithstanding　240, 248–249

〈O〉
observe（守る）　130
of（∵..に関して）　7
of no importance　73
off　19
ohne dass　29
one＋人名　145
only that　154–155
OSV　41, 63, 67
otherwise　144

〈P〉
point out　131
Procrustean bed　→　プロクルステスの寝台

〈R〉
rather than　75, 79–80
reason（理性）　42
remind A of B　10
represent（はっきりと主張する）　128, 130

〈S〉
save（前置詞）　119, 122

save＋O₁＋O₂　146
save that…　155
say （動詞、mention の用法） 38,
　134, 232；（名詞） 65
Scylla and Charybdis　→　スキュラ
　とカリュブディス
shall　188, 216, 242
should
　would と同義の〜　20, 43, 60, 92,
　　101, 127, 151, 154
　仮定を表す〜　20, 59, 74, 79, 162,
　　189
　推定の〜（驚きを表す〜）(putative
　　should) 8, 93, 157
　控えめな意見を表す〜　153
　話者の意志・意図を表す〜　40, 87,
　　128, 134, 172
so…（as）　207
so…as to 不定詞　198
so…that（構文） 6, 14–15, 21, 45, 61,
　83, 84, 86, 92, 102, 141, 194, 198,
　217, 227–228
strike＋O₁＋O₂　223
strike＋人＋on the 体などの一部　223
such …as…　10, 46, 143
such … that…　8, 40, 73, 134, 223
Suffice it to say it has been accepted.
　55
SVO＋動詞の原形　113
SVOC　189

〈T〉
than　74
that
　what を受け直す〜　→　what…that
　　の呼応
　接続詞の〜　8, 121
　先行詞明示の役割を持つ〜　42
　漠然と「もの」を表す〜　36, 40
　「例の」を表す〜　10, 184
the （副詞） 22, 28, 164

the＋比較級　22, 28–29, 137
the manner in which 節　194
the way in which 節　43, 194
the 性質を表す名詞 with which SV…
　17, 140
thence　32
there is something in（about）…that 〜
　36
there 構文　46, 68, 93, 107, 162, 176,
　208
thereby　31
therefore　31
thereof　31
think OC　214
think the less of…　164
thither　31
thou　222, 224–225
to the contrary　240
to 不定詞の結果用法　40

〈U〉
until　178
upon …ing　7

〈W〉
what （前から名詞句を限定する） 173,
　175–176, 182
what…that の呼応　242, 249–250
when 節の訳し方　8, 20, 25, 46, 174,
　189
whence　32, 77
where…there の呼応　174
whereby　31
wherein　31
which＋人称代名詞の所有格　12–13
whither　31–32
will （助動詞）37–38, 74, 168；（動詞）
　144, 242
wish＋仮定法過去完了　239
with　→　付帯状況
with＋抽象名詞　3

without　29
witness　43
would as soon　169
would give all (everything) to...　163
would rather...　169
would rather A than B / would A rather
　than B　74–75, 79

〈Y〉
ye　224, 235
you might say　38

〔和文〕
〈あ行〉
アドラー、アイリーン　Irene Adler
　67
アニアンズ　C. T. Onions　79
アリ、モハメド　Muhammad　Ali
　148
アリアドネの糸　Ariadne's thread　90

言い直し　196
イェスペルセン　Otto Jespersen　236,
　249
市河三喜　225–226
(主語の) 一時的状態を表す動詞句＋形
　容詞・分詞　77
意味上の主語＋動名詞　4, 7, 105, 130,
　154
　of＋～　50, 124, 185, 216, 233
『インディ・ジョーンズ』Indiana Jones
　213

ヴィザー　F. Th. Visser　79
ウェルズ、H. G.　H. G. Wells　150,
　226–234
　『失われた世界』The Lost World
　　150–167
　『世界史概観』The Outline of Histo-
　　ry　226

『月世界最初の人間』The First Men
　in the Moon　226–234
ヴェルヌ、ジュール　Jules　Verne
　150, 226

『英文解体新書』　6 (2.5 節、6.3 節);
　12 (3.3 節); 14 (2, 6 章); 17 (6.1
　節); 20 (2.5 節); 27 (4.2 節); 38
　(6.5 節); 41 (2.3 節); 45 (6.4 節);
　46 (6.2 節); 49 (4.3 節); 59 (5.2
　節); 63 (3.4 節); 69 (4.3 節); 78
　(6.1 節); 93 (3.2 節); 94 (6.1 節);
　140 (6.1 節); 147 (6.5 節); 154 (1.4
　節); 166 (4.3 節); 185 (7.1 節); 198
　(2.1 節); 203 (4.3 節); 210 (5.2 節);
　216 (7.1 節); 219 (6.2 節); 221 (7.2
　節); 225 (7 章); 232 (6.5 節)
婉曲表現　36

大江健三郎　235
大塚高信　225
大橋榮三　226

〈か行〉
過去完了形　5, 87, 93, 101, 128, 173
過去完了形 (過去完了進行形) の節＋
　when ～　46, 48, 87
仮定法　13, 20, 50, 155
　願望～ (optative　subjunctive)
　　54–55
　～過去　3, 4, 101
　～過去完了　23, 24, 37, 43, 65, 70,
　　89, 92, 115, 152, 154, 162, 164,
　　239
　～現在　27, 47, 54–55, 68
「過度に」と「不可能」の表現の共起
　69
関係代名詞＋人称代名詞の所有格
　12–13
願望仮定法　→　仮定法

祈願文　48
強調構文　→　分裂文
強調否定（emphatic negation）　236
ギリシア神話　46, 82, 89

クォーターメイン、アラン　Allan
　Quatermain　213, 215, 219
クジラの構文　159–160, 209–212
　〜の亜種　124, 212
クライトン、マイケル　Michael
　Crichton　150
　『ジュラシック・パーク』Jurassic
　Park　150
繰り返し（表現の）　184–185, 216

形式主語　86, 241
　〜構文　63, 114, 131, 170, 172
形式目的語構文　214
結果を表す形容詞句　207
原級比較　92　→　cf. as...as
懸垂分詞構文　→　分詞構文

後期中英語　235
語順の入れ替え　→　倒置
古風な機能語　30–32
ゴリアテ　Goliath　181, 182
ゴルディアスの結び目を断つ　cut the
　Gordian knot　90

〈さ行〉
齋藤秀三郎　236, 249

シェイクスピア、ウィリアム　William
　Shakespeare　148, 225, 249, 250
ジャクソン、マイケル　Michael Jack-
　son　78
自由間接話法　→　描出話法
修辞疑問文　152, 180
焦点（focus）　125–126
譲歩構文・譲歩表現　40, 94, 96,
　98–99, 102, 142, 208, 236, 242

be it A or B　96, 98
be S ever so C　99
be S 疑問詞 S may　99
be that as it may　96, 208
come what may　96
hurt whom it may　242
let O 動詞の原形 疑問詞 S may　99
whatever may come　40
動詞の原形 疑問詞 S will / would
　99
所有格　4

スウィート、ヘンリー　Henry Sweet
　226
スキュラとカリュブディス　Scylla
　and Charybdis　82, 84, 89
スティーヴンソン、ロバート・ルイス
　Robert Louis Stevenson　201
　『ジキル博士とハイド氏』The
　Strange Case of Dr. Jekyll and Mr.
　Hyde　201–210

聖書　181, 222, 225

〈た行〉
多田幸蔵　226
たとえ　22–23, 89, 90, 117, 120, 153,
　158, 159, 180, 203, 211–212, 221,
　234　→　cf. 比喩
ダビデ　David　182

中間話法　→　描出話法

デクラーク＆リード　Renaat Declerck
　and Susan Reed　104, 108
デュパン、オーギュスト　Auguste
　Dupin　10, 192, 193, 195, 196, 199

転移修飾（transferred epithet）　205,
　219

ドイツ語　29, 71, 224–225, 235, 249
ドイル、アーサー・コナン　Arthur Conan Doyle
　「空き家の冒険」'The Empty House' 112–118
　「海軍条約文書事件」'The Naval Treaty' 91–98
　『恐怖の谷』The Valley of Fear 16–28
　『霧の国』The Land of Mist 176–185
　「最後の事件」'The Last Problem' 100–107
　「第二の汚点」'The Adventure of the Second Stain' 126–138
　『毒ガス帯』The Poison Belt 167–175
　「入院患者」'The Resident Patient' 80–89
　「ノーウッドの建築業者」'The Norwood Builder' 118–125
　『バスカヴィル家の犬』The Hound of the Baskervilles 44–54
　『緋色の研究』A Study in Scarlet 2–15, 16, 32, 84, 192
　「瀕死の探偵」'The Adventure of the Dying Detective' 140–147
　「分解機」'The Disintegration Machine' 186–189
　「ボヘミアの醜聞」'A Scandal in Bohemia' 66–77, 249
　「まだらの紐」'The Adventure of the Speckled Band' 58–66, 176
　『四人の署名』The Sign of Four 16, 32–44
等位接続詞　130, 203, 233
トウェイン、マーク　Mark Twain 234
　『アーサー王宮廷のヤンキー』Connecticut Yankee in King Arthur's Court 234–248

倒置（語順の入れ替え）　17, 20, 41, 52, 59, 63, 67, 68, 92, 122, 127, 166, 171, 182, 198, 207
独立分詞構文　→　分詞構文

〈は行〉
ハガード、ライダー　Henry Rider Haggard 212
　『ソロモン王の洞窟』King Solomon's Mines 212–223
破格（anacoluthon）　225–226

比較構文（比較級表現）　22–23, 203
比較条件節　comparing conditionals 104
否定語と比較級の組み合わせ　166, 203
否定のレトリック　→　レトリック
比喩　22, 90, 182　→　cf. たとえ
　距離を用いた〜　77–79
　程度の〜　75
描出話法　53, 238

付帯状況
　with を用いた〜　45, 52, 113, 116, 119, 151, 161, 198
　独立分詞構文を用いた〜　17
　名詞句＋前置詞句を用いた〜　116
ブレンド（構文の）blending 221, 225
プロクルステスの寝台　Procrustean bed 90
文アクセント　125–126
分詞構文　40, 48, 65, 86, 87, 143, 193, 202, 205, 214, 218, 219, 231
　懸垂〜　21
　独立〜　13, 17, 198, 241, 249
分裂文　12, 22, 24, 27, 50, 59, 63, 70, 94, 97, 124, 130, 131, 151, 168, 178, 233

ヘラクレス　Hercules　89

ポー、エドガー・アラン　Edgar Allan
　Poe　10, 192
　『モルグ街の殺人』*The Murders in
　the Rue Morgue*　192–201
細江逸記　147–148

〈ま行〉
マロリー、トマス　Sir Thomas Malory
　『アーサー王の死』*Le Morte Darthur*
　235

無生物主語（構文）　35, 115, 195, 223,
　228

名詞化表現　228
名詞句の解析・読み解き　17, 128–
　129, 132, 134, 138–140, 232
名詞（句）を中心に組み立てる英語
　78, 82, 129, 152

モースタン、メアリー　Mary Morstan
　33, 36–37, 42, 43
モリアーティ　Professor James Mori-
　arty　16, 100–107, 112, 114, 118,
　119, 120

〈ら行〉
ランブレヒト　Knud Lambrecht　125

『リーグ・オブ・レジェンド』*League
　of Legends*　213

レトリック、否定の（非合理性を強調
　する）　79, 158, 159–160, 169, 180,
　234, 244
連鎖関係詞節　46, 173, 219–220, 230

『ロマンシング・アドベンチャー / キ
　ング・ソロモンの秘宝』*King Sol-
　omon's Mines*　212–213

〈著者紹介〉

北村　一真（きたむら・かずま）

　1982年生まれ。2005年慶應義塾大学文学部卒、2007年同大学前期博士課程修了、2010年、同大学大学院後期博士課程単位取得満期退学。学部生、大学院生時代に関西の大学受験塾、隆盛ゼミナールで難関大受験対策の英語講座を担当。滋賀大、順天堂大の非常勤講師を経て、2009年に杏林大学外国語学部助教に就任。現在、同大学の准教授。また、中央大の兼任講師。著書に『英文解体新書──構造と論理を読み解く英文解釈』（研究社、2019）、『英語の読み方──ニュース、SNSから小説まで』（中央公論新社、2021）、『Winning Presentations─動画で学ぶ英語プレゼンテーション──覚えておきたい8つのモデル』（共著、成美堂、2018）など。訳書に『世界の英語と社会言語学──多様な英語でコミュニケーションする』（共訳、慶應義塾大学出版会、2013）。

えいぶんかいたいしんしょ
英文解体新書2──シャーロック・ホームズから始める英文解釈

2021年4月30日　初版発行

著　者　北村一真（きたむらかずま）

発行者　吉田尚志

印刷所　研究社印刷株式会社

KENKYUSHA
〈検印省略〉

発行所　株式会社　研究社
http://www.kenkyusha.co.jp

〒102-8152
東京都千代田区富士見 2-11-3
電話（編集）03（3288）7711（代）
　　（営業）03（3288）7777（代）
振　替　00150-9-26710

装丁：金子泰明

ISBN 978-4-327-45299-5　C 1082　　Printed in Japan